해양환경범죄론

Investigation Guide of Marine Environmental Offenses

손 영 태

Profile

손영태

국립경상대학교 해양과학대학 기관공학과 졸업(공학사)
서울디지털대학교 경찰학과(법학 복수전공) 졸업(경찰(법)학사)
목포해양대학교 일반대학원 해양경찰법학과 해양경찰법학 전공(법학석사)
동국대학교 일반대학원 법학과 범죄수사법 전공(법학박사)
해양수산부(군산지방해양수산청) 해사안전감독관
한국해양교통학회 해양경찰법제연구위원장
한국해양경찰학회 상임이사

해양환경범죄론

2023년 4월 25일 초판 인쇄
2023년 4월 30일 초판 발행

지은이 | 손영태

펴낸이 | 김종욱 · 명사동
펴낸곳 | 지식인
등 록 | 제301-2013-134호
주 소 | 서울시 도봉구 도봉로 180길 20 투웨니퍼스트 102동 602호
전 화 | 02)2266-8606 (대)
팩 스 | 02)2266-8607
E-mail | jisikin2013@naver.com
홈페이지 | www.jisikinbook.co.kr

ISBN 979-11-92570-08-2 (93360)

값 27,000원

해양환경범죄론

머리말

해양은 육상과는 엄연히 다른 지리적 환경의 특수성을 반영하고 있으며 지구 표면의 약 71%를 차지하고 있는 것은 물론, 우리나라 정부가 관할하는 해역 또한 배타적 경제수역(Exclusive Economic Zone; EEZEEZ)을 기준으로 국토 면적의 약 4.5배 정도에 달한다. 그리고 해양 오염사고 등으로 인해 해양에서 발생하고 있는 다양한 환경여건 변화는 해양에 서식하는 생물체와 이를 둘러싸고 있는 해양수(海洋水), 해양지(海洋地), 해양대기(海洋大氣) 등 비생물적 환경 및 해양에서의 인간의 행동양식 등에 중대한 악영향을 미치고 있다.

현행 국내법 중 이와 같은 해양환경 변화에 대응하여 해양 오염물질을 발생시키는 발생원을 관리하고, 기름 및 유해 액체물질 등 해양 오염물질의 배출을 규제하는 등 해양 오염을 예방, 개선, 대응, 복원하는데 필요한 사항을 정하고 있는 「해양환경관리법」에서는 선박, 해양시설, 해양공간 등에서 발생할 수 있는 해양환경오염 등에 대해 이를 범죄로 규정하고 이에 해당하는 벌칙조항을 두고 있다.

이에 따라 본 저서는 해양환경을 저해하는 각각의 위반 행위에 대한 성립 여부를 확인하는데 있어 필요한 사항을 체계적으로 기술하였으며, 또한 이와 관련한 범죄 행위를 수사(단속)하는데 있어 좀 더 쉬운 이해를 돕기 위한 목적으로 집필되었다. 더욱이 각각의 범죄 행위를 규정하고 있는 해당 조문은 관련 법률 및 행정규칙 등과 함께 일목요연하게 집약해서 기술하는 등 이론적 내용 전달에 충실하고자 하였다.

이는 국내 해양환경범죄와 관련한 전문성을 높이는데 있어 보다 체계적으로 쉽게 접근하기 위한 가이드 역할을 하고자 한 것이다. 그리고 무엇보다도 관련 내용을 처음 접하는 관련 분야의 전공자 등에게 좀 더 쉽고 명료하게 이해될 수 있도록 하는데 주안점을 두었다.

참고로, 본 저서는 해양환경 저해요인과 관련해서 규정하고 있는 범죄 행위에 대해 다루면서, 행정질서벌에 해당하는 과태료 등과 관련한 내용은 생략하였다.

2023년 4월

저자 **손영태**

차 례

표차례

그림차례

제1장

Investigation Guide of Marine Environmental Offenses

해양환경범죄 일반

제1절 해양환경범죄의 개요

Ⅰ. 해양환경관리법의 목적 및 구성

「해양환경관리법」은 선박, 해양시설, 해양공간 등 해양 오염물질을 발생시키는 발생원을 관리하고, 기름 및 유해액체물질 등 해양 오염물질의 배출을 규제하는 등 해양오염을 예방, 개선, 대응, 복원하는 데 필요한 사항을 정함으로써 국민의 건강과 재산을 보호하는 데 이바지함을 목적으로 하고 있다.(제1조).

한편, 이 법은 과거 1977년 12월 31일 제정된 「해양오염방지법」이 환경 친화적 해양자원의 지속가능한 이용 · 개발을 도모하고 해양환경의 효과적인 보전 · 관리를 위하여 국가 차원의 해양환경종합계획을 수립 · 시행하고, 해양에 유입되거나 해양에서 발생되는 각종 오염원을 통합관리하게 하는 등 해양 분야에서의 환경정책을 종합적 · 체계적으로 추진할 수 있는 법적 근거를 마련하며, 그 밖에 종전의 한국해양오염방제조합을 해양환경관리공단으로 확대 · 개편하여 기름방제사업 및 해양환경사업을 효과적으로 수행할 수 있도록 하는 등 해양환경의 훼손 또는 해양오염을 방지하고, 깨끗하고 안전한 해양환경을 조성하는데 기여할 수 있도록 해양환경관리체계를 전면 개편하면서 새로이 마련되었다.

그리고 이 법에서 규정하고 있는 내용을 개략적으로 살펴보면 i) 해양환경 조사 및 정도관리, 환경관리 해역의 지정, 해양환경개선부담금 등에 관한 사항 ii) 오염물질의 배출금지, 선박에서의 해양오염방지, 해양시설에서의 해양오염 방지, 어염물질의 수거 및 처리, 잔류성 유기오염물질의 조사 등에 관한 사항, iii) 해양에서의 대기오염방지를 위한 규제 등에 관한 사항, iv) 해양오염방지를 위한 선박의 검사 등에 관한 사항, v) 해양오염방제를 위한 조치 등에 관한 사항 vi) 해양환경관리업 등에 관한 사항, vii) 해양오염영향조사 등에 관한 사항, viii) 해역이용협의 등에 관한 사항, ix) 해양환경공단의 설립 등에 관한 사항, x) 해양환경측정기기 등의 형식승인, 벌칙 등과 관련한 사항으로 구성되어 있다.

Ⅱ. 해양환경관리 관련 용어의 정의 및 적용 범위

1. 용어의 정의

「해양환경관리법」 제2조에서는 해양환경을 관리하는 다양한 활동 등과 관련한 용어에 대해 정의하고 있으며 다음과 같이 규정하고 있다.

1) "해양환경"이란 「해양환경 보전 및 활용에 관한 법률」 제2조제1호[1)]에 따른 해양환경을 말한다(제1호).

2) "해양오염"이란 「해양환경 보전 및 활용에 관한 법률」 제2조제3호[2)]에 따른 해양오염을 말한다(제2호).

3) "배출"이라 함은 오염물질 등을 유출(流出)・투기(投棄)하거나 오염물질

1) 「해양환경 보전 및 활용에 관한 법」 제2조(정의) 1. "해양환경"이란 해양에 서식하는 생물체와 이를 둘러싸고 있는 해양수(海洋水), 해양지(海洋地), 해양대기(海洋大氣) 등 비생물적 환경 및 해양에서의 인간의 행동양식을 포함하는 것으로서 해양의 자연 및 생활 상태를 말한다.

2) 「해양환경보전 및 활용에 관한 법」 제2조(정의) 3. "해양오염"이란 해양에 유입되거나 해양에서 발생되는 물질 또는 에너지로 인하여 해양환경에 해로운 결과를 미치거나 미칠 우려가 있는 상태를 말한다.

등이 누출(漏出)·용출(溶出)되는 것을 말한다. 다만, 해양오염의 감경·방지 또는 제거를 위한 학술목적의 조사·연구의 실시로 인한 유출·투기 또는 누출·용출을 제외한다(제3호).

4) "폐기물"이라 함은 해양에 배출되는 경우 그 상태로는 쓸 수 없게 되는 물질로서 해양환경에 해로운 결과를 미치거나 미칠 우려가 있는 물질(제5호·제7호 및 제8호에 해당하는 물질을 제외한다)을 말한다(제4호).

5) "기름"이라 함은 「석유 및 석유대체연료 사업법」에 따른 원유 및 석유제품(석유가스를 제외한다)과 이들을 함유하고 있는 액체상태의 유성혼합물(이하 "액상유성혼합물"이라 한다) 및 폐유를 말한다(제5호).

6) "선박평형수(船舶平衡水)"란 「선박평형수관리법」 제2조제2호[3]에 따른 선박평형수를 말한다(제6호).

7) "유해액체물질"이라 함은 해양환경에 해로운 결과를 미치거나 미칠 우려가 있는 액체물질(기름을 제외한다)과 그 물질이 함유된 혼합 액체물질로서 해양수산부령이 정하는 것을 말한다(제7호).[4]

---

3) 「선박평형수 관리법」 제2조(정의) 2. "선박평형수(船舶平衡水)"란 선박의 중심을 잡기 위하여 선박에 실려 있는 물(그 물에 녹아 있는 물질 또는 그 물속에 서식하는 수중생물체·병원균을 포함한다)을 말한다.

4) 「선박에서의 오염방지에 관한 규칙」 제3조(유해액체물질의 분류) ① 「해양환경관리법」 제2조 제7호에서 "해양수산부령이 정하는 것"이란 다음 각 호의 물질을 말한다.

1. X류 물질 : 해양에 배출되는 경우 해양자원 또는 인간의 건강에 심각한 위해를 끼치는 것으로서 해양배출을 금지하는 유해액체물질
2. Y류 물질 : 해양에 배출되는 경우 해양자원 또는 인간의 건강에 위해를 끼치거나 해양의 쾌적성 또는 해양의 적합한 이용에 위해를 끼치는 것으로서 해양배출을 제한하여야 하는 유해액체물질
3. Z류 물질 : 해양에 배출되는 경우 해양자원 또는 인간의 건강에 경미한 위해를 끼치는 것으로서 해양배출을 일부 제한하여야 하는 유해액체물질
4. 기타 물질 : 「위험화학품 산적운송선박의 구조 및 설비를 위한 국제코드」 제18장의 오염분류에서 기타 물질로 표시된 물질로서 탱크세정수 배출 작업으로 해양에 배출할 경우 현재는 해양자원, 인간의 건강, 해양의 쾌적성 그 밖에 적법한 이용에 위해가 없다고 간주되어 제1호부터 제3호까지의 규정에 따른 범주에 해당되지 아니하는 것으로 알려진 물질
5. 잠정평가물질 : 제1호부터 제4호까지의 규정에 따라 분류되어 있지 아니한 액체물질로서

8) "포장유해물질"이라 함은 포장된 형태로 선박에 의하여 운송되는 유해물질 중 해양에 배출되는 경우 해양환경에 해로운 결과를 미치거나 미칠 우려가 있는 물질로서 해양수산부령이 정하는 것을 말한다(제8호).[5]

9) "유해방오도료(有害防汚塗料)"라 함은 생물체의 부착을 제한・방지하기 위하여 선박 또는 해양시설 등에 사용하는 도료(이하 "방오도료"라 한다) 중 유기주석 성분 등 생물체의 파괴작용을 하는 성분이 포함된 것으로서 해양수산부령이 정하는 것을 말한다(제9호).[6]

10) "잔류성오염물질(殘留性汚染物質)"이라 함은 해양에 유입되어 생물체에 농축되는 경우 장기간 지속적으로 급성・만성의 독성(毒性) 또는 발암성(發癌性)을 야기하는 화학물질로서 해양수산부령으로 정하는 것을 말한다(제10호).

11) "오염물질"이라 함은 해양에 유입 또는 해양으로 배출되어 해양환경에 해로운 결과를 미치거나 미칠 우려가 있는 폐기물・기름・유해액체물질 및 포장유해물질을 말한다(제11호).

12) "오존층파괴물질"이라 함은 「오존층 보호 등을 위한 특정물질의 관리에

산적(散積)운송하기 위한 신청이 있는 경우 해양수산부장관이 「산적된 유해액체물질에 의한 오염규제를 위한 규칙」 부록 1에 정하여진 유해액체물질의 분류를 위한 지침에 따라 잠정적으로 제1호부터 제4호까지의 어느 하나에 해당하는 것으로 평가한 물질

② 제1항 각 호에 따른 유해액체물질의 세부 분류기준 및 분류된 유해액체물질의 목록은 별표 1과 같다.

5) 「선박에서의 오염방지에 관한 규칙」 제4조(포장유해물질) 법 제2조제8호에서 "해양수산부령이 정하는 것"이란 「위험물 선박운송 및 저장규칙」 제2조제1호에 따른 위험물을 말한다.

6) 「선박에서의 오염방지에 관한 규칙」 제5조(유해방오도료) 법 제2조제9호에서 "해양수산부령이 정하는 것"이란 생물체에 파괴작용을 하는 성분이 포함된 것으로서 다음 각 호의 어느 하나에 해당하는 도료를 말한다.

1. 「화학물질의 등록 및 평가 등에 관한 법률」 제27조에 따라 환경부장관이 방오도료 용도의 제한물질로 지정・고시한 화학물질을 포함한 도료
2. 「화학물질의 등록 및 평가 등에 관한 법률」 제27조에 따라 환경부장관이 모든 용도의 금지물질로 지정・고시한 화학물질을 포함한 도료
3. 디우론을 포함한 도료
4. 국제해사기구가 유해방오도료로 정한 도료

관한 법률」 제2조제1호가목[7])에 해당하는 물질을 말한다(제12호).

13) "대기오염물질"이란 오존층파괴물질, 휘발성유기화합물과 「대기환경보전법」 제2조제1호[8])의 대기오염물질 및 같은 조 제3호[9])의 온실가스 중 이산화탄소를 말한다(제13호).

14) "배출규제해역"이란 선박운항에 따른 대기오염 및 이로 인한 육상과 해상에 미치는 악영향을 방지하기 위하여 선박으로부터 해양수산부령으로 정하는 대기오염물질의 배출을 특별히 규제하는 조치가 필요한 해역으로서 해양수산부령이 정하는 해역을 말한다(제14호).[10])

15) "휘발성유기화합물"이라 함은 탄화수소류 중 기름 및 유해액체물질로서 「대기환경보전법」 제2조제10호[11])에 해당하는 물질을 말한다(제15호).

---

7) 「오존층 보호 등을 위한 특정물질의 관리에 관한 법률」 제2조(정의) 1. "특정물질"이란 「오존층 파괴물질에 관한 몬트리올 의정서」(이하 "의정서"라 한다)에 따른 다음 각 목의 물질 중 대통령령으로 정하는 것을 말한다.
   가. 제1종 특정물질: 오존층 파괴물질

8) 「대기환경보전법」 제2조(정의) 1. "대기오염물질"이란 대기 중에 존재하는 물질 중 제7조에 따른 심사・평가 결과 대기오염의 원인으로 인정된 가스・입자상물질로서 환경부령으로 정하는 것을 말한다.

9) 「대기환경보전법」 제2조(정의) 3. "온실가스"란 적외선 복사열을 흡수하거나 다시 방출하여 온실효과를 유발하는 대기 중의 가스상태 물질로서 이산화탄소, 메탄, 아산화질소, 수소불화탄소, 과불화탄소, 육불화황을 말한다.

10) 「선박에서의 오염방지에 관한 규칙」 제6조(황산화물배출규제해역) 법 제2조제14호에서 "해양수산부령이 정하는 해역"이란 다음 각 호의 해역을 말한다.
   1. 발틱해역(보스니아만, 핀란드만 및 스카게락해협의 스카우를 지나는 북위 57도 44.8분의 위도선을 경계선으로 하는 발틱해의 입구를 포함한 고유의 발틱해역)
   2. 다음 경계 내에 있는 북해해역
      가. 북위 62도의 남쪽과 서경 4도의 동쪽 사이
      나. 스카게락해협(남쪽 한계는 북위 57도 44.89분의 스카우에서 동쪽으로 그은 위도선)
      다. 영국해협과 서경 5도의 동쪽, 북위 48도 30분의 북쪽으로의 영국해협 사이
   2의2. 별표 1의2에 따른 북아메리카 해역
   2의3. 별표 1의3에 따른 캐리비안 해역
   3. 국제해사기구가 황산화물배출규제해역으로 지정한 해역

11) 「대기환경보전법」 제2조(정의) 10. "휘발성유기화합물"이란 탄화수소류 중 석유화학제품, 유기용제, 그 밖의 물질로서 환경부장관이 관계 중앙행정기관의 장과 협의하여 고시하는 것을

16) "선박"이라 함은 수상(水上) 또는 수중(水中)에서 항해용으로 사용하거나 사용될 수 있는 것(선외기를 장착한 것을 포함한다) 및 해양수산부령이 정하는 고정식 · 부유식 시추선 및 플랫폼을 말한다(제16호).[12]

17) "해양시설"이라 함은 해역(「항만법」 제2조제1호[13]의 규정에 따른 항만을 포함한다. 이하 같다)의 안 또는 해역과 육지 사이에 연속하여 설치 · 배치하거나 투입되는 시설 또는 구조물로서 해양수산부령이 정하는 것을 말한다(제17호).

18) "선저폐수(船底廢水)"라 함은 선박의 밑바닥에 고인 액상유성혼합물을 말한다(제18호).

19) "항만관리청"이라 함은 「항만법」 제20조의 관리청, 「어촌 · 어항법」 제35조의 어항관리청 및 「항만공사법」에 따른 항만공사를 말한다(제19호).

20) "해역관리청"이란 「해양환경 보전 및 활용에 관한 법률」 제2조제8호[14]에 따른 해역관리청을 말한다(제20호).

21) "선박에너지효율"이란 선박이 화물운송과 관련하여 사용한 에너지량을 이산화탄소 발생비율로 나타낸 것을 말한다(제21호).

말한다.

12) 「선박에서의 오염방지에 관한 규칙」 제7조(고정식 · 부유식 시추선 및 플랫폼) 법 제2조제16호에서 "해양수산부령이 정하는 고정식 · 부유식 시추선 및 플랫폼"이란 「해저광물자원 개발법」 제2조제2호에 따른 해저광업을 위한 고정식 · 부유식 시추선 및 플랫폼(이하 "시추선 및 플랫폼"이라 한다)을 말한다.

13) 「항만법」 제2조(정의) 1. "항만"이란 선박의 출입, 사람의 승선 · 하선, 화물의 하역 · 보관 및 처리, 해양친수활동 등을 위한 시설과 화물의 조립 · 가공 · 포장 · 제조 등 부가가치 창출을 위한 시설이 갖추어진 곳을 말한다.

14) 「해양환경 보전 및 활용에 관한 법률」 제2조(정의) 8. "해역관리청"이란 관할해역의 해양환경 개선, 해양오염방지활동 등 해양환경관리업무를 수행하는 행정관청으로 다음 각 목에 해당하는 자가 된다.

가. 「영해 및 접속수역법」에 따른 영해, 내수 및 대통령령으로 정하는 해역은 해당 광역시장 · 도지사 및 특별자치도지사(이하 "시 · 도지사"라 한다)

나. 「배타적 경제수역 및 대륙붕에 관한 법률」 제2조에 따른 배타적 경제수역, 대통령령으로 정하는 해역 및 항만 안의 해역은 해양수산부장관

22) "선박에너지효율설계지수"란 선박의 건조 또는 개조 단계에서 사전적으로 계산된 선박의 에너지효율을 나타내는 지표로, 선박이 1톤의 화물을 1해리 운송할 때 배출할 것으로 예상되는 이산화탄소량을 제41조의2제1항에서 해양수산부장관이 정하여 고시하는 방법에 따라 계산한 지표를 말한다(제22호).

23) "선박에너지효율지수"란 현존하는 선박의 운항단계에서 사전적으로 계산된 선박의 에너지효율을 나타내는 지표로, 선박이 1톤의 화물을 1해리 운송할 때 배출할 것으로 예상되는 이산화탄소량을 제41조의5제1항에서 해양수산부장관이 정하여 고시하는 방법에 따라 계산한 지표를 말한다(제23호).

24) "선박운항탄소집약도지수"란 사후적으로 계산된 선박의 연간 에너지효율을 나타내는 지표로, 선박이 1톤의 화물을 1해리 운송할 때 배출된 이산화탄소량을 제41조의6제1항에서 해양수산부장관이 정하여 고시하는 방법에 따라 매년 계산한 지표를 말한다(제24호).

이에 추가해서 선박에서의 오염방지에 관하여 「해양환경관리법」 및 같은 법 시행령에서 위임된 사항과 그 시행에 필요한 사항을 규정함을 목적으로 하고 있는 「선박에서의 오염방지에 관한 규칙」 (이하 "선박오염방지규칙"이라 한다) 제2조에서도 해양환경을 관리하는 다양한 활동 등과 관련한 용어에 대해 정의하고 있으며 다음과 같이 규정하고 있다.

1) "1979년 12월 31일 이전에 인도된 선박"이란 다음 각 목의 어느 하나에 해당하는 선박을 말한다(제1호).

가. 1975년 12월 31일 이전에 해당 선박의 건조계약이 이루어진 선박

나. 건조계약이 없는 경우에는 1976년 6월 30일 이전에 건조된 선박

다. 1979년 12월 31일 이전에 인도된 선박

라. 다음의 어느 하나에 해당하는 주요개조가 이루어진 선박

(1) 1975년 12월 31일 이전에 개조계약이 이루어진 선박

(2) 개조계약이 없는 경우에는 1976년 6월 30일 이전에 해당 개조작업이 개시된 선박

(3) 1979년 12월 31일 이전에 주요개조가 종료된 선박

2) "1979년 12월 31일 후에 인도된 선박"이란 다음 각 목의 어느 하나에 해당하는 선박을 말한다(제2호).

가. 1975년 12월 31일 후에 해당 선박의 건조계약이 이루어진 선박

나. 건조계약이 없는 경우에는 1976년 6월 30일 후에 건조된 선박

다. 1979년 12월 31일 후에 인도된 선박

라. 다음의 어느 하나에 해당하는 주요개조가 이루어진 선박

(1) 1975년 12월 31일 후에 개조계약이 이루어진 선박

(2) 개조계약이 없는 경우에는 1976년 6월 30일 후에 해당 개조작업이 개시된 선박

(3) 1979년 12월 31일 후에 주요개조가 종료된 선박

3) "1982년 6월 1일 이전에 인도된 유조선"이란 다음 각 목의 어느 하나에 해당하는 유조선을 말한다(제3호).

가. 1979년 6월 1일 이전에 해당 선박의 건조계약이 이루어진 선박

나. 건조계약이 없는 경우에는 1980년 1월 1일 이전에 건조된 선박

다. 1982년 6월 1일 이전에 인도된 선박

라. 다음의 어느 하나에 해당하는 주요개조가 이루어진 선박

(1) 1979년 6월 1일 이전에 개조계약이 이루어진 선박

(2) 개조계약이 없는 경우에는 1980년 1월 1일 이전에 해당 개조작업이 개시된 선박

(3) 1982년 6월 1일 이전에 주요개조가 종료된 선박

4) "1982년 6월 1일 후에 인도된 유조선"이란 다음 각 목의 어느 하나에 해당하는 유조선을 말한다(제4호).

가. 1979년 6월 1일 후에 해당 선박의 건조계약이 이루어진 선박

나. 건조계약이 없는 경우에는 1980년 1월 1일 후에 건조된 선박

다. 1982년 6월 1일 후에 인도된 선박

라. 다음의 어느 하나에 해당하는 주요개조가 이루어진 선박

(1) 1979년 6월 1일 후에 개조계약이 이루어진 선박

(2) 개조계약이 없는 경우에는 1980년 1월 1일 후에 해당 개조작업이 개시된 선박

(3) 1982년 6월 1일 후에 주요개조가 종료된 선박

5) "1996년 7월 6일 전에 인도된 유조선"이란 다음 각 목의 어느 하나에 해당하는 유조선을 말한다(제5호).

가. 1993년 7월 6일 전에 해당 선박의 건조계약이 이루어진 선박

나. 건조계약이 없는 경우에는 1994년 1월 6일 전에 건조된 선박

다. 1996년 7월 6일 전에 인도된 선박

라. 다음의 어느 하나에 해당하는 주요개조가 이루어진 선박

(1) 1993년 7월 6일 전에 개조계약이 이루어진 선박

(2) 개조계약이 없는 경우에는 1994년 1월 6일 전에 해당 개조작업이 개시된 선박

(3) 1996년 7월 6일 전에 주요개조가 종료된 선박

6) "1996년 7월 6일 이후에 인도된 유조선"이란 다음 각 목의 어느 하나에 해당하는 유조선을 말한다(제6호).

가. 1993년 7월 6일 이후에 해당 선박의 건조계약이 이루어진 선박

나. 건조계약이 없는 경우에는 1994년 1월 6일 이후에 건조된 선박

다. 1996년 7월 6일 이후에 인도된 선박

라. 다음의 어느 하나에 해당하는 주요개조가 이루어진 선박

(1) 1993년 7월 6일 이후에 개조계약이 이루어진 선박

(2) 개조계약이 없는 경우에는 1994년 1월 6일 이후에 해당 개조작업

이 개시된 선박

(3) 1996년 7월 6일 이후에 주요개조가 종료된 선박

7) "2002년 2월 1일 이후에 인도된 유조선"이란 다음 각 목의 어느 하나에 해당하는 유조선을 말한다(제7호).

가. 1999년 2월 1일 이후에 해당 선박의 건조계약이 이루어진 선박

나. 건조계약이 없는 경우에는 1999년 8월 1일 이후에 건조된 선박

다. 2002년 2월 1일 이후에 인도된 선박

라. 다음의 어느 하나에 해당하는 주요개조가 이루어진 선박

(1) 1999년 2월 1일 이후에 개조계약이 이루어진 선박

(2) 개조계약이 없는 경우에는 1999년 8월 1일 이후에 해당 개조작업이 개시된 선박

(3) 2002년 2월 1일 이후에 주요개조가 종료된 선박

8) "2010년 1월 1일 이후에 인도되는 유조선"이란 다음 각 목의 어느 하나에 해당하는 유조선을 말한다(제8호).

가. 2007년 1월 1일 이후에 해당 선박의 건조계약이 이루어진 선박

나. 건조계약이 없는 경우에는 2007년 7월 1일 이후에 건조된 선박

다. 2010년 1월 1일 이후에 인도된 선박

라. 다음의 어느 하나에 해당하는 주요개조가 이루어진 선박

(1) 2007년 1월 1일 이후에 개조계약이 이루어진 선박

(2) 개조계약이 없는 경우에는 2007년 7월 1일 이후에 해당 개조작업이 개시된 선박

(3) 2010년 1월 1일 이후에 주요개조가 종료된 선박

9) "2010년 8월 1일 이후에 인도되는 선박"이란 다음 각 목의 어느 하나에 해당하는 선박을 말한다(제9호).

가. 2007년 8월 1일 이후에 해당 선박의 건조계약이 이루어진 선박

나. 건조계약이 없는 경우에는 2008년 2월 1일 이후에 건조된 선박

다. 2010년 8월 1일 이후에 인도된 선박

라. 다음의 어느 하나에 해당하는 주요개조가 이루어진 선박

(1) 2007년 8월 1일 이후에 개조계약이 이루어진 선박

(2) 개조계약이 없는 경우에는 2008년 2월 1일 이후에 해당 개조작업이 개시된 선박

(3) 2010년 8월 1일 이후에 주요개조가 종료된 선박

10) "건조된 선박"이란 선박의 용골(선박 바닥 중앙의 길이 방향 지지대)이 거치되거나 이와 동등한 건조단계에 있는 것을 말한다(제10호).

11) "동등한 건조단계"란 선박의 전체 구조물 견적중량의 1퍼센트 또는 50톤 이상의 조립이 이루어진 단계를 말한다(제11호).

12) "주요개조"란 다음 각 목의 어느 하나에 해당하는 개조를 말한다(제12호).

가. 선박의 길이·너비·깊이 또는 운송능력을 실질적으로 변경하기 위한 개조

나. 선박의 용도를 변경하기 위한 개조

다. 선박의 사용연한을 연장하기 위한 것으로 해양수산부장관이 인정하는 개조

13) "유조선"이란 화물창의 대부분이 산적한 기름을 운반하기 위한 구조로 된 선박을 말한다(제13호).

14) "국내항해"란 우리나라 항간의 항해를 말한다(제14호).

15) "국제항해"란 우리나라의 항에서 우리나라 밖의 외국항으로 가는 항해 또는 그 반대의 항해를 말한다(제15호).

16) "분뇨"란 다음 각 목의 어느 하나에 해당하는 것을 말한다(제16호).

가. 모든 형태의 화장실이나 소변소로부터 나오는 배출물과 쓰레기

나. 의무실, 병실 등의 의료구역의 세면기, 세탁통 및 배수구를 통하여 나오는 배출물

다. 살아 있는 동물이 들어있는 장소로부터의 배출물

라. 가목부터 다목까지의 배출물과 혼합된 폐수

17) "총톤수"란 「선박법」 제3조제1항 또는 「어선법」 제37조제3항에 따른 총톤수(국제항해에 운항하는 선박의 경우에는 국제총톤수)를 말한다(제17호).

18) "국제특별해역"이란 「1973년 선박으로부터의 오염방지를 위한 국제협약」(1978년 의정서 및 1997년 의정서에 의하여 개정된 것을 포함하며, 이하 "국제협약"이라 한다)에 따라 국제해사기구(IMO)가 지정한 특별해역을 말한다(제18호).

19) "유성찌꺼기(sludge)"란 다음 각 목의 어느 하나에 해당하는 것을 말한다(제19호).

가. 연료유 및 윤활유를 청정할 때 생기는 폐유

나. 기름여과장치로부터 분리된 폐유

다. 기관구역에서 기름의 누출 등으로 생기는 폐유

라. 폐유압유 및 폐윤활유 등 선박의 운항 중에 발생하는 폐유

20) "혼합물탱크(slop tank)"란 다음 각 목의 어느 하나에 해당하는 것을 한 곳에 모으기 위한 탱크를 말한다(제20호).

가. 유조선 또는 유해액체물질 산적운반선의 화물창 안의 화물잔류물 또는 화물창 세정수

나. 화물펌프실 바닥에 고인 기름, 유해액체물질 또는 포장유해물질의 혼합물

21) "분리평형수"란 기름 또는 유해액체물질 외의 물질의 적재를 위하여 영구적으로 설치되어 있는 탱크에 적재된 선박평형수(平衡水)로서 화물용 관(管) 또는 연료유계통으로부터 완전히 분리된 것을 말한다(제21호).

22) "맑은평형수"란 다음 각 목의 어느 하나에 해당하는 것을 말한다(제22호).

가. 유조선의 경우에는 제10조제2항에 따른 요건 이상으로 세정된 선박평형수

나. 유해액체물질산적운반선의 경우에는 유해액체물질을 운송한 후 제11

조에 따라 세정하고 비운 탱크에 적재된 선박평형수

23) "기름여과장치"란 기름이 섞여있는 폐수를 유분함유량 0.0015퍼센트(15ppm)이하로 처리하여 배출할 수 있는 해양오염방지 설비를 말한다(제23호).

24) "응고성 물질"이란 유해액체물질로서 다음 각 목의 어느 하나에 해당하는 것을 말한다(제24호).

가. 녹는점이 섭씨 15도 미만의 물질인 경우에는 화물을 내릴 때의 온도가 그 물질의 녹는점보다 섭씨 5도 미만의 높은 범위 안에 있는 온도의 물질

나. 녹는점이 섭씨 15도 이상의 물질인 경우에는 화물을 내릴 때의 온도가 그 물질의 녹는점보다 섭씨 10도 미만의 높은 범위 안에 있는 온도의 물질

25) "고점성 물질"이란 제3조제1항제1호의 X류물질 또는 같은 항 제2호의 Y류물질로서 화물을 내릴 때의 온도에서 해당 물질의 점도가 50밀리파스칼초 이상인 물질을 말한다(제25호).

26. "겸용선"이란 기름이나 고체화물을 산적(散積)상태로 적재할 수 있도록 설계·건조된 선박을 말한다(제26호).

27. "검사기준일"이란 제39조제3항에 따른 해양오염방지검사증서 또는 제48조에 따른 협약검사증서의 유효기간에 속하는 날로서 해당 증서의 유효기간 기산일(중간검사를 받아야 할 시기보다 3개월 이상 앞당겨 중간검사를 받은 경우에는 해당 중간검사의 완료일부터 3개월이 경과한 날)부터 1년씩이 만료되는 날을 말한다(제27호).

2. 적용의 범위

「해양환경관리법」은 이 법 제3조제1항에 따라 다음의 해역·수역·구역 및

선박·해양시설 등에서의 해양환경관리에 관하여 적용한다. 다만, 방사성물질과 관련한 해양환경관리(연구·학술 또는 정책수립 목적 등을 위한 조사는 제외한다) 및 해양오염방지에 대하여는 「원자력안전법」이 정하는 바에 따르도록 하고 있다.

i) 「영해 및 접속수역법」에 따른 영해 및 대통령령이 정하는 해역[15](제1호)
ii) 「배타적 경제수역 및 대륙붕에 관한 법률」 제2조[16]에 따른 배타적 경제수역(제2호)
iii) 「해양환경관리법」 제15조[17]의 규정에 따른 환경관리해역(제3호)
iv) 「해저광물자원 개발법」 제3조[18]의 규정에 따라 지정된 해저광구(제4호)

---

15) 「영해 및 접속수역법」 제1조(영해의 범위) 대한민국의 영해는 기선(基線)으로부터 측정하여 그 바깥쪽 12해리의 선까지에 이르는 수역(水域)으로 한다. 다만, 대통령령으로 정하는 바에 따라 일정수역의 경우에는 12해리 이내에서 영해의 범위를 따로 정할 수 있다.

16) 「배타적 경제수역 및 대륙붕에 관한 법률」 제2조(배타적 경제수역과 대륙붕의 범위) ① 대한민국의 배타적 경제수역은 협약에 따라 「영해 및 접속수역법」 제2조에 따른 기선(基線)(이하 "기선"이라 한다)으로부터 그 바깥쪽 200해리의 선까지에 이르는 수역 중 대한민국의 영해를 제외한 수역으로 한다.

17) 「해양환경관리법」 제15조(환경관리해역의 지정·관리) ① 해양수산부장관은 해양환경의 보전·관리를 위하여 필요하다고 인정되는 경우에는 다음 각 호의 구분에 따라 환경보전해역 및 특별관리해역(이하 "환경관리해역"이라 한다)을 지정·관리할 수 있다. 이 경우 관계 중앙행정기관의 장 및 관할 시·도지사 등과 미리 협의하여야 한다.

1. 환경보전해역: 해양환경 및 생태계가 양호한 해역 중 「해양환경 보전 및 활용에 관한 법률」 제13조제1항에 따른 해양환경기준의 유지를 위하여 지속적인 관리가 필요한 해역으로서 해양수산부장관이 정하여 고시하는 해역(해양오염에 직접 영향을 미치는 육지를 포함한다)
2. 특별관리해역: 「해양환경 보전 및 활용에 관한 법률」 제13조제1항에 따른 해양환경기준의 유지가 곤란한 해역 또는 해양환경 및 생태계의 보전에 현저한 장애가 있거나 장애가 발생할 우려가 있는 해역으로서 해양수산부장관이 정하여 고시하는 해역(해양오염에 직접 영향을 미치는 육지를 포함한다)

18) 「해저광물자원 개발법」 제3조(해저광구 등) ① 해저광구 또는 해저조광구의 경계는 직선으로 정하고 해저의 경계선 바로 아래를 한계로 한다.

② 해저광구의 위치 및 형태는 경도·위도를 기준으로 하여 대통령령으로 정한다.

③ 산업통상자원부장관은 하나의 해저광구를 둘 이상으로 분할하여 해저조광권을 설정할 수 있다.

또한 「해양환경관리법」 제3조제2항 및 제3항에 따라 이 법 제3조제1항 각 호의 해역·수역·구역 밖에서 「선박법」 제2조의 규정에 따른 대한민국 선박(이하 "대한민국선박"이라 한다)에 의하여 행하여진 해양오염의 방지에 관해서도 적용하는 것은 물론이고(제3조제2항), 대한민국선박 외의 선박(이하 "외국선박"이라 한다)이 「해양환경관리법」 제3조제1항 각 호의 해역·수역·구역 안에서 항해 또는 정박하고 있는 경우에는 이 법을 적용한다. 다만, 제32조, 제41조의3제2항부터 제5항까지, 제41조의4, 제49조부터 제54조까지, 제54조의2, 제56조부터 제58조까지, 제60조, 제112조 및 제113조의 규정은 국제항해에 종사하는 외국선박에 대하여 적용하지 아니하도록 하고 있다(제3조제3항).

그 밖에 「해양환경관리법」 제3조제4항부터 제6항까지에서는 다른 법률과의 관계를 다음과 같이 적용하여 규정하고 있다.

i) 「해양환경관리법」 제44조의 규정에 따른 연료유의 황함유량 기준 및 제45조의 규정에 따른 연료유의 품질기준에 관하여 이 법에서 규정하고 있는 경우를 제외하고는 「석유 및 석유대체연료 사업법」 및 「대기환경보전법」이 정하는 바에 따른다(제4항).

ii) 오염물질의 처리는 이 법에서 규정하고 있는 경우를 제외하고는 「폐기물관리법」·「물환경보전법」, 「하수도법」 및 「가축분뇨의 관리 및 이용에 관한 법률」에서 정하는 바에 따른다(제5항).

iii) 선박의 디젤기관으로부터 발생하는 질소산화물 등 대기오염물질의 배출허용 기준에 관하여 이 법에서 규정하고 있는 경우를 제외하고는 「대기환경보전법」이 정하는 바에 따른다(제6항).

---

④ 산업통상자원부장관은 경제적 가치가 있는 해저광물의 채취 가능성이 높은 해저광구를 유망광구로 지정하여 공표할 수 있다.

⑤ 산업통상자원부장관은 제4항에 따른 유망광구에서 해저조광권의 설정허가를 받은 자에게 우선적으로 자금을 지원할 수 있다.

⑥ 제4항에 따른 유망광구의 지정 및 공표에 필요한 사항은 대통령령으로 정한다.

참고로 앞서 언급한 「해양환경관리법」 제2조제16호에서 규정하고 있는 "선박"은 용도, 선형, 설비요건 등에 따라 다양하게 구분해서 분류하고 있으며 선박별 용도표기와 관련해서는 해양수산부의 「선박검사증서의 선박용도 표기 지침」에서 다음과 같이 정하고 있다.(〈표 1-1〉)

〈표 1-1〉 선박검사증서 상의 용도표기 방법

대분류	검사증서상 용도 표기 방법	영문표기	설 명
여객선 (10종)	여객선 (일반여객선)	Passenger Ship	해운법을 적용 받는 여객 13인 이상의 일반 여객선
	여객선 (카페리여객선)	Passenger Ship (Car Ferry)	여객 13인 이상으로 여객 및 자동차를 운반하는 설비 및 구역을 가진 선박
	여객선 (고속여객선)	High Speed Passenger Ship	여객 13인 이상의 일반 여객선으로 HSC Code* 적용선박 * HSC Code: 고속선 안전에 관한 국제규칙(International Code of Safety for High Speed Craft, 이하 같다)
	여객선 (화객선)	Passenger Ship (Cargo)	여객 13인 이상으로 여객 및 일반화물을 운반하는 선박
	여객선 (도선)	Passenger Ship (Ferry)	유선 및 도선 사업법을 적용받는 여객 13인 이상 도선
	여객선 (유선)	Passenger Ship (Leisure)	유선 및 도선 사업법을 적용받는 여객 13인 이상 유선
	여객선 (잠수정)	Passenger Ship (Submersible)	유선 및 도선 사업법을 적용받는 여객 13인 이상으로 잠수가 가능한 선박
	여객선 (수면비행선박)	Passenger Ship (WIG Craft)	여객 13인 이상의 수면비행선박
	여객선 (수륙양용선박)	Passenger Ship (Amphibian vehicle)	여객 13인 이상의 수륙양용선박
	여객선 (기타여객선)	Passenger Ship (Other)	해운법, 유선 및 도선 사업법을 적용 받지 아니하는 여객 13인 이상 선박(통선, 통학선 등)

대분류	검사증서상 용도 표기 방법	영문표기	설 명
화물선 (17종)	화물선 (일반화물선)	Cargo Ship (General)	일반화물선
	화물선 (카페리선)	RoRo Ship (Car Ferry)	롤온, 롤오프 선박으로 화물이 선적된 차량을 화물구역에 탑재하여 운송하는 선박
	화물선 (자동차운반선)	RoRo Ship	롤온, 롤오프로 차량 또는 화물을 RoRo 구역에 탑재하여 운송하는 선박
	화물선 (화물 및 카페리선)	RoRo Ship (Cargo & Car Ferry)	롤온, 롤오프 선박으로 일반화물 및 차량탑재 구역을 가진 구조의 선박
	화물선 (냉동운반선)	Refrigerated Cargo Carrier	냉동화물선
	화물선 (고속화물선)	High Speed Cargo Ship	일반화물선으로서 HSC Code 적용선
	화물선 (모래운반선)	Cargo Ship (Sand)	모래를 전용으로 운반하는 선박
	화물선 (모래채취운반선)	Cargo Ship (Sand Collecting)	모래 채취 설비를 갖춘 모래 운반선
	화물선 (컨테이너운반선)	Container Ship	컨테이너 전용 운반선
	화물선 (폐기물운반선)	Cargo Ship (Waste)	폐기물 전용 운반선 (분뇨 등)
	화물선 (임산물전용운반선)	Cargo Ship (Forest Product)	임산물 전용 운반선
	화물선 (시멘트운반선)	Cargo Ship (Cement)	시멘트 전용 운반선
	화물선 (가축운반선)	Cargo Ship (Livestock)	가축 전용 운반선
	화물선 (산적화물선)	Bulk Carrier	산적화물선
	화물선 (광석운반선)	Ore Carrier	산적상태의 광석을 전용로 운반하는 산적화물선

대분류	검사증서상 용도 표기 방법	영문표기	설 명
화물선 (17종) (계속)	화물선 (광석 / 액체화학품산적운반선)	Ore & Chemical Carrier	광석을 운반할 수 있는 화물창과 액체화학품을 운반할 수 있는 탱크를 가진 구조의 선박
	화물선 (광석 / 유류운반선)	Ore & Oil Carrier	광석을 운반할 수 있는 화물창과 유류를 운반할 수 있는 탱크를 가진 구조의 선박
유조선 (10종)	유조선 (액화천연가스운반선)	Liquefied Natural Gas Carrier (LNG)	LNG 운반선
	유조선 (액화석유가스운반선)	Liquefied Petroleum Gas Carrier (LNG)	LPG 운반선
	유조선 (원유운반선)	Tanker (Crude Oil)	원유운반선
	유조선 (액체화학품산적운반선)	Tanker (Chemical)	액체화학품산적운반선
	유조선 (유류 및 액체화학품산적운반선)	Tanker (Oil & Chemical)	유류 및 액체화학품산적운반선
	유조선 (아스팔트운반선)	Tanker (Asphalt)	아스팔트전용 운반선
	유조선 (석유제품운반선)	Tanker (Product Carrier)	석유화학제품 운반선
	유조선 (원유 및 석유제품운반선)	Tanker (Crude & Product)	원유 및 석유제품운반선
	유조선 (급유선)	Tanker (Supply)	타 선박에 급유를 목적으로 사용하는 선박
	유조선 (기타유조선)	Tanker (Other)	그 밖의 유조선
부선 (33종)	부선 (일반부선)	Barge (General)	일반화물 운반에 사용하는 부선
	부선 (유류운반부선)	Barge (Oil)	유류 운반에 사용하는 부선

대분류	검사증서상 용도 표기 방법	영문표기	설 명
부선 (33종) (계속)	부선 (액화천연가스운반부선)	Barge (LNG)	액화천연가스 운반에 사용하는 부선
	부선 (액화석유가스운반부선)	Barge (LPG)	액화석유가스 운반에 사용하는 부선
	부선 (케미칼운반부선)	Barge (Chemical)	케미칼 운반에 사용하는 부선
	부선 (폐기물운반부선)	Barge (Waste)	폐기물 운반에 사용하는 부선
	부선 (크레인부선)	Barge (Crane)	크레인을 사용하여 주작업을 하는 부선
	부선 (방제부선)	Barge (Oil Recovery)	방제업무에 사용하는 부선
	부선 (유출유회수부선)	Barge (Spilled Oil Recovery)	유출유 회수 설비가 있는 부선
	부선 (준설 및 운반부선)	Barge (Dredger & Carrying)	준설 및 준설토를 운반하는 부선
	부선 (모래운반부선)	Barge (Sand)	모래 운반에 사용하는 부선
	부선 (모래채취운반부선)	Barge (Sand Collecting)	모래 채취 설비를 갖춘 부선
	부선 (해저조망부선)	Barge (Sea Sighting)	해저를 조망할 수 시설을 설치한 부선
	부선 (압항부선)	Barge (Intergrated, General)	일반화물 운반에 사용하는 압항부선
	부선 (압항유류운반부선)	Barge (Intergrated, Oil)	유류 운반에 사용하는 압항부선
	부선 (압항액화천연가스운반부선)	Barge (Intergrated, LNG)	액화천연가스 운반에 사용하는 압항부선
	부선 (압항액화석유가스운반부선)	Barge (Intergrated, LPG)	액화석유가스 운반에 사용하는 압항부선
	부선 (압항케미칼운반부선)	Barge (Intergrated, Chemical)	케미칼 운반에 사용하는 압항부선

대분류	검사증서상 용도 표기 방법	영문표기	설 명
부선 (33종) (계속)	부선 (압항폐기물운반부선)	Barge (Intergrated, Waste)	폐기물 운반에 사용하는 압항부선
	부선 (압항크레인부선)	Barge (Intergrated, Crane)	크레인을 사용하여 주작업을 하는 압항부선
	부선 (압항방제부선)	Barge (Intergrated, Oil Recovery)	방제업무에 사용하는 압항부선
	부선 (압항유출유회수부선)	Barge (Intergrated, Spilled Oil Recovery)	유출유 회수 설비가 있는 압항부선
	부선 (압항준설 및 운반부선)	Barge (Intergrated, Dredger, Carrying)	준설 및 준설토를 운반하는 압항부선
	부선 (압항모래운반부선)	Barge (Intergrated, Sand)	모래 운반에 사용하는 압항부선
	부선 (압항모래채취운반부선)	Barge (Intergrated, Sand Collecting)	모래 채취 설비를 갖춘 압항부선
	부선 (압항해저조망부선)	Barge (Intergrated, Sea Sighting)	해저를 조망할 수 시설을 설치한 압항부선
	부선 (이동식시추선)	Barge (Mobile Off Shore Unit)	이동식 시추 업무에 사용하는 선박
	부선 (수상호텔)	Barge (Floating Hotel)	수상호텔로 사용되는 해상구조물
	부선 (수상식당)	Barge (Floating Restaurant)	수상식당으로 사용되는 해상구조물
	부선 (수상공연장)	Barge (Floating Hall)	수상공연장으로 사용되는 해상구조물
	부선 (기름저장 해상구조물)	Barge (Floating Oil Storage Structure)	해양환경관리법 제2조에 따른 기름을 저장하는 해상구조물
	부선 (폐기물저장 해상구조물)	Barge (Floating Waste Storage Structure)	폐기물관리법 제2조에 따른 폐기물을 저장하는 해상구조물

대분류	검사증서상 용도 표기 방법	영문표기	설 명
부선 (33종) (계속)	부선 (기타해상구조물)	Barge (Other Floating Structure)	부유식 해상구조물 중 수상호텔 / 수상식당 / 수상공연장 / 기름 저장 해상구조물 및 폐기물 저장 해상구조물 이외의 수상구조물
기타선 (36종)	기타선 (예인선 및 작업선)	Other Ship (Tug and Work)	예인선 및 작업선 설비가 있는 선박
	기타선 (예인선)	Other Ship (Tug)	예인업무를 전용으로 하는 선박
	기타선 (압항예선)	Other Ship (Intergrated Pusher Tug)	압항설비를 가진 예인선
	기타선 (예인선 겸 방제선)	Other Ship (Tug and Oil Recovery)	예인 및 방제 겸용선
	기타선 (도선)	Other Ship (Ferry)	유선 및 도선사업법을 적용받는 여객 13인 미만 도선
	기타선 (유선)	Other Ship (Leisure)	유선 및 도선사업법을 적용받는 여객 13인 미만 유선
	기타선 (잠수정)	Other Ship (Submersible)	유선 및 도선사업법을 적용받는 여객 13인 미만으로 잠수가 가능한 선박
	기타선 (수면비행선박)	Other Ship (WIG Craft)	여객 13인 미만 수면비행선박
	기타선 (수륙양용선박)	Other Ship (Amphibian vehicle)	여객 13인 미만 수륙양용선박
	기타선 (기타선)	Other Ship (General)	그 밖의 선박
	기타선 (플레저보트)	Other Ship (Pleasure Boat)	스포츠 또는 레크리에이션용으로 사용하는 선박길이 24미터 미만 선박(여객 13인 이상 제외)
	기타선 (요트)	Other Ship (Yacht)	플레저보트를 제외한 유도선사업법을 적용 받지 아니한 요트

대분류	검사증서상 용도 표기 방법	영문표기	설 명
기타선 (36종) (계속)	기타선 (작업선)	Other Ship (Work)	작업에 사용하는 선박
	기타선 (지도선)	Other Ship (Guide)	어업지도 등 지도업무에 사용하는 선박
	기타선 (실습선)	Other Ship (Training)	학생 등을 교육 및 실습 목적으로 사용하는 선박
	기타선 (소방선)	Other Ship (Fire Fighting)	화재진압을 주목적으로 하는 선박
	기타선 (순찰선)	Other Ship (Patrol)	개항질서 유지와 항만내 오염행위 단속 등의 업무에 사용하는 선박
	기타선 (폐기물수거선)	Other Ship (Waste)	폐기물 수거에 사용하는 선박
	기타선 (어장정화선)	Other Ship (Fishing Ground Cleaning)	어장관리법 시행령에 따라 어장정화 및 정비업에 사용하는 선박
	기타선 (탐사선)	Other Ship (Seismic)	탐사업무에 사용하는 선박
	기타선 (토사운반선)	Other Ship (Soil)	토사 운반에 사용하는 선박
	기타선 (시험조사선)	Other Ship (Research)	해양환경조사 등 업무에 사용하는 선박
	기타선 (수로측량선)	Other Ship (Hydro Survey)	수로측정 등에 사용하는 선박
	기타선 (방제선)	Other Ship (Oil Recovery)	해양오염 방제 업무에 사용하는 선박
	기타선 (청항선)	Other Ship (Water Surface Cleaner for harbour)	항만 청소업무에 사용하는 선박
	기타선 (청방선)	Other Ship (Water Surface Cleaner and Oil Recovery for harbour)	항만 청소 및 방제업무에 사용하는 선박
	기타선 (급수선)	Other Ship (Water Supply)	선박에 물을 공급하는 선박

대분류	검사증서상 용도 표기 방법	영문표기	설 명
기타선 (36종) (계속)	기타선 (항로표지선)	Other Ship (Buoy Laying)	항로표지 작업에 사용하는 선박
	기타선 (준설선)	Other Ship (Dredger)	준설업무에 사용하는 선박
	기타선 (준설 및 운반선)	Other Ship (Dredger & Carrying)	준설 및 준설토를 운반하는 선박
	기타선 (항만견학선)	Other Ship (Harbour Tour)	항만 견학 등에 사용하는 선박
	기타선 (앵커작업선)	Other Ship (Anchor)	원유선 등의 SBM 작업 시 앵커작업에 사용하는 선박
	기타선 (병원선)	Other Ship (Hospital)	낙도 등에 병원업무를 지원하는 선박
	기타선 (통선)	Other Ship (Commute)	여객 13인 미만 통학 또는 통근 업무에 사용하는 선박
	기타선 (쇄빙선)	Other Ship (Ice Breaker)	얼음이 덮여 있는 결빙해역(結氷海域)에서 수역의 얼음을 부수어 항로를 만들기 위해 사용되는 선박
	기타선 (해저케이블 가설선)	Other Ship (Cable Layer)	해저 케이블을 부설하거나 수리하기 위한 선박. 선수나 선미에 케이블 부설용, 인양용 도르래를 장비하고 있으며 케이블을 감아올리거나 풀어내는 케이블 엔진 및 케이블 탱크 등을 장착하고 있다.

* 총 106종: 여객선(10종), 화물선(17종), 유조선(10종), 부선(33종), 기타선(36종)

제2절 해양환경범죄 수사의 주체[19] 및 양벌 규정

현행 「형사소송법」 제197조제1항 및 제2항에서는 경무관, 총경, 경정, 경감, 경위는 사법경찰관(경사, 경장, 순경은 사법경찰리로서 수사의 보조 담당)으로서 범죄의 혐의가 있다고 사료하는 때에는 범인, 범죄사실과 증거를 수사하도록 규정하고 있으며, 여기에서의 사법경찰관리는 "일반사법경찰관리"로 해양경찰청 소속 경찰공무원이 해당된다.

또한 「형사소송법」 제245조의10에서는 삼림, 해사, 전매, 세무, 군수사기관 기타 특별한 사항에 관하여 사법경찰관리의 직무를 행할 자와 그 직무의 범위는 법률로써 정하도록 규정하고 있으며, 여기에서의 사법경찰관리는 "특별사법경찰관리"로서 이 법 제197조에서 규정하고 있는 사법경찰관리와 동일한 수사권을 행사하도록 하고 있다.

하지만 특별사법경찰관리의 직무범위와 수사 관할은 「사법경찰관리의 직무를 수행할 자와 그 직무범위에 관한 법률」(이하 "사법경찰직무법"이라 한다) 제6조에 따라 이 법에서 규정된 범죄로 한정하고 있어 제한된 범위 내에서 수사권을 행사한다.[20]

한편, 현행 「사법경찰직무법」에서는 이 법 제5조제37호 및 제6조제34호가목에 따라 해양수산부와 그 소속 기관, 광역시 · 도 및 시 · 군 · 구에 근무하며 해

19) 손영태, 『선박안전범죄론』, 지식이, 2016, 29~30면.

20) 참고로 특별사법경찰관리제도를 두고 있는 이유는 직무특성과 관련된 특정한 범죄를 발견할 기회가 많고, 또한 그 직무 수행과 관련된 전문지식이 범죄를 수사하는데 더 용이하여 사안에 따라 특별한 조치를 취하는데 있어서도 적합하기 때문이다. 뿐만 아니라 일반사법경찰관리의 수사권이 미치기 어 려운 지역의 특수성을 고려한 것이기도 하다(中尾 巧 · 城祐一郎 · 竹中ゆかり · 谷口俊男 『海事犯罪』, 立花書房, 2010, 2면); 즉 직무의 범위에 있어서 일반사법경찰관리는 일반적(一般的)인 성격을 가지 고 있는 반면, 특별사법경찰관리는 사항적(事項的)인 성격을 가지고 있어 확연한 차이를 보이고 있다(손영태, 『해양경찰법체계』, 지식인, 2014, 289면 재인용).

양환경 관련 단속 사무에 종사하는 4급부터 9급까지의 국가공무원 및 지방공무원에게 소속 관서 관할 구역에서 발생하는 위법행위 중 「해양환경관리법」에 규정된 범죄에 한해서 사법경찰관리의 직무(수사)를 수행하도록 하고 있다. 이상과 같은 내용을 통해 해양환경범죄를 담당하고 있는 수사기관 및 수사 업무를 수행하는 근거 법령의 현황을 종합해서 정리하면, 다음과 같다.(〈표 1-2〉)

〈표 1-2〉 해양환경범죄 수사기관 및 수사 근거 법령

수사기관(소속기관)		수사 법적 근거
일반사법 경찰관리	해양경찰청	• 「형사소송법」 제197조 • 「해양경찰법」 제14조제2항 • 「경찰관 직무집행법」 제2조제2호
특별사법 경찰관리	해양수산부, 광역 시 · 도 및 시 · 군 · 구	• 「형사소송법」 제197조 • 「사법경찰직무법」 제5조제37호 및 제6조제34호가목

본 저에서 다루고 있는 「해양환경관리법」 제130조에서는 법인 또는 개인이 그 위반행위를 방지하기 위하여 해당 업무에 관하여 상당한 주의와 감독을 게을리하지 아니한 경우를 제외하고는 법인의 대표자나 법인 또는 개인의 대리인, 사용인, 그 밖의 종업원이 그 법인 또는 개인의 업무에 관하여 이 법 제126조부터 제129조까지의 어느 하나에 해당하는 위반행위를 하면 그 행위자를 벌하는 외에 그 법인 또는 개인에게도 해당 조문의 벌금형을 과(科)하도록 규정하고 있는 양벌 규정을 두고 있다.

이와 같이 양벌 규정은 어떤 범죄 발생에 대해 해위자를 처벌할 뿐만 아니라 그 행위자와 일정한 관계가 있는 자연인 또는 법인에 대해서도 형을 과하도록 정한 규정을 말한다. 또한 양벌 규정은 벌칙규정에 행위자만을 처벌하는 것만으로는 형벌의 목적을 완성하기 어렵다는 전제에서 비롯된 것이다.

어떤 법인의 대표자나 법인 또는 개인의 대리인, 사용인, 그 밖의 종업원이

그 법인 또는 개인의 업무에 관하여 위법행위를 한 경우 벌칙 규정을 적용받아 처벌되는 것은 실제 행위를 한 자이다. 이 경우 실제로 그 위반행위에 따라 이익 등을 얻고 있는 자는 그 법인 또는 사용주이므로 법인 또는 사용주가 이와 같은 위반행위를 방지・예방 조치를 강구할 책임을 다하지 못한 법인 또는 사용주에 대해 형을 과하는 양벌 규정을 두게 된다.[21)]

제3절 행정벌의 의의[22)]

본 저서에서 다루고 있는 법률인 「해양환경관리법」은 행정상의 법률관계에 관한 법으로 일종의 행정법이다. 이 같은 행정법에서는 의무위반행위에 대하여 일반 통치권에 기하여 일반 사인에게 과하는 제재수단으로 행정벌을 사용하고 되며, 이 행정벌에는 행정형벌과 행정질서벌(과태료 등)로 크게 구분하고 있다.

여기에서의 행정벌[23)]은 「형법」에서 규정하고 있는 형사범[24)]과는 달리 행정

21) 법제처, 『법령 입안 · 심사 기준』, 2022, 592면

22) 손영태, 앞의 책(2016), 35~33면.

23) 행정벌에 해당하는 벌칙 규정은 일반적으로 형벌의 보충성 또는 최후 수단성을 고려하여 형벌 외적인 수단으로 행정법규의 목적을 달성할 수 있는지를 검토하여 마련된 것으로 해당 행정법규의 목적을 달성하는 데에 필요・최소한의 벌칙 내용인지를 확인하여 벌칙과 국민의 법 감정과의 일치 여부, 벌칙 적용으로 예상되는 국민 법 감정의 변화와 준법정신의 변화 여부, 형사정책상 예상되는 문제점, 수사 실무상의 애로와 문제점, 벌칙 부과로 야기될 수 있는 부작용 등의 검토를 필요로 한다. 그리고 형벌 부과의 근거가 되는 행위 유형의 기준을 기술한 구성요건은 처벌의 대상이 되는 행위의 내용을 규정한 법률요건으로 이는 죄형법정주의 관점에서 국민이 예측할 수 있는 형식으로 명확하게 하여 국가 형벌권을 국가가 자의적으로 행사하지 못하게 하고 개인의 자유와 권리를 보호하는 기능을 하는데, 이는 형사범보다 법정범인 행정범에게 더욱 중요한 의미가 있는 것으로 보는 견해가 있다(법제처, 앞의 책, 2022, 563, 569면).

24) 형사범은 국가의 제정법을 기다릴 것도 없이 그 성질자체로 보아 반윤리성 · 반사회성을 띠며 그것이 일반국민에게 의식된 행위로서 '자연범'이라고도 한다(법제처, 앞의 책, 2022, 562면).

벌이 과해질 의무위반에 해당하는 행정범의 경우 그 행위의 성질 자체는 반윤리성 · 반사회성을 띠지 않는 경우가 대부분이며 특정한 행정목적의 실현을 위한 국가의 제정법에 의한 명령 · 금지를 위반했기 때문에 비로소 반윤리성 · 반사회성을 띠게 되고 범죄로서 처벌되는 행위이므로 일반적으로 "법정범"으로 칭하기도 한다.[25]

해양환경관리 등과 관련한 범죄의 대부분은 특별법범이 주를 이룬다.[26] 하지만「형법」 제1편 총칙은 일반원칙으로 해사법규의 벌칙에도 적용된다 할 것이다. 한편,「형법」 제8조에서는 '본법 총칙[27]은 타 법령에 정한 죄에 적용한다. 단, 그 법령에 특별한 규정이 있는 때에는 예외로 한다'고 규정하고 있다.

또한 이 법 제14조 "과실"과 관련해서는 '정상적으로 기울여야 할 주의(注意)를 게을리하여 죄의 성립요소인 사실을 인식하지 못한 행위는 법률에 특별한 규정이 있는 경우에만 처벌한다.'고 규정하고 있다.[28]

즉 고의범 처벌을 원칙으로 하되 특별한 규정이 있는 경우에 한해서 예외적으로 과실범에 대해 벌칙을 적용한다.

따라서 본 저서에서 다루고 있는「해양환경관리법」에서 규정하고 있는 벌칙을 과실범에 대해 적용하는데 있어서는「형법」의 일반원칙과 함께 과실범에 대해서 특별한 규정이 있는 경우에 한해 제한적으로 적용된다 할 것이다. 이와 관련해서는「해양환경관리법」 제127조제2호[29] 및 제128조제1호[30]에서 일부

---

25) 법제처, 앞의 책, 562면.

26) 해양경찰청에서는 범죄의 유형을 형법범(살인, 절도, 폭행/상해, 사기, 횡령 · 배임 등)과 특별법범(수산사범, 안전사범, 해양환경사범 등)으로 구분하고 있다(해양경찰청, 『해양경찰백서』, 2020, 352~356면).

27)「형법」 총칙은 형법의 적용 범위, 죄의 성립과 형의 감면, 미수범, 공범, 누범, 경합범, 형의 종류와 경중, 형의 양정(量定), 형의 선고유예, 형의 집행유예, 형의 집행, 가석방, 형의 시효, 형의 소멸, 기간으로 구성되어 있다.

28) 일반적으로 '과실'이란 사회생활에서 요구되는 주의의무를 위반하거나 게을리함으로써 구성요건적 결과 발생을 예견하지 못하거나 회피하지 못한 경우를 말한다(법제처, 앞의 책, 583면).

29)「해양환경관리법」 제127조(벌칙) 다음 각 호의 어느 하나에 해당하는 자는 3년 이하의 징역 또는 3천만원 이하의 벌금에 처한다.

제한적으로 과실범에 대한 처벌규정을 두고 있다.

이와 관련해서 위에서 언급한 고의범은 문제의 행위로 인하여 반드시 의도한 결과가 초래되는 것은 아니지만 의도하지 않았더라도 어느 정도는 결과의 예상이 가능한 행위, 다시 말해서 자기의 행위로 인하여 어떤 범죄결과의 발생 가능성을 인식(예견)하였음에도 불구하고 그 결과의 발생을 인정하여 받아들이는 심리상태인 “미필적 고의”(未必的 故意)를 포함하고 있다.[31] 참고로 범죄사실의 입증과 관련한 내용으로 형사재판에 있어서 공소가 제기된 범죄사실(구성요건 해당성, 위법성, 책임의 존재)에 대한 거증책임(擧證責任, 입증책임이라고도 한다)과 관련해서 살펴보면 다음과 같다.

형사소송에 있어 권리 또는 법률관계의 존부(存否)를 판단하는 데 필요한 사실에 관하여 소송에 나타난 모든 증거자료에 의하여도 법원이 어느 쪽으로도 존부를 결정할 수 없는 경우에, 법원은 이것을 어느 당사자에게 불리하게 가정하여 판단하지 않는 한 재판할 수 없게 된다.

이러한 가정을 할 경우에 당사자 일방이 받는 불이익을 거증책임이라 하며, 어느 당사자에게 그 사실에 대한 존부를 불이익한 결과로 가정할 것인지에 대해 정하는 것을 거증책임의 분배(입증책임의 분배)라고 한다.

다시 말해서 거증책임은 요증사실(要證事實, 소송에서 당사자의 입증을 필요로 하는 사실)의 존부가 증명되지 않을 경우 불이익을 받게 되는 당사자의 법적지위로, 예컨대 재판에서 피고인의 유죄를 검사가 증명하지 못하였을 경우

---

2. 과실로 제22조제1항 및 제2항의 규정을 위반하여 선박 또는 해양시설로부터 기름을 배출한 자

30) 「해양환경관리법」 제128조(벌칙) 다음 각 호의 어느 하나에 해당하는 자는 2년 이하의 징역 또는 2천만원 이하의 벌금에 처한다.

1. 과실로 제22조제1항 및 제2항의 규정을 위반하여 선박 또는 해양시설로부터 폐기물 · 유해액체물질 · 포장유해물질을 배출한 자

31) 박영선, 『선박안전법해설』, 재단법인 한국해사문제연구소, 2008, 354면; (미필적 고의의 예시: 엽총으로 조류를 쏘는 경우에 자칫하면 주위의 사람에게 맞을 지도 모른다고 생각하면서 발포하였는데, 역시 사람에게 맞아 사망하였을 경우에 미필적 고의에 의한 살인죄가 성립된다).

검사가 불이익을 당하게 되는 것이다.

여기에서의 "당사자"는 소송적 법률관계의 주체로서 소송법적인 권리 · 의무의 귀속주체가 되는 소송주체(재판권의 주체인 법원, 공소권의 주체인 검사, 방어권의 주체인 피고인을 말한다) 가운데 재판을 받는 주체인 검사와 피고인을 말한다.[32)]

형사소송에서는 거증책임은 원칙적으로 검사가 지는 것으로 되어 있다. 최선의 심리를 다하여도 범죄사실의 존부에 관하여 법원이 확신을 가질 수 없는 경우에는 거증책임의 분배에 따라서 피고인은 무죄가 된다. 이와 관련해서는 「형사소송법」 제325조[33)]에서도 '범죄사실의 증명이 없는 때'는 무죄로 하여야 한다는 뜻을 규정하고 있다.

그 밖에 검사는 소송범죄사실의 존부에 관한 것뿐만 아니라 정당방위 · 긴급피난 등의 위법성 또는 책임조각사유의 부존재, 형의 가중사유[예, 누범전과(累犯前科)[34)]의 존재 등의 사항에 관하여도 모두 거증책임을 진다. 그러나 예외적으로 피고인 측에 거증책임이 있는 경우가 있다.

가령, 「형법」 제263조[35)]에 따른 동시범과 이 법 제307조제1항[36)]및 제310조[37)]에 따른 명예훼손의 행위에 대한 위법성 조각사유를 증명해야 하는 경우가 이에 해당한다 할 것이며, 이는 피고인 측에서 증명하지 못하게 되면 피고

32) 신효진, 『형사소송법요론』, 한국서원, 1999, 35면.

33) 「형사소송법」 제325조(무죄의 판결) 피고사건이 범죄로 되지 아니하거나 범죄사실의 증명이 없는 때에는 판결로써 무죄를 선고하여야 한다.

34) 누범은 범죄를 되풀이 하는 것으로 「형법」 제35조제1항에 따라 금고(禁錮) 이상의 형을 받아 그 집행을 종료하거나 면제를 받은 후 3년 내에 금고 이상에 해당하는 죄를 범한 자는 누범으로 처벌하도록 규정하고 있다.

35) 「형법」 제263조(동시범) 독립행위가 경합하여 상해의 결과를 발생하게 한 경우에 있어서 원인된 행위가 판명되지 아니한 때에는 공동정범의 예에 의한다.

36) 「형법」 제307조(명예훼손) ① 공연히 사실을 적시하여 사람의 명예를 훼손한 자는 2년 이하의 징역이나 금고 또는 500만원 이하의 벌금에 처한다.

37) 「형법」 제310조(위법성의 조각) 제307조제1항의 행위가 진실한 사실로서 오로지 공공의 이익에 관한 때에는 처벌하지 아니한다.

인의 불이익으로 인정될 수 있는 것이다.

참고로 「해양환경관리법」 제124조에서는 형식승인·검사·성능시험·검정 등과 관련한 업무대행기관의 임원 및 직원 등에 대한 벌칙 적용에서의 공무원 의제 규정을 두고 있으며, 또한 이 법 제131조에서는 외국인에 대한 벌칙적용 특례를 다음과 같이 두고 있다. ⅰ) 외국인에 대하여 제127조 및 제128조의 규정을 적용함에 있어서 고의로 우리나라의 영해 안에서 위반행위를 한 경우를 제외하고는 각 해당 조의 벌금형에 처한다(제1항). ⅱ) 제1항의 규정에 따른 외국인의 범위에 관하여는 「배타적 경제수역에서의 외국인어업 등에 대한 주권적 권리의 행사에 관한 법률」 제2조의 규정을 적용하고, 외국인에 대한 사법절차에 관하여는 동법 제23조 내지 제25조의 규정을 준용한다(제2항).

제4절 범죄 행위의 적용시점 및 관련 법령 부칙[38)]

「형법」 제1조제1항에서는 '범죄의 성립과 처벌은 행위 시의 법률에 의한다(행위시법주의)'고 규정하고 있다. 이는 죄형법정주의로부터 도출되는 "소급효 금지의 원칙"을 의미하는 것으로 형벌법규는 그것이 시행된 이후의 행위에 대해서만 적용되고 시행 이전의 행위에까지 소급하여 적용할 수 없다는 원칙을 말한다.[39)] 이와 같이 범죄수사에 있어서 위법행위에 대한 법 적용 시점은 매우 중요하다 할 것이다.[40)]

38) 손영태, 앞의 책(2016), 39~40면.

39) 신호진, 『형법요론』, 한국서원, 2002, 16, 36면.

40) 참고로 법령의 적용시점을 사람이나 사물을 기준으로 하지 않고 법령 시행 이후 일정한 시점(時點)으로 정하는 경우가 있는데, 이는 시행일을 늦추는 결과밖에 없는 것이고 적용시점(時點)에 가면 또 다시 어떤 사람이나 사물에 대해 적용해야 하는지의 문제가 발생하므로 아무런 의미가 없다. 따라서 적용시점을 규정하는 적용례는 두지 않는다(법제처, 앞의 책, 650면).

부칙(附則)은 법령에서 주된 내용을 담고 있는 본칙에 대해 보충해서 필요사항(시행일, 각종 경과조치 및 다른 법률의 개정사항 등)을 기재하고 있는 것으로 법률의 원활한 운영을 위하여 하부 규정인 '시행령' 및 '시행규칙'에 대한 정비도 동시에 이루어지는 것이 일반적이다.

부칙의 구성내용 중 시행일은 「민법」 제157조(기간의 기산점)를 준용하고 있으며 다음과 같다. '기간을 일, 주, 월 또는 연으로 정한 때에는 기간의 초일은 산입하지 아니한다. 그러나 그 기간이 오전 영시로부터 시작하는 때에는 그러하지 아니하다.'

여기에서의 초일(初日)은 어떤 일이 처음으로 시작되는 날을 의미하므로 일반적으로 시행일은 공포한 날 다음 날이 된다. 예를 들어 「해양환경관리법」은 2007년 1월 19일(법률 제8260호) 공포 후 1년이 경과한 날부터 시행하는 것으로 하고 있어 시행일은 2008년 1월 20일이 된다.

또한 부칙에서는 새로운 법률 시행에 따른 사회적 혼란을 최소화하기 위하여 일정기간 동안 법률의 적용을 유예하기 위한 경과조치를 두고 있으며, 부칙의 대부분은 경과조치(경과조치를 담은 규정을 경과규정이라 함)로 이루어진다.

이와 같은 경과조치는 새로운 법질서로 전화하는 과정에서의 과도적 조치로 신·구 양 법질서 사이에서의 제도적 변화와 기득권의 보장, 법적 안정성의 요구를 적절히 조화시키는 역할을 한다.[41)]

---

41) 법제처에서는 경과조치에 관한 규정에 대해 다음과 같이 그 의의 및 필요성 등에 대해 언급하고 있다. 법령을 제정 또는 개정하여 법질서를 변경하는 경우 어떤 시점부터 새로운 법령을 무조건 적용해서 기존의 법률관계를 새로운 법률관계로 전환시키는 것은 여러 가지 문제를 야기한다. 물리적으로 그렇게 할 수 없는 경우도 있고, 상당한 혼란이 야기되는 경우도 있다. 특히 기득권을 침해함으로써 위헌 또는 위법의 문제를 발생시키는 경우도 있다. 그래서 새로운 법질서로 전환하는 과정이 부드럽고 순조롭게 진행될 수 있도록 과도적 조치를 강구할 필요가 생긴다. 이러한 과도적 조치를 법령에서는 '경과조치'라고 부르고, 경과조치를 담은 규정을 '경과규정'이라고 부른다. 부칙의 대부분은 이 경과조치가 차지하고 있다. 경과조치는 신구 양 법질서 사이에서 제도의 변화(발전)와 법적 안정성의 요구를 적절히 조화시키는 구실을 할 뿐만 아니라 신법·구법 사이의 적용관계를 명확히 하도록 하는 것이므로 부칙 중에서 가장 중요한 부분으로 다루어지는데, 입법기술상으로도 가장 어려운 부분의 하

따라서 본 저서에서는 「해양환경관리법」의 부칙(연혁)에 대해 전반적으로 살펴보고, 그 밖에 이에 추가하여 각각의 개별법과 관련한 부칙의 세부 내용에 대해서도 자세히 다루고자 한다. 즉 부칙에 대한 올바른 숙지 및 이해는 업무를 수행하는데 있어 필수사항이라 할 수 있다.

해양환경관리법 관련 법령(법 · 시행령 · 시행규칙) 제 · 개정이 있을 경우 법률의 시행일 및 경과조치에 대해 규정하고 있는 부칙 조항 중 최근 개정된 법령을 중심으로 "선박등"의 운영과 관련해서 해당 범죄수사 시 검토되어야 하는 주요부칙 조항을 중심으로 살펴보았으며, 다음과 같다.(〈표 1-3〉)

〈표 1-3〉 해양환경관리법 관련 법령 주요부칙 조항

부 칙	주요내용
해양환경관리법 〈법률 제8260호, 2007.1.19.〉	제1조 (시행일) 이 법은 공포 후 1년이 경과한 날부터 시행한다. 다만, 제19조제1항제2호의 규정은 공포 후 2년이 경과한 날부터, 제110조제1항의 규정은 공포 후 3년이 경과한 날부터, 제40조 및 제53조의 규정은 이 법 시행 후 「선박 유해방오시스템의 규제에 관한 국제협약」이 우리나라에서 효력을 발생하는 날부터 시행한다.
	제8조 (유해방오도료 등의 사용금지 등에 관한 적용례) ①제40조의 규정은 이 법 시행 후 해양시설에 유해방오도료 또는 유해방오시스템을 사용하는 분부터 적용한다. ② 제40조 및 제53조제1항의 규정은 이 법 시행 후 건조되는 선박부터 적용한다. 다만, 이 법 시행 당시 건조된 선박에 대하여는 이 법 시행 후 최초로 입거(入渠)하여 검사하는 날부터 적용한다.
	제10조 (해역이용영향평가에 관한 적용례) 제85조의 규정은 동조제1항 각 호의 어느 하나에 해당하는 행위를 위한 면허 등을 받기 위하여 최초로 처분기관에 신청하는 분부터 적용한다.

나이다. 실제 입법을 할 때에 새로운 제도를 도입하거나 기존 제도를 변경하는 경우 본칙 규정에 대해서는 다방면에 걸쳐 상세한 검토가 이루어지지만, 새로운 제도 도입 등으로 기득권이 침해되는지에 대한 검토는 불충분한 경우가 적지 않다. 이러한 경우에는 기득권자의 즉각적이고 강력한 반발에 직면하게 될 뿐만 아니라, 법령의 적용에 혼선이 야기되기도 한다. 행정쟁송이나 법령해석의 대상이 되는 사안에는 경과조치의 불비로 인한 것이 적지 않다. 법령을 제정하거나 개정하는 경우 각 조문별로 법적 안정성의 확보, 기득권의 보호 등을 위해 어떤 과도적 조치가 필요한지를 세심히 검토해야 한다(법제처, 앞의 책, 656면).

부 칙	주요내용
해양환경관리법 〈법률 제8260호, 2007.1.19.〉(계속)	제11조 (일반적 경과조치) 이 법 시행 당시 종전의 「해양오염방지법」에 따라 행정기관이 행한 처분 그 밖의 행위 또는 행정기관에 대한 각종 신청 그 밖의 행위는 그에 해당하는 이 법에 따른 행정기관의 행위 또는 행정기관에 대한 행위로 본다.
	제13조 (환경보전해역 등에 관한 경과조치) ①이 법 시행 당시 종전의 「해양오염방지법」 제4조의4제1항의 규정에 따른 환경보전해역은 이 법 제15조제1항제1호의 규정에 따라 환경보전해역으로 지정된 것으로 본다. ② 이 법 시행 당시 종전의 「해양오염방지법」 제4조의4제2항의 규정에 따른 특별관리해역은 이 법 제15조제1항제2호의 규정에 따라 특별관리해역으로 지정된 것으로 본다. ③ 이 법 시행 당시 종전의 「해양오염방지법」 제4조의4의 규정에 따라 환경보전해역 등에서 행하여진 행위제한은 이 법 제15조제2항 및 제3항의 규정에 따라 환경보전해역 또는 특별관리해역에서 행위제한 또는 조치 등을 행한 것으로 본다.
	제14조 (해역이용협의에 관한 경과조치) 이 법 시행 당시 종전의 「해양오염방지법」 제4조의8의 규정에 따른 해역이용협의는 이 법 제84조의 규정에 따라 해역이용협의를 행한 것으로 본다.
	제16조 (기름오염방지 설비 등을 설치한 선박에 관한 경과조치) ① 이 법 시행 당시 종전의 「해양오염방지법」 제6조제1항, 제12조제1항・제2항, 제17조제1항 및 제23조의3제1항의 규정에 따라 기름오염방지 설비・선체・유해액체물질방지설비・화물창・폐기물오염방지 설비 및 대기오염방지 설비를 설치한 선박은 이 법 제25조제1항, 제26조제1항・제2항, 제27조제1항・제2항 및 제41조제1항의 규정에 따른 폐기물오염방지 설비・기름오염방지 설비・선체・유해액체물질방지설비・화물창 및 대기오염방지 설비를 설치한 것으로 본다. ② 이 법 시행 당시 종전의 「해양오염방지법」 제25조의 규정에 따라 해양수산부장관이 교부한 해양오염방지증서 및 임시해양오염방지증서는 이 법 제49조제2항 및 제52조제2항의 규정에 따라 교부한 해양오염방지검사증서 및 임시해양오염방지검사증서로 본다.
	제17조 (오존층파괴물질이 포함된 설비의 설치에 관한 경과조치) ① 제42조제2항의 규정에 불구하고 오존층파괴물질에 염화불화탄화수소가 포함된 경우에는 2020년 1월 1일까지는 당해 오존층파괴물질이 포함된 설비를 선박에 설치할 수 있다.

부 칙	주요내용
해양환경관리법 〈법률 제8260호, 2007.1.19.〉(계속)	② 2006년 6월 29일 전에 오존층파괴물질이 포함된 설비를 설치한 선박은 제42조제2항의 규정에 불구하고 그 설비를 계속 사용할 수 있다.
	제18조 (질소산화물의 배출규제에 관한 경과조치) 제43조제1항의 규정에 불구하고 다음 각 호의 디젤기관은 동조제1항 각 호 외의 부분 본문의 규정에 따른 배출허용 기준(이하 이 조에서 "배출허용 기준"이라 한다)을 초과하여 작동할 수 있다. 1. 2006년 6월 29일 전에 건조된 선박에 설치된 제43조제1항제1호의 디젤기관(2006년 6월 29일 이후 제작된 디젤기관, 배출허용 기준을 초과하여 작동하도록 개조된 디젤기관 및 연속최대출력이 100분의 10 이상 증가하도록 개조된 디젤기관을 제외한다) 2. 2000년 1월 1일 전에 건조된 선박에 설치된 제43조제1항제2호의 디젤기관(2000년 1월 1일 이후 제작된 디젤기관, 배출허용 기준을 초과하여 작동하도록 개조된 디젤기관 및 연속 최대출력이 100분의 10 이상 증가하도록 개조된 디젤기관을 제외한다)
	제19조 (유증기 배출제어장치 설치에 관한 경과조치) 제47조제2항 및 제3항의 규정에 불구하고 2006년 6월 29일 전에 기름·유해액체물질을 선박에 싣기 위한 시설의 설치를 시작하였거나 동 설치를 완료한 해양시설의 소유자는 2009년 5월 19일까지는 당해 해양시설에 유증기 배출제어장치를 설치하지 아니할 수 있다.
	제21조 (폐기물해양배출업 등의 등록에 관한 경과조치) ① 이 법 시행 당시 종전의 「해양오염방지법」 제18조의 규정에 따라 폐기물해양배출업으로 등록한 자는 이 법 제70조제1항제1호의 규정에 따라 폐기물해양배출업으로 등록한 것으로 본다. ② 이 법 시행 당시 종전의 「해양오염방지법」 제37조제1항제1호의 규정에 따라 방제업으로 등록한 자는 이 법 제70조제1항제2호의 규정에 따라 해양오염방제업으로 등록한 것으로 본다. ③ 이 법 시행 당시 종전의 「해양오염방지법」 제37조제1항제2호의 규정에 따라 유창청소업으로 등록한 자는 이 법 제70조제1항제3호의 규정에 따라 유창청소업으로 등록한 것으로 본다.
	제22조 (벌칙 등에 관한 경과조치) 이 법 시행 전의 행위에 대한 벌칙 및 과태료의 적용에서는 종전의 「해양오염방지법」에 따른다.
해양환경관리법 〈법률 제10803호, 2011.6.15.〉 해양환경관리법	제1조 (시행일) 이 법은 공포한 날부터 시행한다. 다만, 제32조의2제1항 및 제4항(제1항과 관련된 부분에 한정한다)은 이 법 공포 후 해당 선박의 첫 번째 중간검사 또는 정기검사 날부터 시행하고,

부 칙	주요내용
〈법률 제10803호, 2011.6.15.〉(계속)	제32조의2제2항·제3항 및 제4항(제1항과 관련된 부분은 제외한다)은 2012년 4월 1일부터 시행하며, 제110조의2, 제112조, 제122조, 제128조제17호의2, 제129조제2항제9호의2 및 같은 항 제13호의 개정규정은 공포 후 6개월이 경과한 날부터 시행한다.
	제2조 (해역이용영향평가에 대한 적용례) 제85조제1항의 개정규정은 이 법 시행 후 최초로 공유수면의 준설을 위하여 공유수면의 점용·사용허가를 처분기관에 신청하는 것부터 적용한다.
	제4조 (벌칙 및 과태료에 관한 경과조치) 이 법 시행 전의 행위에 대하여 벌칙 및 과태료를 적용할 때에는 종전의 규정에 따른다.
해양환경관리법 〈법률 제11479호, 2012.6.1.〉	제1조 (시행일) 이 법은 공포 후 6개월이 경과한 날부터 시행한다.
	제2조 (형식승인 면제 대상인 해양환경측정기기 등에 관한 적용례) 제110조의 개정규정은 이 법 시행 후 최초로 제작·제조 또는 수입하는 해양환경측정기기, 형식승인대상설비 및 오염물질의 방제·방지에 사용하는 자재·약제부터 적용한다.
해양환경관리법 〈법률 제11597호, 2012.12.18.〉	제1조 (시행일) 이 법은 2013년 1월 1일부터 시행한다. 다만, 제70조제1항제3호, 제115조제3항 및 제123조제3항의 개정규정은 공포한 날부터 시행하고, 제83조의2의 개정규정은 공포 후 6개월이 경과한 날부터 시행한다.
	제2조 (선박에너지효율설계지수의 계산에 관한 적용례) 제41조의2 및 제41조의3의 개정규정은 2013년 1월 1일 이후에 선박의 건조계약이 이루어진 선박(건조계약이 없는 경우에는 2013년 7월 1일 이후에 용골이 거치되거나 그와 동등한 건조단계에 착수한 선박을 말한다), 2015년 7월 1일 이후에 선박의 소유자에게 인도되는 선박 또는 2013년 1월 1일 이후에 개조를 하려는 선박부터 적용한다.
	제3조 (선박에너지효율관리계획서의 비치에 관한 적용례) 제41조의3제1항의 개정규정에 따른 선박 중 제41조의2제1항의 개정규정에 따라 건조 또는 개조하는 선박을 제외한 선박의 소유자는 이 법 시행 후 처음으로 도래하는 대기오염방지 설비에 대한 정기검사 또는 중간검사를 받을 때까지 선박에너지효율관리계획서를 작성하여 선박에 비치하여야 한다.
	제4조 (에너지효율검사에 관한 경과조치) ① 제41조의2제1항의 개정규정에 따른 선박의 소유자는 건조하거나 개조한 선박을 항해에 사용하기 전까지 제54조의2의 개정규정에 따라 에너지효율검사를 받아야 한다. ② 제41조의3제1항의 개정규정에 따른 선박 중 제1항에 따른 선

부 칙	주요내용
해양환경관리법 〈법률 제11597호, 2012.12.18.〉(계속)	박을 제외한 선박의 소유자는 이 법 시행 후 처음으로 도래하는 대기오염방지 설비에 대한 정기검사 또는 중간검사를 받을 때에 제54조의2의 개정규정에 따라 에너지효율검사를 받아야 한다.
해양환경관리법 〈법률 제14516호, 2016.12.27.〉	제1조 (시행일) 이 법은 공포한 날부터 시행한다. 다만, 제21조제8호・제9호, 제31조제1항, 제33조, 제35조제1항, 제75조제1항제8호, 제89조제1항제2호의2, 제105조, 제126조제1호, 제127조제1호・제2호, 제128조제1호 및 제132조제4항제1호・제1호의2・제4호의 개정규정은 공포 후 6개월이 경과한 날부터 시행한다.
	제3조 (평가대행자의 등록취소 등에 관한 적용례) 제89조제1항제2호의2의 개정규정은 같은 개정규정 시행 이후 평가대행자가 제86조제1항 후단에 따라 변경등록을 하여야 하는 사유가 발생하는 경우부터 적용한다.
	제4조 (폐기물 배출률 승인에 관한 경과조치) 이 법 시행 전에 「1978년 의정서에 의하여 개정된 선박으로부터의 오염방지를 위한 1973년 국제협약」에 따라 해양수산부장관의 승인을 받은 배출률은 제22조의2의 개정규정에 따라 배출률의 승인을 받은 것으로 본다.
	제5조 (해양환경관리업자의 행정처분에 관한 경과조치) 제75조제1항제8호의 개정규정 시행 전에 해양환경관리업자가 종전의 제75조제1항제8호에 해당하게 된 경우의 행정처분에 관하여는 같은 개정규정에도 불구하고 종전의 규정에 따른다.
해양환경관리법 〈법률 제19013호, 2022.10.18.〉	제1조 (시행일) 이 법은 공포 후 6개월이 경과한 날부터 시행한다. 다만, 제41조의4부터 제41조의6까지, 제54조의2, 제56조, 제58조, 제112조의 개정규정은 2022년 11월 1일부터 시행한다.
	제2조 (사용 중인 연료유의 견본채취 장소의 지정 및 설비의 설치에 관한 적용례) 제44조제6항 및 제7항의 개정규정은 2022년 4월 1일 이후 건조된 선박(2022년 4월 1일 이후 용골이 거치된 선박을 말한다)부터 적용한다. 다만, 2022년 4월 1일 이전 건조된 선박은 2023년 4월 1일 이후 해당 선박의 정기검사를 신청하는 날부터 적용한다.
	제3조 (에너지효율검사에 관한 적용례) 제54조의2의 개정규정은 2023년 1월 1일 이후에 신청하는 정기검사 또는 중간검사부터 적용한다.

부 칙	주요내용
해양환경관리법 시행령 〈시행령 제20544호, 2008.1.11.〉	제1조 (시행일) 이 영은 2008년 1월 20일부터 시행한다. 다만, 제42조제1항제1호 단서의 규정은 2012년 1월 1일부터 시행하고, 별표 16 해양자원의 이용·개발의 대상 사업란 중 제3호의 규정은 2008년 2월 4일부터 시행한다.
	제3조 (해양오염방지관리인 등에 대한 교육·훈련에 관한 경과조치) ① 이 영 시행 당시 「해양오염방지법 시행령」 제53조에 따른 교육훈련기관은 2010년 12월 31일까지 제92조제1항에 따른 해양오염방지관리인 등에 대한 교육·훈련을 실시할 수 있다. ② 해양환경관리공단은 제92조제2항에도 불구하고 해양오염방지관리인 등에 대한 교육·훈련과정을 2011년 1월 1일부터 운영한다.
해양환경관리법 시행령 〈시행령 제23158호, 2011.9.22.〉	제1조 (시행일) 이 영은 공포한 날부터 시행한다. 다만, 제42조제1항의 개정규정은 2012년 1월 1일부터 시행한다.
	제4조 (해역이용협의 등에 관한 적용례) 별표 15 및 별표 16의 개정규정은 이 영 시행 후 최초로 법 제84조제1항 각 호 및 제85조제1항 각 호에 따른 면허·허가 또는 지정 등을 처분기관에 신청하는 경우부터 적용한다. ② 이 법 시행 당시 종전의 「해양오염방지법」 제37조제1항제1호의 규정에
해양환경관리법 시행령 〈시행령 제25860호, 2014.12.16.〉	제1조 (시행일) 이 영은 공포한 날부터 시행한다.
	제2조 (해역이용협의 대상사업에 관한 적용례) 별표 15의 개정규정은 이 영 시행 전에 처분기관이 해양수산부장관에게 법 제84조제3항에 따른 해역이용협의서를 제출한 경우에도 적용한다.
해양환경관리법 시행령 〈시행령 제29948호, 2019.7.2.〉	제1조 (시행일) 이 영은 2019년 7월 9일부터 시행한다. 다만, 제42조제1항제1호 및 별표 9의 개정규정은 2020년 1월 1일부터 시행하고, 제42조제1항제2호의 개정규정은 다음 각 호의 구분에 따른 날부터 시행하며, 제4조, 제11조제2항, 제42조제2항 및 별표 8의 개정규정은 공포한 날부터 시행한다. 1. 국제항해에 사용되는 선박: 2020년 1월 1일 2. 국제항해에 사용되지 않는 선박: 2021년 1월 1일
	제2조 (연료유의 황함유량 기준에 관한 적용례) 국제항해에 사용되지 않는 선박의 경우 제42조제1항제2호의 개정규정은 2021년 1월 1일 이후 법 제49조에 따른 정기검사나 법 제50조에 따른 중간검사를 신청하는 날 또는 2021년 12월 31일 중 먼저 도래하는 날부터 적용한다.

부 칙	주요내용
해양환경관리법 시행령 〈시행령 제31331호, 2020.12.29.〉	제1조 (시행일) 이 영은 2021년 1월 1일부터 시행한다.
	제2조 (국제항해에 사용되지 않는 선박의 연료유 황함유량 기준에 관한 적용례) 국제항해에 사용되지 않는 선박의 소유자는 2021년 1월 1일 이후 다음 각 호의 날 중 가장 먼저 도래하는 날까지 제42조제2호나목의 개정규정에 따른 기준을 충족해야 한다. 1. 법 제49조에 따른 정기검사를 신청하는 날 2. 법 제50조에 따른 중간검사를 신청하는 날 3. 2021년 12월 31일
	제3조 (해양오염방지관리인의 자격에 관한 경과조치) 이 영 시행 당시 법 제32조제1항에 또는 제36조제1항에 따른 선박 해양오염방지관리인 또는 해양시설 해양오염방지관리인으로 임명된 사람은 이 영 시행일부터 2년 이내에 별표 5의 개정규정에 따른 자격을 갖춰야 한다.
	제4조 (해양환경관리업 등록기준에 관한 경과조치) 이 영 시행 당시 법 제70조제1항제2호 또는 제3호에 따른 해양오염방제업 또는 유창청소업 등록을 한 자는 이 영 시행일부터 2년 이내에 제56조의 개정규정에 따른 해양오염방제업 또는 유창청소업 기술요원의 자격을 갖춘 기술요원을 보유해야 한다.
해양환경관리법 시행령 〈시행령 제31654호, 2021.4.27.〉	제1조 (시행일) 이 영은 공포한 날부터 시행한다.
	제2조 (해역이용협의 및 해역이용영향평가 실시에 관한 경과조치) 이 영 시행 전에 처분기관이 별표 16 제8호의2의 개정규정에 해당하는 행위로서 발전시설 용량이 5만 킬로와트 이상 10만 킬로와트 미만인 해상풍력 발전소를 설치하는 행위에 대하여 해양수산부장관에게 법 제84조제1항 각 호 외의 부분 전단에 따른 해역이용협의를 요청한 경우에는 별표 15 및 별표 16의 개정규정에도 불구하고 종전의 별표 15에 따른 해역이용협의 대상으로 본다.
	제3조 (선박에너지효율관리계획서의 비치에 관한 적용례) 제41조의3제1항의 개정규정에 따른 선박 중 제41조의2제1항의 개정규정에 따라 건조 또는 개조하는 선박을 제외한 선박의 소유자는 이 법 시행 후 처음으로 도래하는 대기오염방지 설비에 대한 정기검사 또는 중간검사를 받을 때까지 선박에너지효율관리계획서를 작성하여 선박에 비치하여야 한다.
	제4조 (에너지효율검사에 관한 경과조치) ① 제41조의2제1항의 개정규정에 따른 선박의 소유자는 건조하거나 개조한 선박을 항해에 사용하기 전까지 제54조의2의 개정규정에 따라 에너지효율검사

부 칙	주요내용
해양환경관리법 시행령 〈시행령 제31654호, 2021.4.27.〉(계속)	를 받아야 한다. ② 제41조의3제1항의 개정규정에 따른 선박 중 제1항에 따른 선박을 제외한 선박의 소유자는 이 법 시행 후 처음으로 도래하는 대기오염방지 설비에 대한 정기검사 또는 중간검사를 받을 때에 제54조의2의 개정규정에 따라 에너지효율검사를 받아야 한다.
해양환경관리법 시행규칙 〈시행규칙 제401호, 2008.1.18.〉	제1조 (시행일) 이 규칙은 2008년 1월 20일부터 시행한다. 다만, 별표 15 제1호 중 폐기물운반선설비의 그 밖의 장치의 기준에 관한 사항은 2008년 7월 1일부터 시행하고, 별표 8 비고 제1호가목은 2008년 8월 22일부터 시행하며, 제61조부터 제64조까지의 규정은 2010년 1월 20일부터 시행하고, 별표 8 제1호 중 제2기준과 같은 표 비고 제1호나목은 2011년 2월 22일부터 시행하며, 제25조는 「선박 유해방오시스템의 규제에 관한 국제협약」이 우리나라에서 발효되는 날부터 시행한다.
	제4조 (해양배출이 불가능한 폐기물의 배출에 관한 특례) 별표 6 제2호 및 별표 7 제2호가목2) 단서에도 불구하고 수산화알루미늄의 제조공정에서 발생한 광물성의 폐기물은 2015년 12월 31일까지 해양에 배출할 수 있다. 이 경우 해당 물질은 별표 8 제3호에 적합하여야 한다.
해양환경관리법 시행규칙 〈시행규칙 제386호, 2011.9.29.〉	제1조 (시행일) 이 규칙은 공포한 날부터 시행한다. 다만, 별표 12의 개정규정은 2013년 1월 1일부터 시행한다.
	제3조 (해양환경측정기기의 검인표시에 관한 경과조치) 이 규칙 시행 당시 종전의 규정에 따라 해양환경측정기기(자재・약제)의 검인표시를 받은 경우에는 이 규칙에 따라 국가통합인증마크 표시를 받은 것으로 본다.
해양환경관리법 시행규칙 〈시행규칙 제539호, 2012.11.29.〉	제1조 (시행일) 이 규칙은 2012년 12월 2일부터 시행한다.
	제2조 (해역이용영향평가서 협의 요청시기에 관한 적용례) 별표 19의 개정규정은 이 규칙 시행 후 처분기관이 해역이용영향평가를 요청하는 경우부터 적용한다.
해양환경관리법 시행규칙 〈시행규칙 제539호, 2012.11.29.〉	제1조 (시행일) 이 영은 2019년 7월 9일부터 시행한다. 다만, 제42조제1항제1호 및 별표 9의 개정규정은 2020년 1월 1일부터 시행하고, 제42조제1항제2호의 개정규정은 다음 각 호의 구분에 따른 날부터 시행하며, 제4조, 제11조제2항, 제42조제2항 및 별표 8의 개정규정은 공포한 날부터 시행한다. 1. 국제항해에 사용되는 선박: 2020년 1월 1일

부 칙	주요내용
해양환경관리법 시행규칙 〈시행규칙 제539호, 2012.11.29.〉(계속)	2. 국제항해에 사용되지 않는 선박: 2021년 1월 1일
	제2조 (연료유의 황함유량 기준에 관한 적용례) 국제항해에 사용되지 않는 선박의 경우 제42조제1항제2호의 개정규정은 2021년 1월 1일 이후 법 제49조에 따른 정기검사나 법 제50조에 따른 중간검사를 신청하는 날 또는 2021년 12월 31일 중 먼저 도래하는 날부터 적용한다.
해양환경관리법 시행규칙 〈시행규칙 제555호, 2012.12.21.〉	제1조 (시행일) 이 규칙은 2013년 1월 1일부터 시행한다.
	제2조 (해양에 배출할 수 있는 폐기물에 관한 특례) 별표 6 제1호 각 목외의 부분 단서에도 불구하고 별표 6 제1호나목 및 다목에 따른 폐기물 중 해양수산부장관이 재활용·소각·육상 매립 등의 다른 방법으로 처리하는 것이 현저히 곤란하여 해양 배출이 불가피하다고 인정하는 폐기물은 2014년 1월 1일부터 2015년 12월 31일까지의 기간 중 해양수산부장관이 정한 기간 동안 해양에 배출할 수 있다. 이 경우 해당 폐기물은 별표 7에 따른 처리방법에 따라 처리되어 배출해역에 배출되어야 하고, 법 제10조에 따른 해양환경공정시험기준 및 별표 8의 처리기준에 적합하여야 한다. 〈개정 2013. 3. 24.〉
	제3조 (저장시설 잔류 폐기물에 관한 특례) ① 해양배출이 금지된 폐기물 중 2014년 1월 1일 전에 폐기물해양배출업자의 저장시설(제36조에 따라 등록된 것에 한정한다) 바닥에 침적되어 있는 잔류 폐기물(이하 이 조에서 "저장시설 잔류 폐기물"이라 한다)을 폐기물해양배출업자의 폐업 또는 전업으로 인하여 불가피하게 해양에 배출하여야 하는 경우에는 이를 2014년 3월 31일까지 해양에 배출할 수 있다. 다만, 부칙 제2조에 따라 폐기물을 해양에 배출하는 폐기물해양배출업자의 폐업 또는 전업으로 인하여 부칙 제2조에 따른 폐기물 배출 종료 시의 저장시설 잔류 폐기물을 불가피하게 해양에 배출하여야 하는 경우에는 부칙 제2조에 따른 폐기물 배출이 종료된 후 3개월이 되는 날까지 이를 해양에 배출할 수 있다. ② 저장시설 잔류 폐기물은 별표 7에 따른 처리방법에 따라 처리되어 배출해역에 배출되어야 하고, 법 제10조에 따른 해양환경공정시험기준 및 별표 8의 처리기준에 적합하여야 한다.
해양환경관리법 시행규칙 〈시행규칙 제122호, 2014.12.19.〉	제1조 (시행일) 이 규칙은 공포한 날부터 시행한다.
	제2조 (해역이용협의에 관한 적용례) ① 제48조제3항의 개정규정은 이 규칙 시행 이전에 처분기관이 일반해역이용협의 대상사업에 대

부 칙	주요내용
해양환경관리법 시행규칙 〈시행규칙 제122호, 2014.12.19.〉(계속)	하여 공유수면의 점용·사용의 허가기간 변경에 관한 해역이용 협의를 요청한 경우에도 적용한다. ② 별지 제46호의2서식의 개정규정은 이 규칙 시행 이전에 처분기관이 어업면허 유효기간의 연장 및 공유수면의 점용·사용의 허가기간 변경에 관한 해역이용협의를 요청한 경우에도 적용한다.
	제3조 (해역이용협의의 의견통보기간에 관한 경과조치) 이 규칙 시행 이전에 종전의 제58조제1항제1호에 따라 처분기관이 해역이용 협의를 요청한 경우에는 제58조제1항제1호의 개정규정에도 불구하고 종전의 규정에 따른다.
해양환경관리법 시행규칙 〈시행규칙 제213호, 2016.12.23.〉	제1조 (시행일) 이 규칙은 공포한 날부터 시행한다.
	제2조 (해양환경관리업의 변경등록에 관한 적용례) 제37조제1항의 개정규정은 이 규칙 시행 이후 대표자를 변경하는 경우부터 적용한다.
	제3조 (해양시설의 변경신고 및 해양환경관리업의 권리·의무 승계신고의 처리기간에 관한 적용례) 별지 제12호서식 및 별지 제43호서식의 개정규정은 이 규칙 시행 이후 해양시설의 변경신고 또는 해양환경관리업의 권리·의무 승계신고를 하는 경우부터 적용한다.
	제4조 (해역이용영향평가대행자의 시설·장비 기준에 관한 경과조치) 이 규칙 시행 당시 해역이용영향평가대행자가 종전의 별표 20 제2호나목에 따른 시설·장비를 갖춘 경우에는 별표 20 제2호나목의 개정규정에도 불구하고 해당 시설·장비 기준을 갖춘 것으로 본다. 다만, 이 규칙 시행일부터 1년 이내에 같은 개정규정 따른 시설·장비 기준을 갖추어야 한다.
해양환경관리법 시행규칙 〈시행규칙 제358호, 2019.7.9.〉	제1조 (시행일) 이 규칙은 2019년 7월 9일부터 시행한다.
	제2조 (유창청소업의 등록기준에 관한 경과조치) 이 규칙 시행 당시 종전의 규정에 따라 유창청소업을 등록한 자는 2019년 12월 31일까지는 별표 14 제3호의 개정규정에 따른 등록기준을 갖춘 것으로 본다.
선박오염방지규칙 〈시행규칙 제402호, 2008.1.31.〉	제1조 (시행일) 이 규칙은 공포한 날부터 시행한다. 다만, 제44조 및 제45조는 「선박 유해방오시스템의 규제에 관한 국제협약」이 우리나라에서 효력을 발생하는 날부터 시행한다.
	제2조 (소형 디젤기관에 관한 적용례) 제32조에도 불구하고 130킬로와

부 칙	주요내용
선박오염방지규칙 〈시행규칙 제402호, 2008.1.31.〉(계속)	트 이상 294킬로와트 미만의 소형 디젤기관에 대하여는 2011년 6월 30일까지는 법 제43조제1항에 따른 질소산화물 배출규제를 적용하지 아니한다. 〈개정 2009. 7. 1.〉
	제3조 (유증기수집제어장치 설치에 관한 적용례) 별표 19 제4호는 법 제47조제1항에 따라 휘발성유기화합물질규제항만으로 지정된 항만에서 해양시설의 소유자가 유증기배출제어장치를 설치한 날(이하 이 조에서 "설치일"이라 한다) 이후에 인도되는 선박(해당 해양시설에서 휘발성유기화합물을 함유한 물질을 싣는 선박을 말한다)부터 적용한다. 이 경우 설치일 전에 이미 운항하고 있던 선박에 대하여는 설치일부터 3년이 경과한 날부터 적용한다.
	제5조 (분뇨오염방지 설비 등에 관한 경과조치) ① 제14조제1항에도 불구하고 1993년 5월 2일 이전에 건조된 선박으로서 다음 각 호의 어느 하나에 해당하는 선박은 분뇨오염방지 설비를 설치하지 아니할 수 있다. 〈개정 2008. 10. 31.〉 1. 선박검사증서 상의 최대승선인원이 50명 미만인 선박 2. 선박검사증서 상의 최대승선인원이 50명 미만인 어선 3. 소속 부대의 장 또는 경찰관서의 장이 정한 승선인원이 50명 미만인 군함과 경찰용 선박 ② 제14조제1항에도 불구하고 1993년 5월 2일 이전에 건조된 선박으로서 선박의 구조상 분뇨처리장치, 분뇨마쇄소독장치 또는 분뇨저장탱크의 설치가 곤란하다고 지방해양수산청장이 인정하는 선박은 분뇨처리장치, 분뇨마쇄소독장치 또는 분뇨저장탱크에 갈음하여 이동식저장탱크를 설치할 수 있다. 〈개정 2008. 10. 31.〉 ③ 제14조제1항에도 불구하고 이 규칙 시행 전에 건조되었거나 건조계약이 이루어진 선박으로서 다음 각 호의 어느 하나에 해당하는 선박은 분뇨오염방지 설비를 설치하지 아니할 수 있다. 〈개정 2008. 10. 31.〉 1. 선박검사증서 상의 최대승선인원이 20명 미만인 어선 2. 소속 부대의 장 또는 경찰관서의 장이 정한 승선인원이 30명 미만인 군함과 경찰용 선박 ④ 제8조제1호에도 불구하고 이 규칙 시행 전에 인도된 선박에 대하여는 이 규칙 시행 후 최초로 입거하는 날부터 제2조제16호 나목 및 다목에 따른 배출물질의 배출해역별 처리기준 및 방법을 적용한다. 〈개정 2008. 10. 31.〉
	제6조 (기름여과장치에 관한 경과조치) ① 1993년 7월 6일 이전에 건조

부 칙	주요내용
선박오염방지규칙 〈시행규칙 제402호, 2008.1.31.〉(계속)	된 선박으로서 종전의 농림수산부령 제1111호 및 건설교통부령 제995호 별표 1에 따른 제2종유수분리장치를 갖춘 총톤수 400톤 미만의 선박에 대하여는 새로운 기름여과장치로 교체할 때까지 제15조제1항에 적합한 것으로 본다. ② 이 규칙 시행 전에 종전의 규정에 따라 제1종유수분리장치의 형식승인을 받은 경우에는 제55조에 따른 기름여과장치의 형식승인을 받은 것으로 본다.
	제7조 (유해액체물질배출방지설비의 설치에 관한 경과조치) ① 별표 5 제4호에도 불구하고 1986년 6월 30일 이전에 건조된 유해액체물질산적운반선 중 Y류물질을 운반하는 선박은 스트리핑잔류량을 0.3세제곱미터 이하로 처리하는 성능을 가진 스트리핑장치를 갖추어야 하고, Z류물질을 운반하는 선박은 스트리핑잔류량을 0.9세제곱미터 이하로 처리하는 성능을 가진 스트리핑장치를 갖추어야 한다. 다만, 1993년 5월 2일 이전에 주요개조가 개시되는 유해액체물질산적운반선에 관하여는 그러하지 아니하다.
선박오염방지규칙 〈시행규칙 제419호, 2011.12.23.〉	제1조 (시행일) 이 규칙은 공포한 날부터 시행한다. 다만, 제27조의3 및 제27조의4의 개정규정은 2012년 4월 1일부터 시행한다.
	제2조 (디젤기관의 질소산화물 배출규제에 관한 경과조치) ① 제32조의 개정규정에도 불구하고 다음 각 호의 어느 하나에 해당하는 디젤기관으로 교체하는 경우에는 2021년 12월 31일까지 별표 21의2 제2호마목의 개정규정을 적용하지 아니한다. 다만, 2011년 7월 1일 이후 건조된 선박에 설치되거나 제작된 출력 130kW[176PS] 초과 출력 294kW[400PS] 미만의 디젤기관과 2006년 6월 29일 이후에 건조된 선박에 설치되거나 제작된 출력 294kW[400PS] 이상의 디젤기관은 제외한다. 1. 「선박안전법 시행규칙」 별표 15 제3호카목 및 「어선법 시행규칙」 별표 16 제3호차목에 따라 선박 외의 다른 용도로 사용되었던 것을 선박용으로 구조 변경하여 예비검사를 받은 디젤기관 2. 다른 선박에 사용되었던 디젤기관으로서 제1호 외의 디젤기관
	제3조 (질소산화물배출방지기관 기술기준에 관한 경과조치) 이 규칙 시행 당시 종전의 질소산화물 기술코드(NOx Technical Code)에 따라 시험에 합격한 디젤기관은 별표 20의 개정규정에 따른 질소산화물 기술코드(NOx Technical Code 2008)에 적합한 것으로 본다.

부 칙	주요내용
선박오염방지규칙 〈시행규칙 제26호, 2013.5.15.〉	제1조 (시행일) 이 규칙은 공포한 날부터 시행한다. 다만, 제6조, 별표 1의3 및 별표 21의2의 개정규정은 2014년 1월 1일부터 시행한다.
	제2조 (에너지효율검사 신청시기에 대한 특례) 제46조의2제1항제1호의 개정규정에도 불구하고 이 규칙 시행 당시 이미 건조 또는 개조에 착수한 선박은 2014년 5월 31일까지 에너지효율검사를 신청할 수 있다.
	제3조 (분뇨오염방지 설비에 관한 경과조치) 제14조제1항제3호의 개정규정에 따른 수상레저기구의 소유자는 이 규칙 시행 후 최초로 도래하는 「수상레저안전법」 제37조제1항제2호에 따른 정기검사를 받을 때까지 분뇨오염방지 설비를 설치하여야 한다.
선박오염방지규칙 〈시행규칙 제123호, 2014.12.29.〉	제1조 (시행일) 이 규칙은 공포한 날부터 시행한다.
	제2조 (기관대기오염방지증서에 관한 적용례) 별지 제21호서식의 개정규정은 이 규칙 시행 후 법 제54조제1항에 따라 예비검사를 받는 경우부터 적용한다.
선박오염방지규칙 〈시행규칙 제326호, 2019.2.13.〉	제1조 (시행일) 이 규칙은 공포한 날부터 시행한다.
	제2조 (유성찌꺼기탱크 기술기준에 관한 적용례) ① 국제항해에 종사하는 선박으로서 2017년 1월 1일 전에 건조된 선박의 경우에는 별표 8 제4호의 개정규정은 이 규칙 시행 이후 정기검사를 신청하는 경우부터 적용한다. ② 국제항해에 종사하지 않는 선박의 경우에는 별표 8 제4호의 개정규정은 2020년 1월 1일 이후 정기검사를 신청하는 경우부터 적용한다.
	제4조 (소형선이중선저구조 기준에 관한 특례) 별표 10 제5호의 개정규정에 따라 소형선이중선저구조를 갖춰야 하는 유조선으로서 이 규칙 시행 당시 소형선이중선저구조를 갖춘 유조선의 경우에는 별표 13 제4호에도 불구하고 같은 표 제1호가목2)에 따른 화물창바닥과 선저외판에서 수직으로 측정한 선저외판의 형선간의 거리의 최소값은 0.60미터 이상으로 한다.
	제5조 (폐기물 배출률 승인에 관한 경과조치) 이 규칙 시행 전에 국제협약에 따라 폐기물의 배출률 승인을 받은 자는 제13조의2의 개정규정에 따라 폐기물의 배출률 승인을 받은 것으로 본다.
선박오염방지규칙 〈시행규칙 제368호, 2019.9.11.〉	제1조 (시행일) 이 규칙은 공포한 날부터 시행한다.
	제2조 (국내항해선박에 대한 선저폐수농도경보장치의 교정에 관한 적용례) 국내항해에만 종사하는 선박의 경우에는 이 규칙 시행 이

부 칙	주요내용
	후 정기검사를 신청하는 경우부터 별표 8 제6호다목의 개정규정을 적용한다.
선박오염방지규칙 〈시행규칙 제444호, 2020.11.19.〉	제1조 (시행일) 이 규칙은 공포한 날부터 시행한다.
	제2조 (폐기물 처리 안내표시판 등의 제출에 관한 적용례) 제39조제1항제1호카목, 같은 항 제2호나목 및 제40조제1항제2호의 개정규정은 이 규칙 시행 이후 정기검사 또는 중간검사를 신청하는 경우부터 적용한다.
선박오염방지규칙 〈시행규칙 제519호, 2021.12.23.〉	제1조 (시행일) 이 규칙은 공포한 날부터 시행한다. 다만, 제5조제3호의 개정규정은 공포 후 2년이 경과한 날부터 시행한다.
	제2조 (분뇨마쇄소독장치에 대한 검사준비기준에 관한 적용례) 별표 29 제4호의 정기검사란 나목의 개정규정은 이 규칙 시행 당시 정기검사, 중간검사, 임시검사 또는 임시항해검사 절차가 진행 중인 경우에도 적용한다.
	제3조 (해양오염방지 설비검사의 처리기간에 관한 경과조치) 이 규칙 시행 당시 해양오염방지 설비 등에 대한 정기검사, 중간검사 또는 임시검사 절차가 진행 중인 경우 그 처리기간은 별지 제8호서식의 개정규정에도 불구하고 종전의 규정에 따른다.

제5절 법령해석

「해양환경관리법」에서는 해양환경관리와 관련한 범죄를 규정하고 이에 따른 처벌규정을 두고 있으나, 현장에서는 이와 관련한 법 적용에서 있어 모호한 경우 정부기관(법제처, 법령 소관부처 등)에 유권해석을 요청하는 경우가 있다.

하지만 유권해석을 통한 법령해석은 무조건적인 법적 구속력을 가지는 것이 아니며, 유권해석에 따라 업무를 수행한 경우일지라도 이에 따른 이해관계자와의 분쟁이 발생한 경우 최종판단은 사법부의 판결에 따르게 된다. 따라서 해당 사건에 있어 유권해석을 통한 법 적용에 있어서는 보다 실질적인 사실관계에 따른 신중한 검토가 요구된다.

다음에서는 정부유권해석의 정의, 법집행작용과 정부유권해석의 기능, 정부유권해석의 기속력 및 사법해석과 정부유권해석의 기능에 대해 법제처 홈페이지에 게재된 내용을 통해 이해를 돕고자 한다.[42)]

정부유권해석은 행정기관이 법령을 집행하기 위한 전제로 법령해석을 하는데 있어서 의문이 있거나 다른 행정기관의 관장업무와 관련된 법령에 대한 해석이 서로 엇갈리는 경우에 정부견해의 통일을 위하여 정부 전체 차원에서 법령해석에 대한 전문적인 의견을 제시하는 업무를 말한다.

또한 정부유권해석은 「정부조직법」과 「법제업무 운영규정」 등의 법령에 따라 민사 · 상사 · 형사, 행정소송, 국가배상관계법령 및 법무부 소관 법령과 다른 법령의 벌칙조항에 대한 해석을 제외하고는 정부입법의 총괄기관인 법제처가 수행하고 있다.

일반적으로 법집행작용과 정부유권해석에 있어 행정기관의 법집행작용은 구체적 사실을 확인하고 해당 사실에 적용될 법령의 의미와 내용을 해석하여 해당 사실에 적용하는 일련의 과정을 거치는 것으로서 이러한 법집행작용은 각 법령에 따라 각 행정기관이 수행한다. 그리고 정부유권해석은 행정기관의 법집행작용을 위한 해석에 대하여 하나의 기준을 제시하여 주는 기능이다.

정부유권해석의 기속력은 민원인의 질의에 대한 행정기관의 법령해석이나 하급 행정기관의 질의에 대한 상급 행정기관의 법령해석은 그와 다른 법원의 사법해석이 나올 경우 그 효력이 부인된다. 따라서 행정기관인 법제처의 정부유권해석은 법원의 사법해석과 달리 관계 행정기관을 법적으로 구속하는 효력은 없다.

그러나 법제처의 정부유권해석은 정부 견해의 통일성과 행정 운영의 일관성을 위한 기준을 제시한다는 점에서 관계 행정기관이 정부유권해석과 달리 집

42) 법제처, 법령 · 해석정보, 법령해석, 법령해석 안내, 2022.3.10. 방문. 〈http://www.law.go.kr〉.

행할 경우 부적절한 집행으로 인한 징계나 감사원의 감사 등을 통한 책임문제가 제기될 수 있으므로 법제처의 정부유권해석은 관계 행정기관에 대한 사실상의 구속력은 가진다고 할 수 있다.

한편, 사법해석과 정부유권해석에 있어서는 차이를 보이고 있으며, 법원이 행하는 사법해석은 구체적 쟁송의 해결을 목적으로 추상적인 법규범의 객관적 의미를 파악하는데 중점을 둔다. 반면, 법제처가 행하는 정부유권해석은 행정기관이 앞으로 법령을 집행하여 행정목적을 달성하는데 있어 그 방향과 기준을 제시, 즉 해당 법령의 집행으로 달성하려는 목적의 효율적 수행에 중점을 두고 있다. 따라서 법제처의 정부유권해석은 법령에 담긴 정책집행의 방향을 제시하는 기능을 수행한다는 점에서 법 집행의 결과 발생한 구체적이고 특정한 법적 분쟁에 대하여 하는 사법해석과는 기능적으로 차이가 있다.

제2장
Investigation Guide of Marine Environmental Offenses

해양환경의 보전·관리 및 해양오염방지 규제 조치 위반사범

제1절 환경관리해역에서의 행위제한 위반행위

제129조(벌칙) ① 다음 각 호의 어느 하나에 해당하는 자는 1년 이하의 징역 또는 1천만원 이하의 벌금에 처한다.

1. 제15조의2제2항의 규정을 위반하여 특별관리해역 내에 시설을 설치하거나 오염물질의 총량배출을 위반한 자

「해양환경관리법」 제129조제1항제1호에서는 이 법 제15조의2제2항의 규정을 위반하여 특별관리해역 내에 시설을 설치하거나 오염물질의 총량배출을 위반할 경우 이를 범죄 행위로 간주하고 있다.

한편, 여기에서의 특별관리해역은 이 법 제15조에 따라 환경관리해역 지정·관리에 따른 것으로 그 세부내용을 살펴보면 다음과 같다.

Ⅰ. 환경관리해역의 정의 및 지정·관리

「해양환경관리법」 제15조제1항에 따라 해양수산부장관은 해양환경의 보전·관리를 위하여 필요하다고 인정되는 경우에는 다음과 같이 환경보전해역 및 특별

관리해역(이하 "환경관리해역"이라 한다)을 지정·관리할 수 있으며, 이 경우 관계 중앙행정기관의 장 및 관할 시·도지사 등과 미리 협의를 하도록 하고 있다.

i) 환경보전해역: 해양환경 및 생태계가 양호한 해역 중 「해양환경 보전 및 활용에 관한 법률」 제13조제1항에 따른 해양환경기준의 유지를 위하여 지속적인 관리가 필요한 해역으로서 해양수산부장관이 정하여 고시하는 해역(해양오염에 직접 영향을 미치는 육지를 포함한다)(제15조제1항제1호)

ii) 특별관리해역: 「해양환경 보전 및 활용에 관한 법률」 제13조제1항[43]에 따른 해양환경기준의 유지가 곤란한 해역 또는 해양환경 및 생태계의 보전에 현저한 장애가 있거나 장애가 발생할 우려가 있는 해역으로서 해양수산부장관이 정하여 고시하는 해역(해양오염에 직접 영향을 미치는 육지를 포함한다)(제15조제1항제2호)

여기에서 앞의 i)~ii)에서 언급하고 있는 해양수산부장관이 정하여 고시하는 해역은 「환경보전해역 및 특별관리해역 지정」에서 다음의 〈표 2-1〉, 〈그림 2-1〉과 같이 정하고 있다.

43) 「해양환경 보전 및 활용에 관한 법률」 제13조(해양환경기준의 설정) ① 해양수산부장관은 관계 중앙행정기관의 장의 의견을 들은 후 「환경정책기본법」 제12조에 따른 환경기준을 고려하여 「해양수산발전 기본법」 제13조 및 제14조에 따른 해양환경 및 해양생태계의 보전을 위한 시책에 필요한 해양환경기준을 해역별·용도별로 설정·고시하여야 하며 해양환경 변화에 따라 그 적정성이 유지되도록 하여야 한다.

〈표 2-1〉 환경보전해역 및 특별관리해역 세부 면적

(단위: ㎢)

구 분		전체 면적	해역 면적	육역 면적
환경 보전 해역	가막만	255.29	154.17	101.13
	득량만	550.25	315.74	234.51
	완도·도암만	769.98	338.48	431.50
	함평만	306.61	140.73	165.87
특별 관리 해역	부산연안	741.50	235.73	505.77
	울산연안	200.85	56.56	144.29
	광양만	465.93	131.37	334.56
	마산만	300.66	142.99	157.66
	시화호·인천연안	1181.88	605.76	576.12

■ 작업도: 국립지리원 1:50,000 지형도

■ 면적 및 좌표 계산: GIS 프로그램인 MGE(Intergraph사)를 이용하여 계산

[그림 2-1] 환경보전해역도 및 특별관리해역도

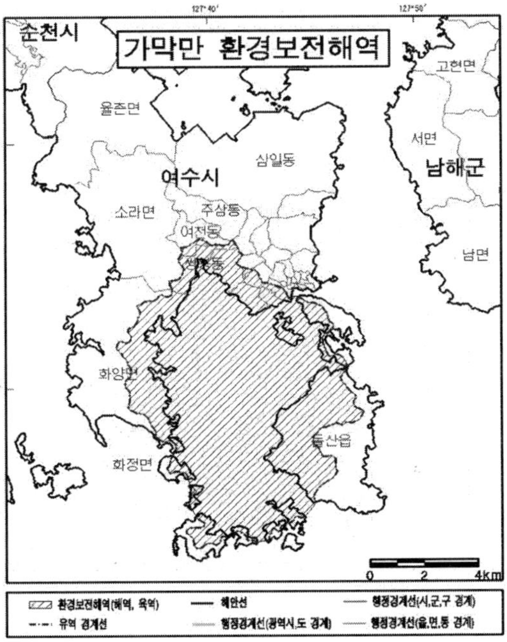

득량만 환경보전해역
전라남도
완도-도암만 환경보전해역
전라남도

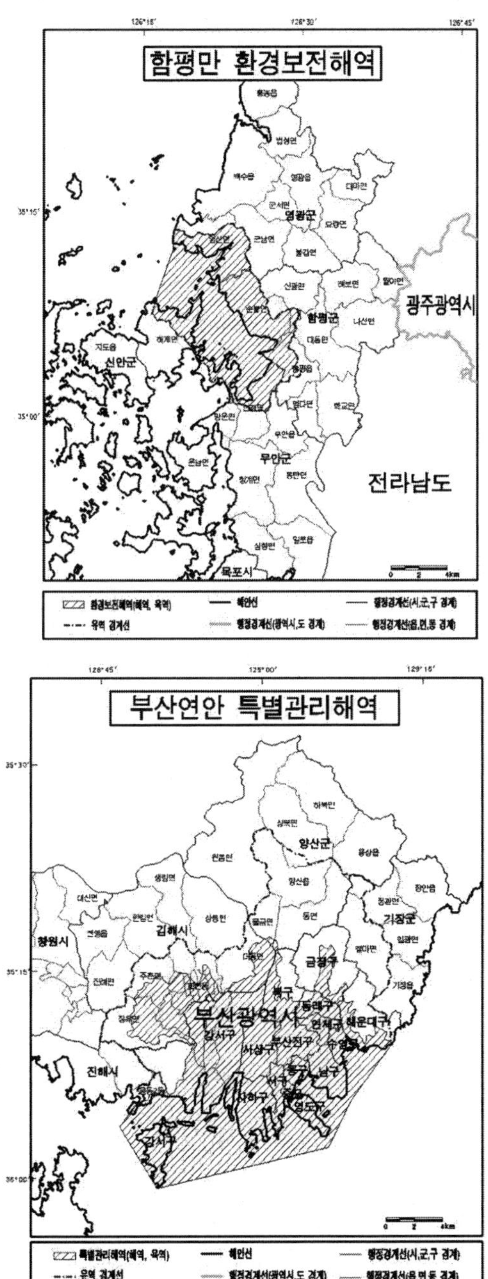
함평만 환경보전해역
영광군
함평군
신안군
무안군
목포시
광주광역시
전라남도
환경보전해역(해역, 육역)
해안선
행정경계선(시,군,구 경계)
육역 경계선
행정경계선(광역시,도 경계)
행정경계선(읍,면,동 경계)
부산연안 특별관리해역
양산군
김해시
기장군
창원시
진해시
금정구
부산광역시
동래구
강서구
특별관리해역(해역, 육역)
해안선
행정경계선(시,군,구 경계)
육역 경계선
행정경계선(광역시,도 경계)
행정경계선(읍,면,동 경계)

울산연안 특별관리해역
경주시
울산광역시
양산군
기장군
부산광역시
금정구

광양만 특별관리해역
경상남도
전라남도
하동군
광양시
순천시
남해군

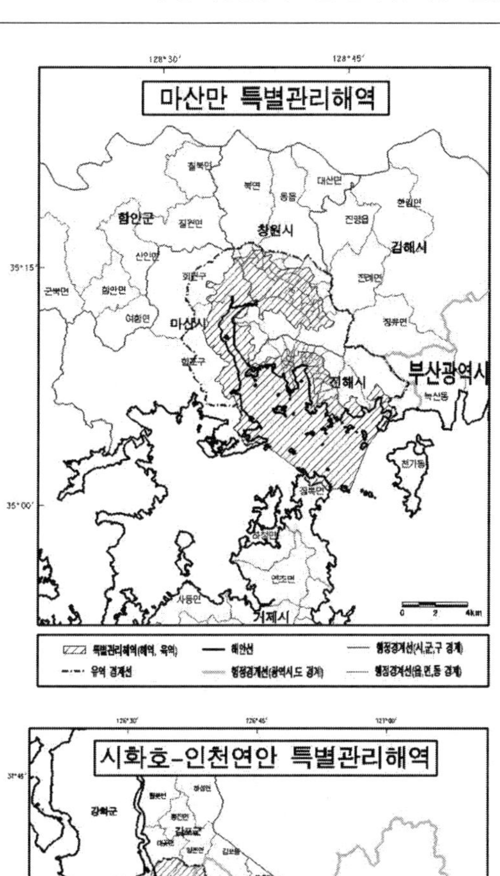
128° 30′
128° 45′
마산만 특별관리해역
35° 15′
35° 00′
칠북면
북면
동읍
대산면
한림면
함안군
칠원면
창원시
진영읍
김해시
산인면
군북면
함안면
여항면
마산시
진례면
장유면
부산광역시
진해시
녹산동
천가동
거제시
사등면
연초면
0 2 4km
특별관리해역(해역, 육역)
해안선
행정경계선(시,군,구 경계)
유역 경계선
행정경계선(광역시,도 경계)
행정경계선(읍,면,동 경계)

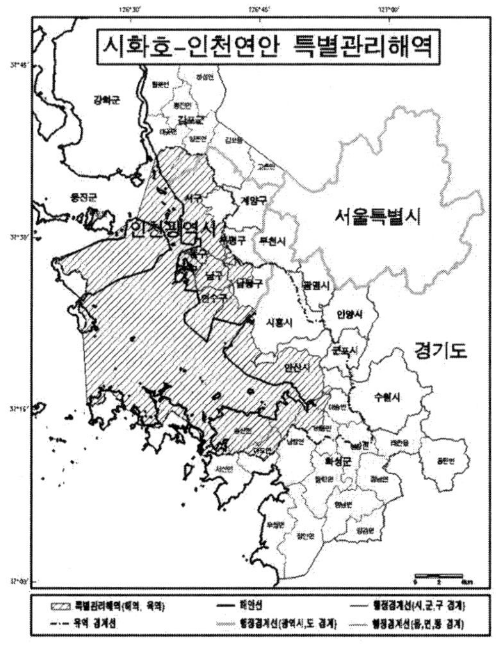
시화호-인천연안 특별관리해역
강화군
김포군
옹진군
인천광역시
서구
계양구
서울특별시
부천시
남구
남동구
연수구
광명시
시흥시
안양시
군포시
경기도
안산시
수원시
화성군
특별관리해역(해역, 육역)
해안선
행정경계선(시,군,구 경계)
유역 경계선
행정경계선(광역시,도 경계)
행정경계선(읍,면,동 경계)

그리고「해양환경관리법」제15조제2항에서는 이 법 제15조제1항에 따라 지정된 환경관리해역의 지정 목적이 달성되었거나 지정 목적이 상실된 경우 또는 당초 지정 목적의 달성을 위하여 지정범위를 확대하거나 축소하는 등의 조정이 필요한 경우 환경관리해역의 전부 또는 일부의 지정을 해제하거나 지정범위를 변경하여 고시할 수 있으며, 이 경우에도 대상 구역을 관할하는 시·도지사와 미리 협의하도록 하고 있다.

한편, 해양수산부장관은「해양환경관리법」제15조제1항 및 제2항에 따른 환경관리해역의 지정, 해제 또는 변경 시 다음의 사항을 고려할 것을 이 법 제15조제3항에서 규정하면서, 제15조제1항부터 제3항까지에 따른 환경관리해역의 지정 및 해제, 변경을 위하여 필요한 사항은 이 법 제15조제4항 및 같은 법 시행령 제9조[44]에 따라 정하고 있다.

ⅰ)「해양환경관리법」제9조[45]에 따른 해양환경측정망 조사 결과(제15조제3

44)「해양환경관리법 시행령」제9조(환경관리해역의 지정 등) ① 해양수산부장관은 법 제15조에 따라 같은 조 제1항에 따른 환경관리해역(이하 "환경관리해역"이라 한다)을 지정, 해제 또는 변경하려는 경우에는 해당 지역에 거주하는 지역주민 및 해당 해역에서 어업활동을 하는 어업인 등 이해관계자(이하 "지역주민등"이라 한다)의 의견을 미리 들어야 한다.
② 해양수산부장관은 제1항에 따라 지역주민등의 의견을 듣기 위하여 필요한 경우 직접 공청회를 개최하거나, 광역시장·도지사·특별자치도지사(이하 "시·도지사"라 한다) 또는 시장·군수·구청장(자치구의 구청장을 말한다. 이하 같다)에게 공청회를 개최하여 줄 것을 요청할 수 있다.
③ 해양수산부장관은 법 제15조제1항 및 제2항에 따라 환경관리해역의 지정, 해제 또는 변경에 관하여 고시하는 경우 다음 각 호의 사항을 포함해야 한다.
1. 지정, 해제 또는 변경되는 환경관리해역의 명칭
2. 지정, 해제 또는 변경되는 환경관리해역의 위치·면적 및 범위
3. 환경관리해역의 지정, 해제 또는 변경의 연월일

45)「해양환경관리법」제9조(해양환경측정망) ①해양수산부장관은「해양환경 보전 및 활용에 관한 법률」제18조제1항에 따른 해양환경종합조사를 시행하기 위하여 해양수산부령이 정하는 바에 따라 해양환경측정망을 구성하고 정기적으로 해양환경을 측정하여야 한다.
② 광역시장·도지사·특별자치도지사(이하 "시·도지사"라 한다)는 제1항의 규정에 따라 해양수산부장관이 구성한 해양환경측정망을 참고하여 관할 해역에 적합한 해양환경측정망을 별도로 구성할 수 있다. 이 경우 시·도지사는 관할 해역의 해양환경측정망을 구성하거나

항제1호)

ii) 「해양환경관리법」 제39조[46]에 따른 잔류성오염물질 조사 결과(제15조제3항제2호)

iii) 「해양생태계의 보전 및 관리에 관한 법률」 제10조[47]에 따른 국가해양생태계종합조사 결과(제15조제3항제3호)

iv) 국가 및 지방자치단체에서 3년 이상 지속적으로 시행한 해양환경 및 생태계 관련 조사 결과(제15조제3항제4호)

Ⅱ. 환경관리해역에서의 시설 설치 제한

「해양환경관리법」 제15조의2제1항에 따라 해양수산부장관은 환경보전해역

구성된 내용을 변경하려는 때에는 해양수산부장관에게 미리 통보하여야 한다.

46) 「해양환경관리법」 제39조(잔류성오염물질의 조사 등) ①해양수산부장관은 잔류성오염물질의 오염실태 및 진행상황 등에 대하여 해양수산부령으로 정하는 바에 따라 측정・조사하여야 한다. 이 경우 해양수산부장관은 그 측정・조사결과 해양환경의 관리에 문제가 있다고 인정되는 경우 해당 잔류성오염물질의 사용금지 및 사용제한 요청 등 해양수산부령으로 정하는 조치를 하여야 한다.
② 해양수산부장관은 제1항의 규정에 따라 측정・조사를 하는 경우에는 대통령령이 정하는 바에 따라 관계 행정기관에 대하여 필요한 자료의 제출을 요청할 수 있다. 이 경우 관계 행정기관의 장은 특별한 사정이 없는 한 이에 따라야 한다.
③ 해양수산부장관은 제1항에 따른 측정・조사에 있어 정확성과 통일성을 도모하기 위하여 잔류성오염물질의 공정시험기준을 정하여 고시하여야 한다. 이 경우 고시된 공정시험기준은 제10조에 따른 해양환경공정시험기준으로 본다.

47) 「해양생태계의 보전 및 관리에 관한 법률」 제10조(국가해양생태계종합조사 등) ①해양수산부장관은 관계중앙행정기관의 장과 협조하여 전국을 대상으로 국가해양생태계종합조사(해양생태계에 관한 기본적인 조사, 제29조제1항에 따른 해양보호구역 조사・관찰, 제39조제2항에 따른 조사 및 「습지보전법」 제4조에 따라 해양수산부장관이 실시하는 기초조사를 통합하여 실시하는 조사를 말한다)를 실시하여야 한다.
② 삭제
③ 제1항에 따른 조사의 내용 및 방법에 관하여 필요한 사항은 대통령령으로 정한다.
④ 시・도지사는 해당 지방자치단체의 조례로 정하는 바에 따라 관할구역의 해양생태계를 조사할 수 있으며, 조사를 하는 경우에는 조사계획 및 조사결과를 해양수산부장관에게 보고하여야 한다.

의 해양환경 상태 및 오염원을 측정·조사한 결과 「해양환경 보전 및 활용에 관한 법률」 제13조제1항에 따른 해양환경기준을 초과하게 되어 국민의 건강이나 생물의 생육에 심각한 피해를 가져올 우려가 있다고 인정되는 경우에는 그 환경보전해역 안에서 대통령령이 정하는 시설의 설치 또는 변경을 제한할 수 있다.

이 경우 "대통령령이 정하는 시설"은 「해양환경관리법 시행령」 제10조제3항에서 다음과 같이 규정하고 있다.

i) 1일 폐수배출량이 2천 세제곱미터 이상인 시설. 다만, 해당 시설에서 배출하는 폐수를 공공폐수처리시설 및 공공하수처리시설로 유입시키거나 그 해당 지역에 적용되는 법령에 따른 방류수 수질기준 이하로 처리하는 시설은 제외한다(제1호)

ii) 「공유수면 관리 및 매립에 관한 법률」 제8조제1항제1호에 따라 신축·개축·증축 또는 변경하는 경우 관리청의 허가를 받아야 하는 부두·방파제·교량·수문 또는 건축물(제2호)

이와 관련해서 해양수산부장관은 특별관리해역의 해양환경 상태 및 오염원을 측정·조사한 결과 「해양환경 보전 및 활용에 관한 법률」 제13조제1항에 따른 해양환경기준을 초과하게 되어 국민의 건강이나 생물의 생육에 심각한 피해를 가져올 우려가 있다고 인정되는 경우에는 다음에 해당하는 조치를 할 수 있도록 「해양환경관리법」 제15조의2제2항에서 별도로 추가해서 정하고 있다.

i) 특별관리해역 안에서의 시설의 설치 또는 변경의 제한(제1호)

ii) 특별관리해역 안에 소재하는 사업장에서 배출되는 오염물질의 총량규제(제2호)

이에 따라 설치 또는 변경이 제한되는 시설 및 제한의 내용, 오염물질의 총량규제를 실시하는 해역범위·규제항목 및 규제방법에 관하여 필요한 사항은 「해양환경관리법 시행령」 제10조부터 제15조까지[48]에서 규정하고 있다.

---

48) 「해양환경관리법 시행령」 제12조(오염물질 총량규제 항목 등) ② 해양수산부장관은 제1항의 항목에 대한 오염물질 총량규제를 실시하기 위하여 다음 각 호의 사항이 포함된 총량관리에 관한 기본방침(이하 "총량관리기본방침"이라 한다)을 수립하여 해당 오염물질 총량규제 실시 해역을 관할하는 시·도지사에게 알려야 한다.

1. 오염물질 총량규제 항목 및 목표수질
2. 오염원 조사 및 오염부하량 산정방법
3. 유역별, 행정구역별 및 오염원별 오염부하량의 할당
4. 제3항에 따라 시·도지사가 수립하는 총량관리기본계획의 승인기준
5. 제4항에 따라 광역시장·특별자치도지사·시장·군수(광역시의 군수는 제외한다. 이하 이 조부터 제15조까지에서 같다)가 수립하는 총량관리시행계획에 대한 승인기준
6. 제3항 및 제4항에 따라 수립한 총량관리기본계획 및 총량관리시행계획의 변경 시 승인을 요하지 아니하는 경미한 사항

③ 총량관리기본방침에 따라 해당 시·도지사는 다음 각 호의 사항이 포함된 총량관리기본계획을 수립하여 해양수산부장관의 승인을 받아야 한다. 총량관리기본계획을 변경(제2항제6호에 따른 경미한 사항의 변경은 제외한다)하는 경우에도 또한 같다.

1. 지역개발계획의 구체적인 내용
2. 관할 지방자치단체별 오염부하량의 할당
3. 지역 및 해역에서 배출되는 오염부하량의 총량 및 삭감계획
4. 지역개발계획으로 인하여 추가로 배출되는 오염부하량 및 그 삭감계획

④ 광역시장·특별자치도지사·시장·군수는 제3항에 따른 총량관리기본계획(이하 "총량관리기본계획"이라 한다)에 따라 총량관리시행계획을 수립하여 다음 각 호의 구분에 따라 조치해야 한다. 총량관리시행계획을 변경(제2항제6호에 따른 경미한 사항의 변경은 제외한다)하는 경우에도 또한 같다.

1. 광역시장·특별자치도지사는 수립한 총량관리시행계획에 대해 해양수산부장관의 승인을 받을 것
2. 시장·군수는 수립한 총량관리시행계획에 대해 도지사의 승인을 받은 후 해양수산부장관에게 제출할 것

⑤ 해양수산부장관은 총량관리기본계획과 제4항에 따른 총량관리시행계획(이하 "총량관리시행계획"이라 한다)의 수립에 필요한 연구 및 조사 등을 시행하고 그 결과를 해당 계획 수립에 반영하도록 요구할 수 있으며, 특별한 사정이 없으면 시·도지사 또는 시장·군수는 이를 반영하여야 한다.

⑥ 해양수산부장관은 오염물질 총량규제를 위한 항목과 목표수질의 결정 및 조정, 오염물질 총량규제의 시행 등에 관한 조사·연구를 위하여 관계 전문가 등으로 협의회를 구성·운영

할 수 있다.

「해양환경관리법 시행령」제13조(사업장별 오염부하량의 할당 등) ① 해양수산부장관은 총량관리기본방침에서 정한 목표수질을 달성·유지하기 위하여 다음 각 호의 어느 하나를 적용받는 시설에 대하여 환경부장관에게 오염부하량의 할당 또는 배출량의 지정을 요청할 수 있다.

1. 「물환경보전법」 제12조제3항에 따른 방류수 수질기준이 적용되는 공공폐수처리시설
2. 「하수도법」 제7조에 따른 방류수 수질기준이 적용되는 시설(공공하수처리시설·분뇨처리시설 및 개인하수처리시설로 한정한다)
3. 「가축분뇨의 관리 및 이용에 관한 법률」 제13조에 따른 방류수 수질기준이 적용되는 정화시설

② 해양수산부장관은 제1항에 따라 환경부장관에게 오염부하량의 할당 또는 배출량의 지정을 요청할 때에는 총량관리기본계획 및 총량관리시행계획을 환경부장관에게 보내야 한다.

③ 환경부장관은 제1항에 따라 오염부하량의 할당 또는 배출량의 지정 요청을 받은 경우 최종방류구별·단위기간별로 오염부하량을 할당하거나 배출량을 지정할 수 있다.

④ 광역시장·특별자치도지사·시장·군수는 총량관리기본방침에서 정한 목표수질을 달성·유지하기 위하여 필요하다고 인정되면 「물환경보전법」 제32조에 따른 배출허용 기준 및 「하수도법」 제7조에 따른 방류수 수질기준의 적용을 받는 시설(개인하수처리시설로 한정한다)에 대하여 최종방류구별·단위기간별로 오염부하량을 할당하거나 배출량을 지정할 수 있다.

⑤ 환경부장관 또는 광역시장·특별자치도지사·시장·군수는 제3항 또는 제4항에 따라 오염부하량을 할당하거나 배출량을 지정하는 경우에는 이해관계자의 의견을 청취하여야 한다.

⑥ 제3항 또는 제4항에 따라 오염부하량을 할당받거나 배출량을 지정받은 자는 「물환경보전법」, 「가축분뇨의 관리 및 이용에 관한 법률」 또는 「하수도법」으로 정하는 바에 따라 오염부하량 및 배출량을 측정하고, 그 측정결과를 사실대로 기록하여 보존하여야 한다.

⑦ 해양수산부장관은 제3항에 따라 할당된 오염부하량 또는 지정된 배출량을 초과하여 배출하는 시설에 대하여 해당 시설을 관할하는 광역시장·특별자치도지사·시장·군수에게 처리시설의 개선 등 필요한 조치를 하도록 요청할 수 있다.

⑧ 광역시장·특별자치도지사·시장·군수는 제4항에 따라 할당된 오염부하량이나 지정된 배출량을 초과하여 배출하는 경우 또는 제7항에 따른 해양수산부장관의 요청이 있는 경우에는 해당 사업자에게 일정기간을 정하여 시설개선 등의 조치를 명할 수 있으며 조치명령을 받은 자는 이를 이행하여야 한다.

⑨ 제8항에 따른 조치명령의 방법 및 절차와 조치명령의 이행확인 등에 관하여는 해양수산부장관이 정하여 고시한다.

「해양환경관리법 시행령」 제14조(오염물질 총량관리 이행평가 등) ① 광역시장·특별자치도지사·시장·군수는 총량관리시행계획에 대한 전년도의 이행사항을 해양수산부장관이 고시(「특별관리해역 연안오염총량관리 기본방침」)하는 바에 따라 평가하고 그 보고서(이하 "평가보고서"라 한다)를 해양수산부장관에게 제출하여야 한다. 이 경우 시장·군수는 관할 도지사를 거쳐 제출하여야 한다.

② 해양수산부장관은 제1항에 따라 제출된 평가보고서를 검토한 후 오염물질 총량규제의 목

이 경우도 마찬가지로 「해양환경관리법」 제15조의2제2항에 따라 제15조제1항제2호에 따른 특별관리해역안에서 설치 또는 변경이 제한되는 시설은 「해양환경관리법 시행령」 제10조제4항에서 다음의 어느 하나에 해당하는 시설로 정하고 있다.

i) 1일 폐수배출량이 1천 세제곱미터 이상인 시설. 다만, 해당 시설에서 배출하는 폐수를 공공폐수처리시설 및 공공하수처리시설로 유입시키거나 그 해당 지역에 적용되는 법령에 따른 방류수 수질기준 이하로 처리하는 시설은 제외한다(제1호).

ii) 「공유수면 관리 및 매립에 관한 법률」 제8조제1항제1호에 따라 신축·개축·증축 또는 변경하는 경우 관리청의 허가를 받아야 하는 부두·방

적달성을 위하여 필요하다고 인정되면 광역시장·특별자치도지사·시장·군수에게 필요한 조치나 대책을 수립·시행하도록 요구할 수 있다. 이 경우 광역시장·특별자치도지사·시장·군수는 특별한 사유가 없으면 그 요구에 따라야 한다.

③ 광역시장·특별자치도지사·시장·군수는 해양수산부장관이 정하는 바에 따라 오염원의 증감을 파악할 수 있도록 오염물질 총량규제 대장을 작성·보관하여야 한다.

「해양환경관리법 시행령」 제15조(재정상의 지원 등) ① 국가는 오염물질 총량규제를 시행하는 지방자치단체나 사업자에 대하여 오염물질 총량규제에 따른 시설개선 등 필요한 비용을 다른 지방자치단체나 사업자보다 우선하여 보조 또는 융자하거나 지원할 수 있다.

② 관계 행정기관의 장은 제12조제3항에 따라 지방자치단체별로 할당된 오염부하량을 초과하거나 특별한 사유 없이 총량관리기본계획 또는 총량관리시행계획을 수립·시행하지 아니하는 지방자치단체에 대하여는 다음 각 호에 해당하는 사항에 대한 승인·허가 등을 하여서는 아니 된다.

1. 「도시개발법」 제2조제1항제2호에 따른 도시개발사업의 시행
2. 「산업입지 및 개발에 관한 법률」 제2조제8호에 따른 산업단지의 개발
3. 「관광진흥법」 제2조제6호 및 제7호에 따른 관광지 및 관광단지의 개발
4. 해양수산부령으로 정하는 규모 이상의 건축물 등 시설물의 설치

③ 해양수산부장관 또는 관계 중앙행정기관의 장은 관계 행정기관의 장이 제2항을 위반하거나 오염물질 총량규제를 시행하는 광역시장·특별자치도지사·시장·군수가 제14조제2항에 따른 요구를 특별한 사유 없이 이행하지 아니하면 재정지원의 중단이나 삭감, 그 밖에 필요한 조치를 할 수 있다.

파제·교량·수문 또는 건축물(제2호)

iii) 「수산업법」 제7조에 따른 면허어업을 위한 시설(제3호)

iv) 「양식산업발전법」 제10조제1항 각 호(제7호는 제외한다)에 따른 면허 양식업을 위한 시설(제4호)

한편, 「해양환경관리법 시행령」 제10조제5항에서는 해양수산부장관에게 「해양환경관리법」 제15조의2에 따라 환경관리해역에서 시설의 설치 또는 변경을 제한하려면 관계 중앙행정기관의 장과 협의하여 그 제한의 내용 및 기간을 고시하도록 규정하고 있다.

또한 해양수산부장관에게는 「해양환경관리법」 제15조의2제2항제2호에 따른 오염물질의 총량규제(이하 "오염물질 총량규제"라 한다)를 하려는 경우에도 관계 중앙행정기관의 장 및 시·도지사와 협의하여 오염물질 총량규제를 실시하는 해역(이하 "오염물질 총량규제 실시해역"이라 한다)을 지정·고시하도록 「해양환경관리법 시행령」 제11조제1항에서 정하고 있다.[49)]

참고로 오염물질 총량규제는 「해양환경관리법 시행령」 제12조제1항에 따라 i) 화학적 산소요구량, ii) 질소, iii) 인, iv) 중금속 중에서 해양수산부장관이 해양환경기준, 해역의 이용현황 및 수질상태 등을 종합적으로 고려하여 해당 오염물질 총량규제 실시해역의 관할 시·도지사와 협의하여 결정하도록 규정하고 있다.

49) 「해양환경관리법 시행령」 제11조제1항에 따른 오염물질 총량규제 실시해역을 지정할 때 「낙동강수계 물관리 및 주민지원 등에 관한 법률 시행령」 제12조제2항제1호, 「금강수계 물관리 및 주민지원 등에 관한 법률 시행령」 제10조제2항제1호, 「영산강·섬진강수계 물관리 및 주민지원 등에 관한 법률 시행령」 제10조제2항제1호에 따라 고시된 수계구간 및 그 영향을 주는 유역은 제외한다(「해양환경관리법 시행령」 제11조제2항).

제2절 오염물질의 배출금지 위반행위

제126조(벌칙) 다음 각 호의 어느 하나에 해당하는 자는 5년 이하의 징역 또는 5천만원 이하의 벌금에 처한다.
1. 제22조제1항 및 제2항의 규정을 위반하여 선박 또는 해양시설로부터 기름・유해액체물질・포장유해물질을 배출한 자

제127조(벌칙) 다음 각 호의 어느 하나에 해당하는 자는 3년 이하의 징역 또는 3천만원 이하의 벌금에 처한다.
1. 제22조제1항 및 제2항의 규정을 위반하여 선박 및 해양시설로부터 폐기물을 배출한 자
2. 과실로 제22조제1항 및 제2항의 규정을 위반하여 선박 또는 해양시설로부터 기름・유해액체물질・포장유해물질을 배출한 자

제128조(벌칙) 다음 각 호의 어느 하나에 해당하는 자는 2년 이하의 징역 또는 2천만원 이하의 벌금에 처한다.
1. 과실로 제22조제1항 및 제2항의 규정을 위반하여 선박 또는 해양시설로부터 폐기물을 배출한 자

「해양환경관리법」 제126조제1호, 제127조제1호・제2호 및 제128조제1호에서는 이 법 제22조제1항 및 제2항의 규정을 위반하여 선박 또는 해양시설로부터 기름・유해액체물질・포장유해물질・폐기물을 고의 또는 과실로 배출할 경우 이를 범죄 행위로 간주하고 있다.

한편, 이 법 제22조제1항 및 제2항에서는 누구든지 선박 또는 해양시설로부터 오염물질을 해양에 배출하는 것을 금지하고 있으나, 특정한 해역에서 관련 규정에 따른 처리기준 및 방법을 따를 경우에는 예외적으로 허용한다. 이에 따라 이와 관련한 상세 내용에 대해 살펴보면 다음과 같다.

Ⅰ. 선박으로부터의 오염물질 배출

1. 폐기물을 배출하고자 하는 경우

선박의 항해 및 정박 중 발생하는 폐기물을 배출하고자 하는 경우에는 「해양환경관리법」 제22조제1항제1호 및 「선박오염방지규칙」 제8조에 따라 다음의 구분에 따른 요건(해역별 배출기준 및 방법)에 적합하게 배출하도록 규정하고 있다.(〈표 2-2〉~〈표 2-3〉)

〈표 2-2〉 선박 안의 일상생활에서 생기는 분뇨의 배출해역별 처리기준 및 방법

ⅰ) 분뇨의 경우: 선박오염방지규칙 별표 2의 요건

선박 안의 일상생활에서 생기는 분뇨의 배출해역별 처리기준 및 방법(제8조제1호 관련)
1. 제14조에 따라 분뇨오염방지 설비를 설치하여야 하는 선박은 다음 각 목의 어느 하나에 해당하는 경우 해양에서 분뇨를 배출할 수 있다. 가. 영해기선으로부터 3해리를 넘는 거리에서 지방해양항만청장이 형식승인한 분뇨마쇄소독장치를 사용하여 마쇄하고 소독한 분뇨를 선박이 4노트 이상의 속력으로 항해하면서 서서히 배출하는 경우. 다만, 국내항해에 종사하는 총톤수 400톤 미만의 선박의 경우에는 영해기선으로부터 3해리 이내의 해역에 배출할 수 있다. 나. 영해기선으로부터 12해리를 넘는 거리에서 마쇄하지 아니하거나 소독하지 아니한 분뇨를 선박이 4노트 이상의 속력으로 항해하면서 서서히 배출하는 경우. 다. 지방해양수산청장이 형식승인한 분뇨처리장치를 설치·운전 중인 선박의 경우 2. 분뇨처리장치를 설치한 선박은 다음 각 목의 해역에서 분뇨를 배출하여서는 아니 된다. 가. 「국토의 계획 및 이용에 관한 법률」 제40조에 따른 수산자원 보호구역 나. 「수산자원관리법」 제46조에 따른 보호수면 및 같은 법 제48조에 따른 수산자원관리수면

3. 분뇨마쇄소독장치 또는 분뇨저장탱크를 설치한 선박은 다음 각 목의 해역에서 분뇨를 배출하여서는 아니 된다.
   가. 「국토의 계획 및 이용에 관한 법률」 제40조에 따른 수산자원 보호구역
   나. 「수산자원관리법」제46조에 따른 보호수면 및 같은 법 제48조에 따른 수산자원관리수면
   다. 법 제15조에 따른 환경보전해역 및 특별관리해역
   라. 「항만법」 제2조제4호에 따른 항만구역
   마. 「어촌・어항법」 제2조제4호에 따른 어항구역
   바. 갑문 안의 수역
4. 제14조에 따른 분뇨오염방지 설비 설치 대상선박 외의 선박은 다음 각 목의 경우에는 해양에 분뇨를 배출하여서는 아니 되며, 계류시설, 어장 등으로부터 가능한 한 멀리 떨어진 해역에서 배출하여야 한다.
   가. 부두에 접안 시
   나. 항만의 안벽(부두 벽) 등 계류시설에 계류 시(계선부표에 계류한 경우도 포함되고, 계류시설에 계류된 선박에 계류한 선박도 포함한다)
5. 국제특별해역에서 배출하려는 경우에는 국제협약에서 정하는 바에 따른다.
6. 시추선 및 플랫폼은 항해 중이 아닌 상태에서 분뇨를 배출할 수 있다.

〈표 2-3〉 선박 안에서 발생하는 폐기물의 배출해역별 처리기준 및 방법

ii) 분뇨 외의 폐기물의 경우: 선박오염방지규칙 별표 3의 요건

선박 안에서 발생하는 폐기물의 배출해역별 처리기준 및 방법(제8조제2호 관련)

1. 선박 안에서 발생하는 폐기물의 처리
   가. 다음의 폐기물을 제외하고 모든 폐기물은 해양에 배출할 수 없다.
      1) 음식찌꺼기
      2) 해양환경에 유해하지 않은 화물잔류물
      3) 선박 내 거주구역에서 목욕, 세탁, 설거지 등으로 발생하는 중수(中水)[화장실 오수(汚水) 및 화물구역 오수는 제외한다. 이하 같다]
      4) 「수산업법」에 따른 어업활동 중 혼획(混獲)된 수산동식물(폐사된 것을 포함한다. 이하 같다) 또는 어업활동으로 인하여 선박으로 유입된 자연기원물질(진흙, 퇴적물 등 해양에서 비롯된 자연상태 그대로의 물질을 말하며, 어장의 오염된 퇴적물은 제외한다. 이하 같다)
   나. 가목에서 배출 가능한 폐기물을 해양에 배출하려는 경우에는 영해기선으로부터 가능한 한 멀리 떨어진 곳에서 항해 중에 버리되, 다음의 해역에 버려야 한다.

1) 음식찌꺼기는 영해기선으로부터 최소한 12해리 이상의 해역. 다만, 분쇄기 또는 연마기를 통하여 25㎜ 이하의 개구(開口)를 가진 스크린을 통과할 수 있도록 분쇄되거나 연마된 음식찌꺼기의 경우 영해기선으로부터 3해리 이상의 해역에 버릴 수 있다.

2) 화물잔류물

가) 부유성 화물잔류물은 영해기선으로부터 최소한 25해리 이상의 해역

나) 가라앉는 화물잔류물은 영해기선으로부터 최소한 12해리 이상의 해역

다) 일반적인 하역방법으로 회수될 수 없는 화물잔류물은 영해기선으로부터 최소한 12해리 이상의 해역. 이 경우 국제협약 부속서 5의 부록 1에서 정하는 기준에 따라 분류된 물질을 포함해서는 안 된다.

라) 화물창을 청소한 세정수는 영해기선으로부터 최소한 12해리 이상의 해역. 다만, 다음의 조건에 만족하는 것으로서 해양환경에 해롭지 아니한 일반 세제를 사용한 경우로 한정한다.

(1) 국제협약 부속서 제3장의 적용을 받는 유해물질이 포함되어 있지 아니할 것

(2) 발암성 또는 돌연변이를 발생시키는 것으로 알려진 물질이 포함되어 있지 아니할 것

3) 해수침수, 부패, 부식 등으로 사용할 수 없게 된 화물은 국제협약이 정하는 바에 따른다.

4) 선박 내 거주구역에서 발생하는 중수는 아래 해역을 제외한 모든 해역에서 배출할 수 있다.

가) 「국토의 계획 및 이용에 관한 법률」 제40조에 따른 수산자원보호구역

나) 「수산자원관리법」 제46조에 따른 보호수면 및 같은 법 제48조에 따른 수산자원관리수면

다) 「농수산물 품질관리법」 제71조에 따른 지정해역 및 같은 법 제73조제1항에 따른 주변해역

5) 「수산업법」에 따른 어업활동 중 혼획된 수산동식물 또는 어업활동으로 인하여 선박으로 유입된 자연기원물질은 같은 법에 따른 면허 또는 허가를 받아 어업활동을 하는 수면에 배출할 수 있다.

6) 동물사체는 국제해사기구에서 정하는 지침을 고려하여 육지로부터 가능한 한 멀리 떨어진 해역에 배출할 수 있다.

다. 폐기물이 다른 처분요건이나 배출요건의 적용을 받는 다른 배출물과 혼합되어 있는 경우에는 보다 엄격한 폐기물의 처분요건이나 배출요건을 적용한다.

라. 가목 및 나목에도 불구하고, 선박소유자는 항만에 정박 중 가목 및 나목에 따른 폐기물을 법 제37조제1항 각 호의 어느 하나에 해당하는 자에게 인도하여 처리할 수 있다.

마. 「1974년 해상에서의 인명안전을 위한 국제협약」 제6장 1-1.2규칙에서 정의된 고체산적화물 중 곡물을 제외한 화물은 국제협약 부속서 5의 부록 1에서 정하는 기준에 따라 분류되어야 하며, 화주는 해당 화물이 해양환경에 유해한지 여부를 공표해야 한다.

2. 폐기물의 처분에 관한 특별요건
   육지로부터 12해리 이상 떨어진 위치에 있는 고정되거나 부동하는 플랫폼과 이들 플랫폼에 접안되어 있거나 그로부터 500m 이내에 있는 다른 모든 선박에서 음식찌꺼기를 해양에 버릴 때에는 분쇄기 또는 연마기를 통하여 분쇄 또는 연마한 후 버려야 한다. 이 경우 음식찌꺼기는 25㎜ 이하의 개구를 가진 스크린을 통과할 수 있도록 분쇄되거나 연마되어야 한다.
3. 국제특별해역 및 제12조의2에 따른 극지해역 안에서의 폐기물 처분에 관하여는 국제협약 부속서 5에 따른다.
4. 길이 12m 이상의 모든 선박은 제1호 및 제3호에 따른 폐기물의 처리 요건을 승무원과 여객에게 한글과 영문(국제항해를 하는 선박으로 한정한다)으로 작성・고지하는 안내표시판을 잘 보이는 곳에 게시하여야 한다.
5. 총톤수 100톤 이상의 선박과 최대승선인원 15명 이상의 선박은 선원이 실행할 수 있는 폐기물관리계획서를 비치하고 계획을 수행할 수 있는 책임자를 임명하여야 한다. 이 경우 폐기물관리계획서에는 선상 장비의 사용방법을 포함하여 쓰레기의 수집, 저장, 처리 및 처분의 절차가 포함되어야 한다.

※ 비고
"화물잔류물"이란 목재, 석탄, 곡물 등의 화물을 양하(揚荷)하고 남은 최소한의 잔류물을 말한다.

2. 기름을 배출하고자 하는 경우

선박에서 기름을 배출하는 경우에는 「해양환경관리법」 제22조제1항제2호가목 및 「선박오염방지규칙」 제9조에 따라 다음의 요건(해역별 배출기준 및 방법)에 적합하게 배출하도록 규정하고 있다.

i) 선박(시추선 및 플랫폼을 제외한다)의 항해 중에 배출할 것
ii) 배출액 중의 기름 성분이 0.0015퍼센트(15ppm) 이하일 것(다만, 「해저광물자원 개발법」에 따른 해저광물(석유 및 천연가스에 한한다)의 탐사・채취 과정에서 발생한 물의 경우에는 0.004퍼센트 이하여야 한다.)
iii) 「선박오염방지규칙」 제15조제1항에 따른 기름오염방지 설비의 작동 중에 배출할 것(다만, 시추선 및 플랫폼에서 스킴 파일[skim pile, 분리된

기름을 수집하는 내부 칸막이(baffle plate)를 가진 바닥이 개방된 수직의 파이프의 설치를 통하여 기름을 배출하는 경우는 제외한다.)

3. 유조선에서 화물유가 섞인 선박평형수, 화물창의 세정수(洗淨水) 및 선저폐수를 배출하는 경우

유조선에서 화물유가 섞인 선박평형수, 화물창의 세정수 및 선저폐수를 배출하는 경우에는 「해양환경관리법」 제22조제1항제2호나목 및 「선박오염방지규칙」 제10조제1항(별표 4 제1호)에 따라 다음의 요건(해역별 배출기준 및 방법)에 적합하게 배출하도록 규정하고 있다.(〈표 2-4〉)

〈표 2-4〉 화물유가 섞인 선박평형수, 세정수, 선저폐수의 배출기준

ⅰ) 선박오염방지규칙 별표 4 제1호의 요건

화물유가 섞인 선박평형수, 세정수, 선저폐수의 배출기준 등(제10조 관련)
1. 화물유가 섞인 선박평형수, 세정수, 선저폐수의 배출기준 유조선에서 화물유가 섞인 선박평형수, 화물창의 세정수 및 화물펌프실의 선저폐수를 배출하는 경우에는 다음 각 목의 요건에 적합하게 배출하여야 한다. 가. 항해 중에 배출할 것 나. 기름의 순간배출률이 1해리당 30L 이하일 것 다. 1회의 항해 중(선박평형수를 실은 후 그 배출을 완료할 때까지를 말한다)의 배출총량이 그 전에 실은 화물총량의 3만분의 1(1979년 12월 31일 이전에 인도된 선박으로서 유조선의 경우에는 1만5천분의 1)이하일 것 라. 「영해 및 접속수역법」 제2조에 따른 기선으로부터 50해리 이상 떨어진 곳에서 배출할 것 마. 제15조에 따른 기름오염방지 설비의 작동 중에 배출할 것

4. 유조선에서 화물창의 선박평형수를 배출하는 경우

유조선에서 화물창의 선박평형수를 배출하는 경우에는 「해양환경관리법」 제22조제1항제2호다목 및 「선박오염방지규칙」 제10조제2항(별표 4 제2호)에 따라 다음의 요건(세박평형수의 세정도 정도)에 적합하게 배출하도록 규정하고 있다.(〈표 2-5〉)

〈표 2-5〉 선박평형수의 세정도

ⅰ) 선박오염방지규칙 별표 4 제2호의 요건

화물유가 섞인 선박평형수, 세정수, 선저폐수의 배출기준 등(제10조 관련)
2. 선박평형수의 세정도 유조선의 화물창으로부터 선박평형수를 배출하는 경우에는 다음 각 목의 요건에 적합하게 배출하여야 한다. 가. 정지 중인 유조선의 화물창으로부터 청명한 날 맑고 평온한 해양에 선박평형수를 배출하는 경우에는 눈으로 볼 수 있는 유막이 해면 또는 인접한 해안선에 생기지 아니하거나 유성찌꺼기(Sludge) 또는 유성혼합물이 수중 또는 인접한 해안선에 생기지 아니하도록 화물창이 세정되어 있을 것 나. 선박평형수용 기름배출감시제어장치 또는 평형수농도감시장치를 통하여 선박평형수를 배출하는 경우에는 해당 장치로 측정된 배출액의 유분함유량이 0.0015%[15ppm]를 초과하지 아니할 것

5. 유해액체물질을 배출하는 경우

유해액체물질을 배출하는 경우에는 「해양환경관리법」 제22조제1항제3호가목 및 「선박오염방지규칙」 제11조(별표 5)에 따라 다음의 요건(해역에 따른 배출기준 및 방법)에 적합하게 배출하도록 규정하고 있다.

〈표 2-6〉 유해액체물질의 배출해역, 예비세정방법 및 배출방법

ⅰ) 선박오염방지규칙 별표 5의 요건

유해액체물질의 배출해역, 예비세정방법 및 배출방법(제11조 관련)

1. 정의
   가. "산적화학물코드(BCH 코드)"란 국제해사기구의 해양환경보호위원회가 결의 MEPC.20(22)로 채택한 「위험화학물을 산적운송하는 선박의 구조 및 설비에 관한 코드」를 말한다.
   나. "국제산적화학물코드(IBC 코드)"란 국제해사기구의 해양환경보호위원회가 결의 MEPC 19(22)로 채택한 「위험화학물을 산적운송하는 선박의 구조 및 설비에 관한 코드」를 말한다.
   다. "액체물질"이란 37.8℃에서 증기압이 0.28㎫(절대압력)을 넘지 아니하는 것을 말한다.
   라. "PPM" 이라함은 ㎖/㎥를 말한다.
   마. "비응고성 물질"이란 응고성 물질이 아닌 유해액체물질을 말한다.
   바. "잔류물"이란 폐기물로 남은 유해액체물질을 말한다.
   사. "지속성 부유물"이란 다음의 성질을 모두 가진 물질로서 유막(slick)을 형성하는 유해액체물질을 말한다.
      1) 밀도가 해수의 밀도(20°C에서 1025kg/㎥) 이하일 것
      2) 증기압이 0.3kPa 이하일 것
      3) 용해도가 액체 상태에서 0.1% 이하이거나 고체 상태에서 10% 이하일 것
      4) 동점도가 20°C에서 10cSt를 초과할 것

2. 적용
   가. 이 표는 유해액체물질을 산적운송하는 모든 선박에 적용한다.
   나. 기름을 케미컬탱커의 화물창에 적재하는 경우에는 기름오염방지 설비에 관한 규정도 함께 적용한다.

3. 설계, 구조, 설비 및 운영
   가. 국제산적화학물코드 제17장의 유해액체물질을 산적 운송하도록 승인된 선박의 설계, 구조, 설비 및 운영은 그 유해액체물질이 아무 규제 없이 해양으로 배출되는 것을 최소화하기 위하여 각각 다음의 규정에 따라야 한다.
      1) 케미컬 탱커가 1986년 7월 1일 이후에 건조된 경우에는 국제산적화학물코드
      2) 다음 선박에 대하여는 산적화학물코드 1.7.2항
         가) 1973년 11월 2일 이후에 건조계약이 이루어지고 1986년 7월 1일 전에 건조된 선박으로서 국제항해에 종사하는 선박
         나) 1983년 7월 1일 이후 1986년 7월 1일 전의 기간 중에 건조된 선박으로서 국내

항해에만 종사하는 선박

3) 다음 선박에 대하여는 산적화학물코드 1.7.3항

가) 건조 계약이 1973년 11월 2일 전에 이루어진 선박으로서 국제항해에 종사하는 선박

나) 1983년 7월 1일 전에 건조된 선박으로서 국내항해에만 종사하는 선박

나. 국제산적화학물코드 제17장의 유해액체물질을 산적 운송하도록 승인된 케미컬탱커 또는 액화가스운반선 외의 선박(일반건화물선에서의 식물성기름을 운송하는 경우)은 아무 통제 없이 유해액체물질이 해양으로 배출되는 것을 최소화하도록 하기 위하여 국제해사기구가 개발한 지침(결의서 A.673(16) 및 결의서 MEPC.120(52))에 따라야 한다.

4. 펌핑, 배관, 양하설비 및 혼합물 탱크

가. 1986년 7월 1일 전에 건조된 선박은 X류 물질 또는 Y류 물질을 운송하도록 승인된 각 탱크에 그 탱크 및 관련 배관의 잔류물의 양이 300L를 초과하지 아니하도록 펌핑 및 배관장치를 갖추어야 하고, Z류 물질을 운송하도록 승인된 각 탱크는 그 탱크 및 관련 배관에 잔류물의 양이 900L를 초과하지 아니하도록 펌핑 및 배관장치를 갖추어야 하며, 마목에 따라 화물창, 펌프 및 관련 배관 안의 잔류량 평가를 실시하여야 한다.

나. 1986년 7월 1일 이후 2007년 1월 1일 전의 기간에 건조된 선박은 X류 물질 또는 Y류 물질을 운송하도록 승인된 각 탱크에 그 탱크 및 관련 배관의 잔류물의 양이 100L를 초과하지 아니하도록 펌핑 및 배관장치를 갖추어야 하고, Z류 물질을 운송하도록 승인된 각 탱크는 그 탱크 및 관련 배관에 잔류물의 양이 300L를 초과하지 아니하도록 펌핑 및 배관장치를 갖추어야 하며, 마목에 따라 화물창, 펌프 및 관련 배관 안의 잔류량 평가를 실시하여야 한다.

다. 2007년 1월 1일 이후 건조된 선박은 X류 물질, Y류 물질 또는 Z류 물질을 운송하도록 승인된 각 탱크에 그 탱크 및 관련 배관의 잔류물의 양이 75L를 초과하지 아니하도록 펌핑 및 배관장치를 갖추어야 하며, 마목에 따라 화물창, 펌프 및 관련 배관 안의 잔류량 평가를 실시하여야 한다.

라. 가목 및 나목에 따른 Z류 물질의 펌핑 및 배관장치요건에 부합하지 아니하는 선박으로서 2007년 1월 1일 전에 건조된 케미컬탱커 외의 선박에 대하여는 가목 및 나목에서 정하는 잔류물 최대 요구량의 요건을 적용하지 아니하며, 탱크가 실행 가능한 최대한 정도까지 배출하였을 경우에는 이 기준에 적합한 것으로 본다.

마. 화물창, 펌프 및 관련 배관 안의 잔류량 평가는 다음에 따라 지방해양수산청장이 실시한다.

1) 측정된 양은 스트리핑량이라 하고, 각 탱크의 스트리핑량은 선박의 지침서에 기록하여야 한다.

2) 지방해양수산청장은 하나의 탱크에 대한 스트리핑량을 유사하게 설계된 다른 탱크(펌핑장치가 유사하고 정상적으로 작동한다고 지방해양수산청장이 인정하는 탱크로 한정한다)의 스트리핑량으로 사용할 수 있다.

3) 설계기준 및 성능시험

가) 화물펌핑장치는 가목부터 다목까지에 규정된 탱크 및 관련 배관의 잔류물의 최대 요구량 요건에 부합하도록 설계하여야 한다.

나) 화물펌핑장치의 펌핑 성능시험을 할 때에는 물을 시험매체로 사용하여 해당 장치가 가목부터 다목까지의 요건을 충족하는지 여부를 확인하여야 한다. 이 경우 가목 및 나목에 따른 잔류물의 최대 요구량 요건에 관하여는 탱크당 50L의 허용오차를 인정한다.

4) 성능시험의 조건과 방법

가) 시험 조건

(1) 선박의 종경사 및 횡경사는 드레인이 흡입구 쪽으로 양호하게 흐르도록 하여야 하며, 시험 중 종경사는 선미종경사(선미쪽으로 기울어진 정도) 3°를 초과하여서는 아니 되고, 선박 횡경사는 1°를 초과하여서는 아니 된다.

(2) 시험을 위하여 결정된 종경사 및 횡경사는 기록하여야 한다.

(3) 시험 중 화물창의 화물양하 매니폴드(여러 개의 가지관)에서 100㎪ 이상의 배압을 유지할 수 있는 방법을 강구하여야 한다.(그림 1 및 2 참조)

(4) 시험을 완료하는데 걸리는 시간은 탱크별로 기록하여야 한다.

나) 시험방법

(1) 시험할 화물창 및 그 관련 배관은 깨끗하게 하고 사람이 당해 화물창 안으로 안전하게 들어갈 수 있도록 하여야 한다.

(2) 화물양하 절차의 정상적인 목적을 달성하기 위하여 필요한 깊이까지 화물창에 물을 채운다.

(3) 제안된 절차에 따라 화물창 및 그 관련 배관으로부터 배출 및 스트리핑을 행한다.

(4) 화물창 및 관련 배관에 잔존하고 있는 물의 양을 측정하기 위하여 계량눈금이 있는 용기에 모으되, 잔류수는 다음의 각 장소로부터 모아야 한다.

(가) 화물창의 흡입구 및 그 근방

(나) 화물창 바닥 중에 물이 고인 모든 장소

(다) 화물펌프의 저위치의 드레인

(라) 매니폴드 밸브까지에 있어서 화물창 관련 배관의 모든 저위치의 드레인

(5) (4)에 따라 모아진 전 수량이 화물창의 스트리핑 량으로 결정된다.

(6) 어떤 탱크군이 공통의 펌프 또는 배관을 공용하고 있는 경우로서 다음의 조작상 제한이 그 선박의 검인받은 유해액체물질배출지침서에 기재되어 있는 경우에는 그 공용장치에 관련된 잔류량을 탱크간에 균등하게 배분할 수 있다.

"이 탱크군에 해당하는 탱크의 연속적인 양하를 위하여 그 펌프 또는 배관은 이

탱크군의 모든 탱크가 양하될 때까지 세정하여서는 아니 된다"

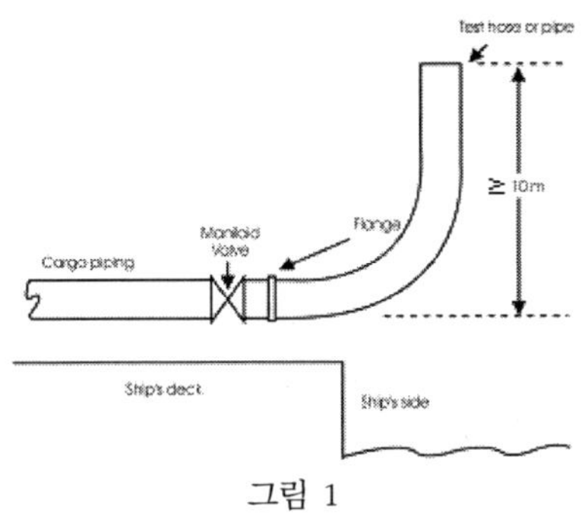

그림 1

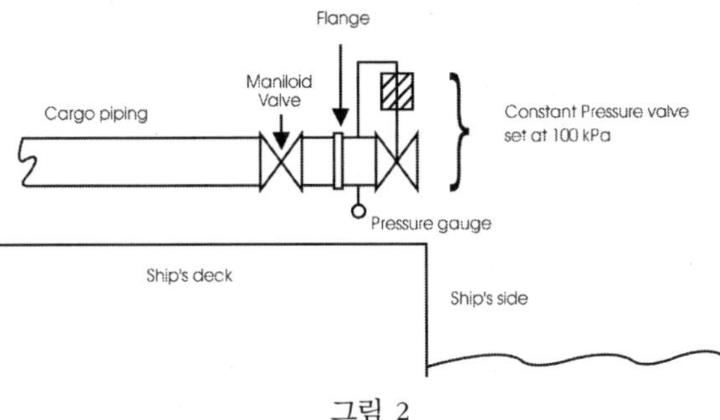

그림 2

바. X류 물질, Y류 물질 또는 Z류 물질을 운송하도록 승인받은 선박은 수면하 배출구를 갖추어야 한다. 다만, 2007년 1월 1일 전에 건조된 선박으로서 Z류 물질을 운송하도록 승인받은 선박은 제외한다.

사. 수면하 배출구는 선저폐수 만곡부(彎曲部: 굽은 구간) 근처의 화물구역 안에 있어야 하며, 선박의 해수흡입구로 잔류물과 물의 혼합물이 재흡입되는 것을 피하도록 배치하여야 한다.

아. 수면하 배출구는 해양으로 배출된 잔류물과 물의 혼합물이 선박의 경계층을 통과하지 아니하도록 배치하여야 한다.

자. 배출이 선체외판에 대하여 수직이 아닌 각도로 행하여지는 경우에는 별표 16 제3호 나목4)의 공식에서 Qd 대신에 선체외판에 수직적인 Qd의 요소로 대체하여 최소지름을 산정하여야 한다.

차. 혼합물 탱크

화물창은 혼합물탱크로 사용할 수 있다.

5. 유해액체물질의 배출기준

유해액체물질, 선박평형수, 탱크 세정수의 잔류물 또는 이러한 물질을 함유하는 혼합물은 다음 각 목의 요건에 적합하게 배출하여야 한다.

가. 배출규정

1) X류 물질, Y류 물질, Z류 물질, 잠정평가물질의 잔류물 또는 이들 물질을 함유하는 선박평형수, 탱크세정수, 그 밖의 이들 혼합물은 이 표의 요건에 적합한 경우에만 해양에 배출할 수 있다.

2) 이 표에 따라 예비세정 또는 배출절차가 시행되기 전에 관련 탱크는 유해액체물질 배출지침서에 규정된 절차에 따라 최대한 비워야 한다.

3) 잠정평가물질, 평가되지 아니한 물질 또는 이들 물질을 함유하는 선박평형수, 탱크 세정수, 그 밖의 이들 혼합물은 해양에 배출할 수 없다.

나. 배출기준

1) 이 표에 따른 X류 물질, Y류 물질, Z류 물질, 잠정평가물질의 잔류물 또는 이들 물질을 함유하는 선박평형수, 탱크세정수, 그 밖의 이들 혼합물을 해양에 배출하는 경우에는 다음의 기준에 따라야 한다.

가) 자항선은 7노트 이상, 비자항선은 4노트 이상의 속력으로 항해 중일 것

나) 수면하 배출구를 통하여 설계된 최대 배출률 이하로 배출할 것

다) 영해기선으로부터 12해리 이상 떨어진 수심 25m 이상의 장소에서 배출할 것. 다만, 국내항해에만 종사하는 선박에 대하여는 지방해양수산청장이 정하는 바에 따라 거리요건을 적용하지 아니할 수 있다.

2) 2007년 1월 1일 전에 건조된 선박에 대하여, Z류 물질, 잠정평가물질(Z류 물질로 잠정 평가된 물질을 말한다)의 잔류물 또는 이들 물질을 함유하는 선박평형수, 탱크세정수 또는 그 밖의 이들 혼합물은 수면하 배출 외의 방법으로 배출할 수 있다.

다. 화물 잔류물의 통풍

탱크로부터 화물잔류물을 제거하기 위하여 통풍절차를 사용하려는 경우에는 다음의 절차에 따라야 하며, 통풍절차가 완료된 후에 탱크에 유입된 물에 대하여는 이 표의 배출기준을 적용하지 아니한다.

1) 20℃에서 5㎪ 이상의 증기압을 가지는 물질의 화물 잔류량은 통풍에 의하여 화물창으로부터 제거할 수 있다.

2) 유해액체물질의 잔류물을 탱크로부터 통풍하기 전에 화물의 인화성 및 유해성에 관한 안전상의 위험을 검토하여야 한다. 이 경우 안전면에 대하여는 「해상에서의 인명안전을 위한 국제협약」의 화물창에 대한 운영요건, 국제산적화학물코드, 산적화학물코드 및 국제해운회의소(ICS) 탱커안전지침(화학물)의 통풍절차를 참조하여야 한다.

3) 항만당국도 화물창 통풍에 대한 규칙을 정할 수 있다.

4) 탱크로부터 화물잔류물의 통풍절차는 다음과 같다.

가) 배관 안의 화물을 드레인시키고 다시 통풍장치에 의하여 액체를 제거하여야 한다.
나) 당해 탱크의 잔류물의 증발이 촉진되도록 횡경사 및 종경사는 가능한 한 최소한도까지 조절하여야 한다.
다) 탱크바닥까지 도달할 수 있는 공기분사를 발생하는 통풍장치를 사용하여야 한다. 그림 3은 주어진 깊이의 탱크를 통풍하기 위하여 사용하는 통풍장치의 적합성을 평가하는데 사용할 수 있다.
라) 통풍장치는 당해 탱크의 섬프 또는 흡입점에서 가장 가까운 곳에 위치한 탱크 개구부에 설치하여야 한다.
마) 가능하면 통풍장치는 공기분사가 당해 탱크의 섬프 또는 흡입점 쪽으로 향하도록 배치하고, 탱크 구조부재에 공기 분사가 충돌하지 아니하도록 배치하여야 한다.
바) 통풍은 당해 탱크의 잔류액이 눈으로 보아서 없어질 때까지 계속하되, 맨눈 검사 또는 그와 동등한 방법으로 확인하여야 한다.

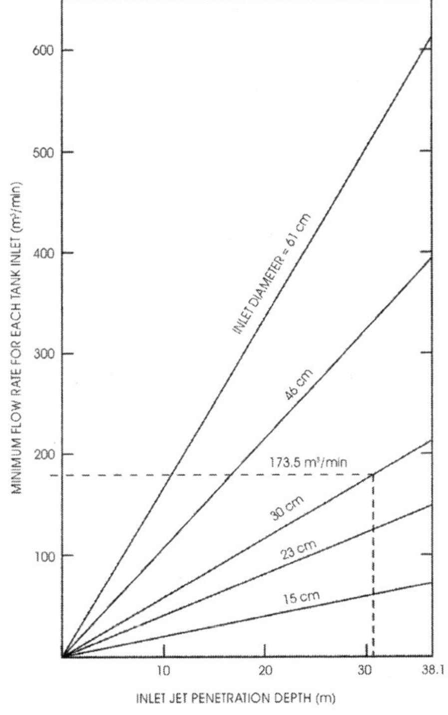

그림 3 분사관통 깊이를 함수로 한 최저유량(분사관통 깊이는 탱크깊이에 대응한다)

라. 예비 세정의 면제

지방해양수산청장은 선장의 요청이 있는 경우 다음의 요건을 충족하는 것이 확인되면 예비세정을 면제할 수 있다.

1) 양하된 탱크는 이전의 화물과 동등한 물질 또는 혼합하여도 화학반응이 일어나지 아니하는 다른 물질로 다시 적하하여야 하며, 그 탱크는 적하 전에 세정하거나 선박평형수를 적재하지 아니할 것

2) 양하된 탱크는 항해 중에 세정하거나 선박평형수를 적재하여서는 아니 되며, 이 표에 따른 예비세정은 서면으로 수용시설의 적합성이 확인된 항구에서 실시할 것

3) 화물 잔류물은 다목에 따른 통풍절차에 따라 제거할 것

마. 세정제 또는 첨가제의 사용

1) 광물유 또는 염소처리 용제와 동등한 물 외의 세정제가 탱크를 세정하기 위하여 물 대신에 사용되는 경우에는 기름 또는 유해액체물질의 예에 따라 배출하여야 하고, 그 세정제가 화물로서 운송되는 경우 적용되는 규정을 그 세정제에 적용하여야 하며, 그러한 세정제의 사용을 포함한 탱크세정절차는 유해액체물질배출지침서에 명확하게 적혀야 한다.

2) 탱크세정을 촉진하기 위하여 소량의 세정첨가제(세제)를 물에 첨가하는 경우 X류 물질 성분을 갖는 첨가제는 사용할 수 없다. 다만, 쉽게 생분해되며 X류 물질이 10% 미만인 세정첨가제는 제외한다.

바. X류 물질 잔류물의 배출

가목 외에 다음의 기준에 따라 배출하여야 한다.

가) X류 물질이 양하된 탱크는 선박이 양하항을 떠나기 전에 예비세정되어야 한다. 이 경우 수용시설로 배출하는 유출액 중 당해물질 농도가 채취한 유출물의 시료 분석을 통하여 무게로 0.1% 이하가 될 때까지 발생 잔류물을 수용시설에 배출하여야 하고, 요구되는 농도 수준에 도달하는 경우에는 나머지 탱크 세정수는 탱크가 빌 때까지 수용시설에 배출하여야 하며, 유해액체물질기록부에 적절히 기록한 후 선박검사관의 이서를 받아야 한다.

나) 가)의 조치 후에 탱크로 유입된 물은 나목의 배출기준에 따라 해양에 배출할 수 있다.

다) 기항국인 당사국 정부는 배출물의 농도를 측정하는 것이 선박에 부당한 지연을 초래하는 경우에는 다음 사항의 요건을 충족하는 경우에 한하여 가)에서 요구하는 농도를 얻는 것과 동등한 대체절차를 허용할 수 있다.

(1) 자목에 따른 절차에 따라 탱크를 예비세정할 것

(2) 유해액체물질기록부에 적절히 기록하고 선박검사관이 이서할 것

사. Y류 물질 및 Z류 물질의 잔류물의 배출

1) 가목 외에 다음의 기준에 따라 배출하여야 한다.

가) Y류 물질 또는 Z류 물질의 잔류물 배출절차는 나목의 배출기준에 따라야 한다.

나) Y류 물질 또는 Z류 물질의 양하가 유해액체물질배출지침서에 따라 시행되지 아니하는 경우에는 선박이 양하항을 떠나기 전에 예비세정을 실시하되, 예비세정의 결과로 발생하는 탱크세정수는 양하항 또는 서면으로 수용시설의 적합성이 확인된 항구에서 수용시설에 배출하여야 한다. 다만, 이 표에 명시된 양까지 선박으로부터 화물잔류물을 제거하기 위하여 선박검사관이 인정하는 대체조치를 취하는 경우는 제외한다.

다) 고점성 물질 또는 응고성 물질인 Y류 물질에 대하여는 다음의 기준을 적용한다.

(1) 자목에 따른 절차에 따라 탱크를 예비세정하여야 한다.

(2) 예비세정 중 발생한 잔류물과 물의 혼합물은 탱크가 빌 때까지 수용시설에 배출하여야 한다.

(3) 그 후에 탱크로 유입된 물은 나목의 배출기준에 따라 해양에 배출할 수 있다.

라) 제1호사목의 지속성 부유물 중 Y류 지속성 부유물로서 점도가 20℃에서 50mPa·s 이상이거나 녹는점이 0℃ 이상이면서 「위험화학품 산적운송선박의 구조 및 설비를 위한 국제협약」 제17장의 영문 o란의 16.2.7에 해당하는 지속성 부유물질인 경우 해양오염방지협약 부속서 2 제13.9규칙에서 정한 지역 내에서의 배출은 다음의 기준에 따른다.

(1) 자목에 따른 절차에 따라 탱크를 예비세정해야 한다.

(2) 예비세정과정에서 발생한 잔류물과 물의 혼합물은 해당 탱크가 비워질 때까지 양하항의 육상시설에 배출해야 한다.

(3) 예비세정과정 이후에 탱크로 유입된 물은 나목의 배출기준에 따라 해양에 배출할 수 있다.

2) 선박평형수의 주입과 배출에 대한 운항상 요건

가) 양하 후 또는 예비세정 후에는 화물창에 선박평형수를 채울 수 있으며, 선박평형수의 배출절차는 나목에 따른다.

나) 선박평형수가 전에 운송한 물질의 0.0001%[1ppm] 미만을 포함할 정도로 세정된 화물창에 유입된 선박평형수는 배출율, 선박의 속력 및 배출구의 위치와 관계없이 다음의 기준에 따라 해양에 배출할 수 있다.

(1) 영해기선으로부터 12해리 이상 떨어져 있고 수심이 25m 이상인 곳에 배출할 것

(2) 자목에 따라 예비세정이 시행될 것

(3) 그 후에 탱크가 1994년 7월 1일 전에 건조된 선박의 탱크에 대하여는 세정기의 완전한 주기로 세정되거나 세정도의 최소량을 구하는 공식에서 k=1.0으로 계산한 양 이상의 물로써 세정될 것

아. 남극해역에서의 배출

1) 남극해역이란 남위 60도 이남해역을 말한다.

2) 남극해역에서 유해액체물질 또는 이러한 물질을 포함하는 혼합물은 해양에 배출할 수 없다.

자. 예비세정절차

1) 1994년 7월 1일 전에 건조된 선박

가) 비응고성 물질에 대한 예비세정절차

(1) 탱크는 충분히 높은 수압에서 작동되는 회전식 물분사에 의하여 세정되어야 한다. 이 경우 X류 물질에 있어서는 세정기가 탱크의 모든 표면이 세정될 수 있도록 여러 위치에서 작동되어야 하며, Y류 물질에 있어서는 세정기를 1개소 이상의 장소에서 작동하여야 된다.

(2) 세정 중에는 연속적으로 혼합물을 배출하고 혼합물이 흡입구 쪽으로 잘 흐르도록 하여 탱크 안의 물의 양을 최소화하거나 세정과 세정의 사이에 탱크를 완전히 스트리핑하면서 세정 절차를 3회 반복하여야 한다.

(3) 20℃에서 50mPa · s 이상의 점도를 가지는 물질은 그 물질의 특성상 세정효과를 저하시키지 아니하는 한도에서 60℃ 이상의 온수로 세정하여야 한다.

(4) 사용되는 세정기는 다음 표에서 정한 이상으로 순환시켜야 하며, 세정기의 순환은 탱크세정기의 두개의 연속적인 동일한 방위 사이(360도 회전)의 주기로서 정의된다.

화물의 분류	세정기의 순환 수	
	비응고성 물질	응고성 물질
X류 물질	1	2
Y류 물질	1/2	1

(5) 세정 후에는 배관, 펌프 및 필터를 세정하기 위하여 충분한 시간 동안 세정기의 작동을 계속하여야 하며, 육상 수용시설로의 배출은 탱크가 빌 때까지 계속하여야 한다.

나) 응고성 물질에 대한 예비세정절차

(1) 화물 양하 후에는 가능한 한 신속하게 탱크를 세정하여야 하며, 가능하면 세정 전에 탱크를 가열하여야 한다.

(2) 해치 및 맨홀의 잔류물은 가능하면 예비세정 전에 제거하여야 한다.

(3) 탱크의 모든 표면이 세정될 수 있도록 하는 위치에서 충분히 높은 수압으로 작동되는 회전식 물분사장치에 의하여 탱크를 세정하여야 한다.

(4) 세정 중에는 연속적으로 혼합물을 배출하고 흡입구 쪽으로 잘 흐르도록 하여 탱크 안의 물의 양을 최소화하거나 세정과 세정의 사이에 탱크를 완전히 스트리핑하면서 세정절차를 3회 반복하여야 한다.

(5) 탱크는 그 물질의 특성상 세정효과를 저하시키지 아니하는 한도에서 60℃ 이상의 온수로 세정하여야 한다.

(6) 사용되는 세정기는 가)(4)의 표에서 정한 수 이상으로 순환시켜야 하며, 세정기의 순환은 탱크세정기의 두개의 연속적인 동일한 방위 사이(360도 회전)의

주기로서 정의된다.

(7) 세정 후에는 배관, 펌프 및 필터를 세정하기 위하여 충분한 시간동안 세정기의 작동을 계속하여야 한다.

2) 1994년 7월 1일 이후 건조된 선박(1994년 7월 1일 전에 건조된 선박에 대해서도 다음의 절차를 따르도록 권고할 수 있다)

가) 세정제를 재활용하지 아니하는 비응고성 물질에 대한 예비세정절차

(1) 탱크는 충분히 높은 수압에서 작동되는 회전식 물분사에 의하여 세정되어야 한다. 이 경우 X류 물질에 있어서는 세정기가 탱크의 모든 표면이 세정될 수 있도록 여러 위치에서 작동되어야 하며, Y류 물질에 있어서는 세정기를 1개소 이상의 장소에서 작동하여야 한다.

(2) 세정 중에는 연속적으로 혼합물을 배출하고 흡입구 쪽으로 잘 흐르도록 하여 탱크안의 액량을 최소화하거나 세정과 세정의 사이에 탱크를 완전히 스트리핑하면서 세정절차를 3회 반복하여야 한다.

(3) 20℃에서 50mPa · s 이상의 점도를 가지는 물질은 그 물질의 특성상 세정효과를 저하시키지 아니하는 한도에서 60℃ 이상의 온수로 세정하여야 한다.

(4) 세정수의 사용량은 라)(1)에 규정된 양 또는 라)(2)에 따라 결정된 양보다 적어서는 아니 된다.

(5) 예비세정 후에는 탱크 및 배관이 완전히 스트리핑하여야 한다.

나) 세정제를 재활용하지 아니하는 응고성 물질에 대한 예비세정절차

(1) 화물 양하 후에는 가능한 한 신속하게 탱크를 세정하여야 하며, 가능하면 세정 전에 탱크를 가열하여야 한다.

(2) 해치 및 맨홀의 잔류물은 가능하면 예비세정 전에 제거하여야 한다.

(3) 탱크의 모든 표면이 세정될 수 있도록 하는 위치에서 충분히 높은 수압으로서 작동되는 회전식 물분사에 의하여 탱크를 세정하여야 한다.

(4) 세정 중에는 연속적으로 혼합물을 배출하고 흡입구 쪽으로 잘 흐르도록 하여 탱크안의 수량을 최소화하거나 세정과 세정의 사이에 탱크를 완전히 스트리핑하면서 세정 절차를 3회 반복하여야 한다.

(5) 탱크는 그 물질의 특성상 세정효과를 저하시키지 아니하는 한도에서 60℃ 이상의 온수로 세정하여야 한다.

(6) 세정수의 사용량은 라)(1)에 규정된 양 또는 라)(2)에 따라 결정된 양 이상이어야 한다.

(7) 예비세정 후에는 탱크 및 배관을 완전히 스트리핑하여야 한다.

다) 세정제를 재활용하는 예비세정절차

(1) 세정 양을 결정함에 있어서는 탱크안의 예상 잔류량, 세정제의 특성 그리고 초기세척 또는 헹굼의 선택 여부에 대하여 충분한 고려를 하여야 하며, 충분한 자료가 없는 경우에는 세정제 안의 화물잔류량에 대한 계산농도가 공식

스트리핑 계획량의 5%를 초과하여서는 아니 된다.

(2) 재활용되는 세정제는 동일한 또는 비슷한 물질이 적재된 탱크의 세정에만 사용하여야 한다.

(3) 연속적으로 세정을 하기에 충분한 양의 세정제를 해당 탱크 또는 세정될 탱크에 대하여 추가로 사용하여야 한다.

(4) 탱크의 모든 표면이 충분히 높은 수압에서 작동되는 회전식분사에 의하여 세정되어야 하며, 세정제의 재활용은 세정될 탱크 안 또는 혼합물탱크와 동등한 다른 탱크를 통하여 이루어져야 한다.

(5) 누적된 처리량이 라)(1)에 규정된 양 또는 라)(2)에 따라 결정된 처리량을 상회할 때까지 세정을 계속하여야 한다.

(6) 응고성 물질과 20℃에서 50mPa · s 이상의 점도를 가지는 물질은 그 물질의 특성상 세정효과를 저하시키지 아니하는 한도에서 60℃ 이상의 온수로 세정하여야 한다.

(7) 세정제를 재활용한 탱크세정을 5)에 규정된 정도까지 완료한 후에는 탱크세정제를 배출하고 탱크를 완전히 스트리핑하여야 하며, 계속적으로 수용시설에 배수 및 배출을 하면서 청정세제를 이용하여 탱크를 헹구어야 한다. 이 경우 최소한 탱크바닥을 포함하여 헹구어야 하며, 배관, 펌프 그리고 필터까지 충분히 씻어내어야 한다.

라) 예비세정에 사용될 세정수의 최소량

(1) 예비세정에 사용될 세정수의 최소량은 다음 공식에 따라 정한다.

Q=k(15r0.8+5r0.7V/1000)

Q: 요구되는 최소량(m^3)

r: 각 탱크의 잔류량(m^3), 실제 스트리핑 성능시험에서 증명된 값이어야 하나 그 값은 용적 500m^3 이상의 탱크당 0.100m^3, 용적 100m^3 이하의 탱크당 0.040m^3 이상이어야 한다. 탱크의 크기가 100m^3에서 500m^3사이인 경우 선형보간법에 따라 구하여진다. 다만, X류 물질의 경우 유해액체물질배출지침서에 따른 스트리핑 시험에 따라 결정하거나 0.9m^3의 값으로 한다.

V: 탱크 용적(m^3)

k: 다음의 값을 가지는 계수

X류 물질, 비응고성 물질, 저점도 물질: 1.2

X류 물질, 응고성 물질 또는 고점도 물질: 2.4

Y류 물질, 비응고성 물질, 저점도 물질: 0.5

Y류 물질, 응고성 물질 또는 고점도 물질: 1.0

다음의 표는 "k"인수의 값을 1로 한 공식에서 계산한 것이며 계산의 편의를 위하여 참조할 수 있다.

스트리핑량 (㎥)	탱크용적(㎥)		
	100	500	3000
≦0.04	1.2	2.9	5.4
≦0.10	2.5	2.9	5.4
≦0.30	5.9	6.8	12.2
≦0.90	14.3	16.1	27.7

(2) 예비세정수를 (1)에 규정된 것보다 적게 사용하려면 관련 확인시험을 실시한 후 지방해양수산청장의 승인을 받아야 한다. 이 경우 승인된 예비세정수의 사용량에 따라 다른 예비세정조건에 적용되는 k값을 조정하여 적용하여야 한다.

3) 모든 선박

가) 사목1)라)에 따른 지속성 부유물질에 대한 예비세정절차

(1) 20℃에서 50 mPa·s 이상의 점도나 0℃ 이상의 녹는점을 갖는 지속성 부유물질은 예비세정의 목적상 응고성물질 또는 고(高)점성물질로 취급되어야 한다.

(2) 예비세정 과정에서 소량의 첨가제를 사용하는 것이 화물잔류물 제거에 효과적이라고 판단되는 경우에는 이를 사용하기 전에 해당 배출시설 관계자와 협의해야 한다.

6. 유해액체물질기록부

가. 선박은 별지 제4호서식의 유해액체물질기록부를 공식항해일지의 일부로서 또는 그 밖의 형식으로 비치하여야 한다.

나. 유해액체물질기록부에 기재하여야 할 사항은 관련된 작업 후에 즉시 기록하여야 한다.

다. 유해액체물질 또는 그러한 물질을 함유하는 혼합물의 배출사고 또는 법 제22조제3항에 따른 배출의 경우 배출의 상황 및 이유를 유해액체물질기록부에 기재하여야 한다.

라. 각 기재사항에는 당해 작업의 책임자가 서명하고 각 면에는 선장이 서명하여야 하며, 산적유해액체물질에 관한 국제오염방지증서 등을 비치하고 있는 선박에 대한 유해액체물질기록부의 기재는 최소한 영어, 불어 또는 스페인어로 기재하여야 한다. 다만, 국내항해에만 종사하는 선박은 한글로 기재할 수 있다.

마. 유해액체물질기록부는 쉽게 검사할 수 있는 장소에 보관하여야 하며 승무원이 없는 피예인선의 경우 외에는 선박 안에 보관하여야 한다.

바. 유해액체물질기록부는 최후의 기재가 행하여진 날부터 3년간 보존하여야 한다.

사. 지방해양수산청장은 선박이 우리나라의 항구에 있는 동안은 그 선박에 비치되어 있는 유해액체물질기록부를 점검할 수 있으며, 당해 선박의 선장에게 원본과 같다는 표시와 서명이 된 사본을 제출할 것을 요구할 수 있다.

7. 배출규제 조치

가. 선박검사관은 유해액체물질배출지침서의 요건에 따라 작업이 실시되었음을 확인하였거나 예비세정을 면제한 경우에는 유해액체물질기록부에 관련 사항을 기록하여야 한다.

나. 산적유해액체물질을 운송하는 선박의 선장은 제5호의 작업이 행하여질 경우에는 같은 호에 따라 유해액체물질기록부에 기록하여야 한다.

다. X류 물질을 운송하는 탱크는 제5호바목에 따라 예비 세정하여야 한다. 이 경우 유해액체물질기록부에 기록한 후 선박검사관의 이서를 받아야 한다.

라. 선박검사관은 선박에 대하여 유해액체물질의 농도를 계측하는 것이 부당한 지연을 초래하는 경우로서 유해액체물질기록부에 다음 사항이 확인되어 기재된 경우에는 제5호바목다)의 대체조치를 인정할 수 있다.

1) 탱크, 관련 펌프 및 배관계통이 비었다는 사실

2) 제5호자목에 따라 예비세정이 행하여 졌다는 사실

3) 그 예비세정으로 발생하는 탱크세정수가 수용시설에 배출되었으며 탱크가 비어 있다는 사실

마. 기항국인 당사국 정부는 선장의 요청에 따라 제5호라목의 요건의 어느 하나에 해당하는 경우에는 제4호에 따른 예비세정의 요건을 면제할 수 있다.

바. 마목에 따른 예비세정의 면제는 국제항해에 종사하는 선박에 대하여만 인정할 수 있으며, 면제하는 경우에는 유해액체물질기록부에 관련 사실을 기록한 후 선박검사관의 이서를 받아야 한다.

사. 선박검사관은 제4호마목의 잔류량 평가에 적합하게 양하되지 아니한 경우에는 잔류량 평가에 적합하도록 하는 대체조치를 취할 수 있다.

. 유해액체물질의 분류에 따른 적용방법

가. 잔류물의 분류방법

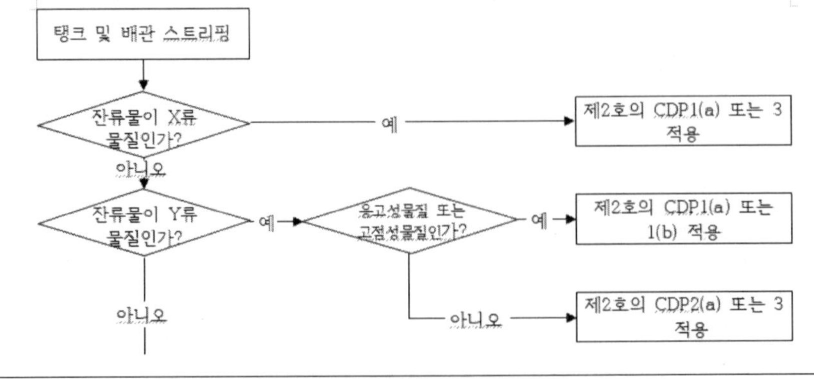

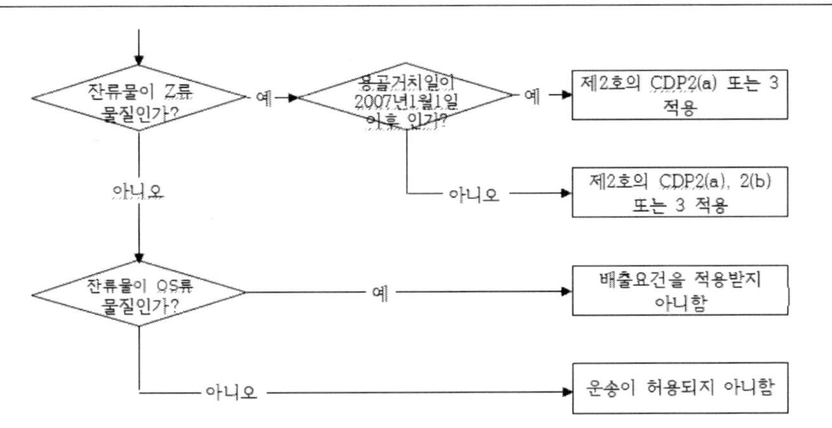

비고

1) 위 흐름도는 선박의 선령에 관계없이 적용된다.
2) 모든 해양에서의 배출은 제5호에서 정한 기준에 따른다.
3) 유해액체물질이거나 그 유해액체물질을 포함하는 혼합물은 남극해역 내 해양에서 배출할 수 없다.
4) Y류 지속성 부유물로서 점도가 20℃에서 50mPa·s 이상이거나 녹는점이 0℃ 이상이면서 「위험화학품 산적운송선박의 구조 및 설비를 위한 국제협약」 제17장의 영문 o란의 16.2.7에 해당하는 지속성 부유물질의 경우 해양오염방지협약 부속서 2 제13.9규칙에서 정한 지역 내에서의 배출은 제5호사목1)라)에서 정한 기준에 따른다.

나. 배출해역·예비세정방법 및 배출방법

아래의 순서에 따라 스트리핑하고 예비세정(예비세정장치를 사용하여야 한다)한 후 배출하여야 한다.

순서	오염방지 설비의 작동 및 배출 방법	세정 및 배출 절차 (CDP: Cleaning and Disposal Procedures)				
		1(a)	1(b)	2(a)	2(b)	3
1	국제협약 부속서 2 부록 4의 유해액체물질 배출지침서 제3절에 적합하게 탱크 및 배관을 스트리핑하여야 한다. 이 경우 탱크당 잔류허용량은 다목의 기준을 적용한다.	○	○	○	○	○
2	국제협약 부속서 2 부록 4의 유해액체물질	○	○			

	배출지침서의 부록 B에 따라 예비세정하고 잔류물을 수용시설로 배출하여야 한다. 예비세정을 하지 아니하여도 되는 경우는 비고 1과 같다.					
3	예비세정에 추가하여 다음의 방법으로 후속 세정을 한다. 1) 1994년 7월 1일 전에 건조된 선박은 세정기의 전체 사이클 사용 2) 1994년 7월 1일 이후에 건조된 선박은 k = 1.0으로 계산된 수량 이상이어야 함		○			
4	유해액체물질배출지침서의 부록 C에 따라 통풍세정방법을 적용한다.					○
5	탱크에 선박평형수를 적재하거나 화주가 요청한 수준까지 추가로 탱크를 세정한다.	○		○	○	○
6	탱크에 선박평형수를 추가로 주입한다.		○			
7	예비세정을 제외한 선박평형수, 잔류물, 물혼합물의 배출 조건					
	1) 「영해 및 접속수역법」 제2조에 따른 기선으로부터 12해리	○		○	○	
	2) 동력선은 7노트 이상, 무동력선은 4노트 이상의 속력으로 항해 중에 배출할 것	○		○	○	
	3) 수심 25m 이상. 국내항해에만 종사하는 선박에 대한 적용은 비고 2와 같다.	○		○	○	
	4) 수면하 배출(2007년 1월 1일 전에 건조된 선박이 Z류 물질의 잔류물, 잠정평가물질(Z류 물질로 잠정평가된 물질을 말한다) 또는 이러한 물질이 함유된 평형수, 탱크세정 또는 그 밖의 혼합물을 배출하는 경우에는 적용하지 아니할 수 있다)	○		○		
8	선박평형수 배출 조건					
	1) 「영해 및 접속수역법」 제2조에 따른 기선으로부터 12해리		○			

	2) 수심 25m 이상		○			
9	이후 탱크 안에 들어오는 모든 물은 제한 없이 해양으로 배출 가능	○	○	○	○	○

비고

1) 지방해양수산청장은 다음 요건을 충족하는 경우에는 선장의 요청에 따라 예비세정을 면제할 수 있다.
   가) 양하된 탱크는 이전의 화물과 동등한 물질 또는 혼합하여도 화학반응이 일어나지 아니하는 다른 물질로 다시 적하하여야 하며, 그 탱크는 적하 전에 세정하거나 선박평형수를 적재하지 아니할 것
   나) 양하된 탱크는 항해 중에 세정하거나 선박평형수를 적재하지 아니할 것
   다) 화물 잔류물은 지방해양수산청장이 승인한 통풍절차에 따라 제거할 것
2) 지방해양수산청장은 국내항해에만 종사하는 선박에 대하여는 지방해양수산청장이 정하는 바에 따라 거리요건을 적용하지 아니할 수 있다.

다. 스트리핑 잔류 허용량 기준

선박	허용량(각 탱크 당 리터)		
	X류 물질	Y류 물질	Z류 물질
2007년 1월 1일 이후 용골이 거치되는 선박	75	75	75
2007년 1월 1일 전에 건조된 선박으로서 국제산적화학물코드 적용선박	100～150	100～150	300～350
산적화학물코드 적용선박	300～350	300～350	900～950
2007년 1월 1일 전에 용골이 거치된 그 밖의 선박	비적용	비적용	최대한 비움

라. 적용면제

1) 물질분류기준의 강화로 운송요건이 변경되는 경우에는 다음의 기준에 따라야 한다.
   가) 이 표, 국제산적화학물코드 및 산적화학물코드의 개정으로 당해 선박의운송물질에 대한 운송요건이 강화된 경우로서 그 요건의 즉각적인 적용이 불합리하거나 실행불가능하다고 인정되는 경우에는 지방해양수산청장은 2007년 1월 1일 전에 건조되어 국내항해에만 전적으로 종사하는 선박에 한하여 각 물질별로 요건의 적용을 수정하거나 일정기간 동안 연기할 수 있다.
   나) 지방해양수산청장은 국제산적화학물코드 제17장의 식물성유를 운송하는 선박

으로서 다음 요건에 적합한 선박에 대하여는 설계, 구조, 설비, 운항요건 등의 요건을 면제할 수 있다.

(1) 유해액체물질을 산적운송하기 위하여 건조된 선박(NLS 탱커)으로서 화물창 위치를 제외하고 국제산적화학물코드의 3형식 선박의 모든 요건을 만족할 것

(2) 전체 화물창의 길이는 평형수탱크 또는 기름을 적재한 탱크 외의 구역으로 보호되어야 하며, 화물창은 다음 거리만큼 안쪽으로 위치하여야 한다.

(가) 윙탱크나 구역의 배치 시 화물창은 선측외판의 형선으로부터 내부로 760 ㎜ 이상이어야 한다.

(나) 이중선저탱크나 구역의 배치 시 화물창 저부와 선저외판 사이의 거리는 선저외판에 직각으로 측정하여 중심선에서 B/15 또는 2m 중 작은 값 이상이어야 한다. 다만, 최소 1m 이상이어야 한다.

다) 해양오염방지검사증서 상에 주어진 면제사항을 표시하여야 한다.

2) 지방해양수산청장은 1986년 7월 1일 전에 건조된 선박으로서 국내항해에만 종사하거나 협약당사국 사이의 제한된 항해에 종사하는 선박에 대하여는 다음의 요건에 적합한 경우에 한하여 스트리핑 잔류량 적용을 면제할 수 있다.

가) X류 물질, Y류 물질, Z류 물질 또는 혼합물이 있는 탱크를 세정하거나 선박평형수를 적재할 때마다 지방해양수산청장이 승인한 예비세정 절차에 따라 탱크를 세정하고, 탱크 세정수는 수용시설로 배출하여야 한다.

나) 그 이후에 유입된 세정수나 선박평형수는 수용시설 또는 배출해역 · 예비세정방법 및 배출방법에 따라 항해 중에 배출하여야 한다.

3) 지방해양수산청장은 화물창의 선박평형수를 적재하지 아니하고 수리나 입거 시에만 화물창을 세정하도록 되어 있는 구조와 운항특성을 가진 선박에 대하여 다음의 요건에 적합한 경우에 한하여 제4호의 적용을 면제할 수 있다.

가) 선박의 설계, 건조 및 설비는 지방해양수산청장의 승인을 받아야 한다.

나) 수리나 입거하기 전에 실시된 탱크 세정에 따른 폐수는 수용시설로 배출하고 그 적합성을 지방해양수산청장으로부터 확인받아야 한다.

다) 해양오염방지검사증서상에 다음 사항을 표시하여야 한다.

(1) 각 화물창은 상호반응하지 아니하고 중간세정 없이 동등한 탱크에서 교대로 운송할 수 있는 제한된 수의 물질을 운송하도록 승인되었다는사실

(2) 면제의 상세

라) 선박에는 지방해양수산청장이 검인한 유해액체물질배출지침서를 비치하여야 한다.

9. 「선박안전법 시행규칙」 제23조제1항제6호가목 및 나목에 따른 국제액화가스산적운송적합증서 또는 액화가스산적운송적합증서를 소지한 액화가스산적운송선이 다음의 모든 조건을 만족하는 경우에는 제3호 및 제4호의 기준에 적합한 것으로 본다.

가. 국제액화가스산적운송적합증서 또는 액화가스산적운송적합증서에 따라 운송이 허

용된 유해액체물질만을 운송할 것
나. 가목의 유해액체물질을 산적운송하기 위하여 별지 제23호서식에 따른 국제오염방지 증서를 보유하고 있을 것
다. 제2조제21호에 따른 분리평형수 설비를 갖출 것
라. 스트리핑 잔류 허용량 기준을 만족하기 위한 펌핑 및 배관장치를 갖추고 있을 것
마. 세정작업 중 화물잔류물과 물이 혼합되지 아니하고 통풍절차 후 화물잔류물이 남지 않게 하는 절차가 포함된 유해액체물질배출지침서를 갖추어 두고 있을 것

6. 유해액체물질의 산적운반(散積運搬)에 이용되는 화물창에서 세정된 선박평형수를 배출하는 경우

유해액체물질의 산적운반에 이용되는 화물창(선박평형수의 배출을 위한 설비를 포함한다)에서 세정된 선박평형수를 배출하는 경우에는 「해양환경관리법」 제22조제1항제3호나목 및 「선박오염방지규칙」 제12조에 따라 다음의 요건에 적합한 정화방법으로 배출하도록 규정하고 있다.

i) 섭씨 20도에서 5킬로파스칼 이상의 증기압을 가지는 유해액체물질의 산적운반에 이용되는 화물창에서 세정된 선박평형수일 것
ii) 「선박오염방지규칙」 제12조제1호에 따른 유해액체물질을 선박에서 내린 후 통풍장치로 화물창의 화물잔류물을 제거할 것

Ⅱ. 해양시설에서 발생하는 오염물질 배출

1. 폐기물을 배출하고자 하는 경우

해양시설에서 발생하는 폐기물을 배출하고자 하는 경우에는 「해양환경관리법」 제22조제2항제1호 및 같은 법 시행규칙 제11조제2항에서 정하는 방법(「해양폐기물 및 해양오염퇴적물 관리법」(이하 "해양폐기물관리법" 이라 한다) 제7조제2항에서 정하는 방법)에 따라 배출하도록 하고 있다.

앞서 언급한 바와 같이 해양시설에서 발생하는 폐기물을 배출하고자 하는 경우에는 「해양폐기물관리법」 제7조제2항에 따라 해양환경의 보전·관리에 영향을 미치지 아니하는 폐기물로 하고 있으며, 여기에서의 폐기물은 같은 법 시행령 제4조제1항(별표 1)에서 정하는 것으로 이는 같은 법 시행령 제4조제2항(별표 2)에서 규정하고 있는 해역에 배출하도록 하고 있다. 또한 그 처리 기준 및 방법은 같은 법 시행규칙 제3조제2항(별표 1, 별표 2)을 따르도록 정하고 있다.

이와는 달리 해양시설의 일상생활에서 발생하는 폐기물의 배출기준은 「해양환경관리법 시행규칙」 제11조제2항 단서(별표 4) 규정과 같다.(〈표 2-7〉~〈표 2-11〉)

〈표 2-7〉 해양에 배출할 수 있는 폐기물의 종류

ⅰ) 해양폐기물관리법 시행령 별표 1

해양에 배출할 수 있는 폐기물의 종류(제4조제1항 관련)

1. 유기성(有機性) 폐기물
   가. 어류·패류의 젓갈 또는 그 젓갈의 생산·유통 및 보관 과정에서 발생된 폐기물
   나. 수산물 가공잔재물[조개껍데기 등 각질류(殼質類: 수산물의 단단한 껍데기)는 제외한다]
   다. 해양수산부령으로 정하는 시설에서 원료로 사용된 동식물 폐기물로서 제조·가공 과정에서 성상이 변하지 않은 것(해양수산부령으로 정하는 수질오염방지시설에서 화학적 처리 등을 거쳐 발생한 폐기물은 제외한다)
2. 무기성(無機性) 폐기물
   가. 수산물 가공잔재물 또는 「어장관리법」 제15조에 따른 어장정화·정비를 실시할 때에 수거되는 폐기물 중 조개껍데기 등 각질류
   나. 합성로프, 폐어구, 플라스틱류, 넝마 또는 고무제품 등 이물질을 제거한 준설토사
3. 법 제10조제1항에 따른 이산화탄소 스트림
4. 그 밖에 의정서에 따라 해양배출이 허용되는 폐기물로서 다음 각 목의 요건을 모두 충족하는 폐기물. 이 경우 해양수산부장관은 그 폐기물의 종류, 배출 해역, 배출 기간 및 배출량 등을 구체적으로 정하여 고시해야 한다.
   가. 육상의 폐기물 처리시설의 가동중단 등 육상에서의 처리가 현저히 곤란한 사유가 발생했을 것
   나. 해양수산부장관이 정하는 절차에 따라 관계 지방자치단체의 장이 요청했을 것
   다. 해양수산부장관이 해당 폐기물의 해양배출에 관하여 관계 중앙행정기관의 장과 협의했을 것

〈표 2-8〉 폐기물을 배출할 수 있는 해역

ii) 해양폐기물관리법 시행령 별표 2

<table>
<tr><th colspan="2">폐기물을 배출할 수 있는 해역(제4조제2항 관련)</th></tr>
<tr><th>구분</th><th>배출가능해역</th></tr>
<tr><td>1. 갑해역: 북위 38도의 선, 북위 37도 45분의 선, 동경 132도 15분의 선 및 동경 132도 30분의 선으로 둘러싸인 해역</td><td>갑해역 전역</td></tr>
<tr><td rowspan="2">2. 병해역: 영해 기선으로부터 50해리 밖의 해역</td><td>가. 동해 병해역: 북위 36도 38분과 동경 130도 38분의 점, 북위 36도 38분과 동경 131도의 점, 북위 36도 04분과 동경 131도의 점, 북위 35도 46분과 동경 130도 38분의 점을 연결한 선으로 둘러싸인 해역</td></tr>
<tr><td>나. 서해 병해역: 북위 36도 12분의 선, 북위 35도 27분의 선, 동경 124도 13분의 선 및 동경 124도 38분의 선으로 둘러싸인 해역</td></tr>
<tr><td rowspan="2">3. 정해역: 병해역과 무해역 사이의 해역</td><td>가. 동해 정해역: 북위 35도 30분과 동경 130도 03분의 점, 북위 35도 21분과 동경 130도 19분의 점, 북위 35도 10분과 동경 130도 09분의 점 및 북위 35도 08분과 동경 129도 43분의 점을 연결한 선으로 둘러싸인 해역</td></tr>
<tr><td>나. 가목 외의 정해역: 폐기물 배출해역 지정 신청에 따라 지방해양수산청장이 해역관리청과 협의하여 지정하는 해역</td></tr>
<tr><td>4. 무해역: 「영해 및 접속수역법」 제1조에 따른 영해의 범위 안의 해역</td><td>폐기물 배출해역 지정 신청에 따라 지방해양수산청장이 해역관리청과 협의하여 지정하는 해역</td></tr>
<tr><td colspan="2">비고: 위 표 제4호에도 불구하고 다음 각 호의 해역은 무해역에서 제외한다.
1. 「항만법」 제3조제1항에 따른 무역항 및 연안항의 항만구역 및 「어촌·어항법」 제2조제4호에 따른 어항구역
2. 「국토의 계획 및 이용에 관한 법률」 제40조에 따른 수산자원보호구역
3. 「수산자원관리법」 제46조에 따른 보호수면 및 같은 법 제48조에 따른 수산자원관리수면
4. 「해양환경관리법」 제15조제1항에 따른 환경관리해역</td></tr>
</table>

〈표 2-9〉 폐기물의 해양배출 처리 기준

ⅲ) 해양폐기물관리법 시행규칙 별표 1

폐기물의 해양배출 처리 기준(제3조제2항 관련)

1. 영 별표 1 제1호가목·나목 및 같은 표 제2호가목의 폐기물

[mg/kg, 건중량(乾重量) 기준]

구분	제1기준	제2기준
수은 또는 그 화합물	5	1
폴리염화비페닐 - 28 폴리염화비페닐 - 52 폴리염화비페닐 - 101 폴리염화비페닐 - 118 폴리염화비페닐 - 138 폴리염화비페닐 - 153 폴리염화비페닐 - 180	0.15 0.15 0.15 0.15 0.15 0.15 0.15	0.03 0.03 0.03 0.03 0.03 0.03 0.03

2. 영 별표 1 제1호다목의 폐기물

(mg/kg, 건중량 기준)

구분	제1기준	제2기준
유분(광유류)	10,000	2,000
시안화합물	200	40
페놀류	4,000	800
크롬 또는 그 화합물	1,850	370
아연 또는 그 화합물	9,000	1,800
구리 또는 그 화합물	2,000	400
카드뮴 또는 그 화합물	20	4
수은 또는 그 화합물	5	1
유기인화합물	100	20
비소 또는 그 화합물	145	29
납 또는 그 화합물	1,100	220
폴리염화비페닐 - 28 폴리염화비페닐 - 52 폴리염화비페닐 - 101 폴리염화비페닐 - 118 폴리염화비페닐 - 138	0.15 0.15 0.15 0.15 0.15	0.03 0.03 0.03 0.03 0.03

폴리염화비페닐 - 153	0.15	0.03
폴리염화비페닐 - 180	0.15	0.03
나프탈렌	4	0.8
페난트렌	5	1
안트라센	4	0.8
벤조(a)피렌	4.5	0.9
플루오란텐	10	2.5
벤조(a)안트란센	5	1
벤조(b)플루오란텐	4	0.8

3. 영 별표 1 제2호나목의 폐기물

(mg/kg, 건중량 기준)

구분	제1기준	제2기준
크롬 또는 그 화합물	370	80
아연 또는 그 화합물	410	200
구리 또는 그 화합물	270	65
카드뮴 또는 그 화합물	10	2.5
수은 또는 그 화합물	1.2	0.3
비소 또는 그 화합물	70	20
납 또는 그 화합물	220	50
니켈 또는 그 화합물	52	35
총 폴리염화비페닐	0.180	0.023
총 다환방향족탄화수소	45	4

비고

1. 위 표의 제1기준 및 제2기준의 적용방법은 다음 각 목과 같다.
   가. 제1기준을 초과하는 폐기물은 해양에 배출할 수 없다.
   나. 제1기준 이하이면서 제2기준 이상인 폐기물은 해양수산부장관이 정하는 정밀평가 및 제7조제3항에 따른 해양배출 적합성 평가를 거쳐서 배출해야 한다.
   다. 제2기준 미만인 폐기물은 제7조제3항에 따른 해양배출 적합성 평가를 거쳐서 배출해야 한다.
2. 위 표에서 총 폴리염화비페닐은 폴리염화비페닐 - 28, 52, 101, 118, 138, 153, 180의 합을 말한다.
3. 위 표에서 총 다환방향족탄화수소는 나프탈렌, 페난트렌, 안트라센, 벤조(a)피렌, 플루오란텐, 벤조(a)안트란센, 벤조(b)플루오란텐의 합을 말한다.

〈표 2-10〉 폐기물의 해양배출 방법

ⅳ) 해양폐기물관리법 시행규칙 별표 2

폐기물의 해양배출 방법(제3조제2항 관련)		
폐기물의 종류	배출해역	배출방법
시멘트로 고형화 처리한 것	갑해역 전역	집중식 처리방법에 따라 배출할 것
영 별표 1 제1호가목 및 다목의 폐기물	동해 병해역, 서해 병해역	확산식 처리방법에 따라 배출할 것
영 별표 1 제1호나목의 폐기물	동해 병해역, 서해 병해역 및 동해 정해역	확산식 처리방법에 따라 배출할 것
영 별표 1 제2호의 폐기물	동해 병해역, 서해 병해역, 정해역 전역 및 무해역	집중식 처리방법에 따라 배출할 것

비고

1. 시멘트로 고형화 처리하는 경우의 기준은 다음 각 목과 같다.
   가. 시멘트는 수경성(水硬性) 시멘트를 사용할 것
   나. 시멘트는 콘크리트 1㎥당 150kg 이상을 혼합하고 균질하게 섞을 것
   다. 시멘트로 고형화하여 굳힌 후 1축의 압축강도가 100kg/㎠ 이상일 것
   라. 형상 및 크기는 다음과 같이 할 것
      1) 부피와 1면의 표면적 비가 5 이상일 것
      2) 변의 길이는 최대와 최소의 비가 3 이하일 것
      3) 최소변의 길이는 30㎝ 이상일 것
2. 배출해역은 영 별표 2의 구분에 따른 해역을 말한다.
3. 확산식 처리방법에 따른 배출은 폐기물의 농도를 분산시키는 방식으로 배출하는 것으로, 다음 각 목의 사항을 준수해야 한다.
   가. 해면 아래에서 배출되도록 할 것
   나. 평균 대수속도(對水速度) 4노트 이상으로 항해하면서 배출할 것
   다. 합성로프, 폐어구, 플라스틱류, 넝마, 고무제품, 머리카락, 동물의 털 등 이물질이 섞인 물건을 제거하여 배출할 것
   라. 갈아서 부수어 배출할 것(각질류를 제외한 수산물 가공잔재물의 경우로 한정한다)
4. 집중식 처리방법에 따른 배출은 부유물질의 확산을 최소화하는 방식으로 처리하는 것으로, 다음 각 목의 사항을 준수해야 한다.
   가. 비중 1.2 이상의 상태로 배출할 것
   나. 항해 중에 배출하지 않을 것
   다. 가루 상태로 배출하지 않을 것
   라. 폐기물 또는 포장된 용기 등이 떠다니지 않도록 처리할 것

〈표 2-11〉 해양시설 등의 일상생활에서 발생하는 폐기물의 해역별 배출기준

ⅴ) 해양환경관리법 시행규칙 별표 4

해양시설 등의 일상생활에서 발생하는 폐기물의 해역별 배출기준(제11조제2항 관련)		
해역별방류 기준 / 폐기물	해역별	방류기준
분뇨 · 오수	법 제15조제1항에 따른 환경보전해역 및 특별관리해역	생물화학적 산소요구량 50㎎/l 이내 배출
	그 밖의 해역	생물화학적 산소요구량 100㎎/l 이내 배출
비고: 해역과 육지 사이에 연속하여 설치 · 배치된 시설 및 구조물에는 이를 적용하지 아니한다.		

2. 기름 및 유해액체물질을 배출하고자 하는 경우

해양시설에서 발생하는 기름 및 유해액체물질을 배출하고자 하는 경우에는 「해양환경관리법」 제22조제2항제2호 및 같은 법 시행규칙 제11조제3항(별표 5)에 따라 다음의 요건(처리기준 및 방법)에 적합하게 배출하도록 규정하고 있다.(〈표 2-12〉)

〈표 2-12〉 해양시설 등에서 발생하는 기름 및 유해액체물질의 처리기준 및 방법

ⅰ) 해양환경관리법 시행규칙 별표 5

해양시설 등에서 발생하는 기름 및 유해액체물질의 처리기준 및 방법(제11조제3항 관련)

1. 해양시설 등에서 발생하는 기름을 처리하는 경우에는 법 제38조제1항에 따른 오염물질저장시설 설치 · 운영자 또는 법 제70조제1항제3호에 따른 유창청소업자에게 위탁하여 처리하거나 유분 성분이 100만분의 15 이하가 되도록 처리하여 배출하여야 한다.

2. 해양시설 등에서 발생하는 유해액체물질의 경우에는 법 제38조제1항에 따른 오염물질저장시설 설치 · 운영자, 법 제70조제1항제3호에 따른 유창청소업자 또는 「물환경보전법」 제62조에 따른 폐수처리업자에게 위탁하여 처리하거나 자가처리시설에서 「물환경보전법 시행규칙」 별표 13 중 가지역에 적용하는 배출허용 기준 이하로 처리하여 배출하여야 한다.

3. 해양시설 등에서 발생하는 기름이나 유해액체물질을 「물환경보전법」 제2조제10호에 따른 폐수배출시설, 같은 법 제48조에 따른 공공폐수처리시설 또는 「하수도법」 제2조제9호에 따른 공공하수처리시설에 유입하여 처리하는 경우에는 관계 법령이 정하는 바에 따른다.

Ⅲ. 선박 또는 해양시설에서 발생하는 오염물질 배출 제한 예외사항

「해양환경관리법」 제22조제1항 및 제2항에서는 누구든지 선박 또는 해양시설로부터 오염물질을 해양에 배출하는 것을 금지하고 있으나, 특정한 해역에서 관련 규정에 따른 처리기준 및 방법을 따를 경우에는 예외적으로 허용하도록 하고 있다.

반면, 이 법 제22조제3항에서는 이와 같은 규정에도 불구하고 선박 또는 해양시설에서 발생하는 오염물질(폐기물은 제외)을 해양에 배출할 수 있도록 허용하고 있다.

i) 선박 또는 해양시설 등의 안전확보나 인명구조를 위하여 부득이하게 오염물질을 배출하는 경우(제1호)

ii) 선박 또는 해양시설 등의 손상 등으로 인하여 부득이하게 오염물질이 배출되는 경우(제2호)

iii) 선박 또는 해양시설 등의 오염사고에 있어 해양수산부령이 정하는 방법에 따라 오염피해를 최소화하는 과정에서 부득이하게 오염물질이 배출되는 경우(제3호)

제3절 선박에서의 해양오염방지 의무조치 위반행위

Ⅰ. 폐기물오염방지 설비의 설치 및 사용기준 위반

제128조(벌칙) 다음 각 호의 어느 하나에 해당하는 자는 2년 이하의 징역 또는 2천만원 이하의 벌금에 처한다.

2. 제25조제1항의 규정에 따른 폐기물오염방지 설비를 설치하지 아니하고 선박을 항해에 사용한 자

제129조(벌칙) ② 다음 각 호의 어느 하나에 해당하는 자는 1년 이하의 징역 또는 500만원 이하의 벌금에 처한다.

2. 제25조제2항의 규정에 따른 기준을 위반하여 폐기물오염방지 설비를 설치하거나 이를 유지·작동한 자

「해양환경관리법」 제128조제2호 및 제129조제2항제2호에서는 이 법 제25조제1항의 규정에 따른 폐기물오염방지 설비를 설치하지 아니하고 선박을 항해에 사용한 경우와 이 법 제25조제2항의 규정에 따른 기준을 위반하여 폐기물오염방지 설비를 설치하거나 이를 유지·작동할 경우 이와 관련한 행위를 범죄로 규정하고 있다.

이에 따라 여기에서는 선박 안에서 발생하는 폐기물을 저장·처리하기 위한 설비(폐기물오염방지 설비)의 설치기준 및 이를 적절히 유지·작동하는데 필요한 세부요건 등에 대해 살펴보고자 한다.

1. 분뇨오염방지 설비의 설치 대상선박 종류

선박 안에서 발생하는 분뇨를 저장·처리하기 위해서는 「해양환경관리법」 제25조제1항 및 「선박오염방지규칙」 제14조제1항에 따른 분뇨오염방지 설비를 설치하도록 하고 있으며, 그 대상 선박은 다음과 같다.

i) 총톤수 400톤 이상의 선박(선박검사증서 상 최대승선인원이 16인 미만인 부선은 제외한다)(규칙 제14조제1항제1호)

ii) 선박검사증서 또는 어선검사증서 상 최대승선인원이 16명 이상인 선박(규칙 제14조제1항제2호)

iii) 수상레저기구 안전검사증에 따른 승선정원이 16명 이상인 선박(규칙 제14조제1항제3호)

iv) 소속 부대의 장 또는 경찰관서·해양경찰관서의 장이 정한 승선인원이 16명 이상인 군함과 경찰용 선박(규칙 제14조제1항제4호)

다만, 「선박안전법 시행규칙」 제4조제11호 및 「어선법」 제3조제9호에 따른 위생설비 중 대변용 설비를 설치하지 아니한 선박의 소유자와 대변소를 설치하지 아니한 「수상레저안전법」 제30조에 따라 등록한 수상레저기구는 분뇨오염방지 설비 설치를 면제하고 있다.

2. 분뇨오염방지 설비의 설치기준

「선박오염방지규칙」 제14조제1항에 따른 분뇨오염방지 설비는 이 규칙 제14조제2항에 따라 다음의 설비를 설치하도록 하고 있다.

i) 지방해양수산청장이 형식승인한 분뇨처리장치(규칙 제14조제2항제1호 가목)

ii) 지방해양수산청장이 형식승인한 분뇨마쇄소독장치(규칙 제14조제2항제1호나목)

iii) 분뇨저장탱크(규칙 제14조제2항제1호다목)

또한 이 규칙 제14조제2항제2호에서는 분뇨를 수용시설로 배출할 수 있도록 외부배출관을 별도로 설치하도록 하고 있으나, 다음의 어느 하나에 해당하는 선박으로서 외부배출관을 사용하지 아니하고 분뇨를 수용시설로 배출할 수 있는 경우에는 외부배출관 설치 규정을 적용하지 아니할 수 있도록 하고 있다.

i) 시추선 및 플랫폼(규칙 제14조제2항제2호가목)

ii) 「선박법 시행규칙」 제11조제1항제9호에 따른 선박의 길이(어선의 경우에는 「어선법 시행규칙」 제2조제1호에 따른 배의 길이를 말한다. 이하 같다)가 24미터 미만인 선박(규칙 제14조제2항제2호나목)

iii) 수상레저기구(규칙 제14조제2항제2호다목)

3. 분뇨오염방지 설비의 기술기준

「선박오염방지규칙」 제14조제1항에 따른 분뇨오염방지 설비는 이 규칙 제14조제3항에 따라 별표 6의 기술기준에 적합하게 유지·작동되어야 하며, 이에 대한 자세한 내용은 다음과 같다.(〈표 2-13〉)

〈표 2-13〉 분뇨오염방지 설비의 기술기준

분뇨오염방지 설비의 기술기준(제14조제3항 관련)
1. 분뇨처리장치 가. 분뇨처리장치는 다음의 장치를 갖추어야 한다. 1) 공기관·분쇄기 및 스크린

2) 처리수의 배출 또는 이송을 위한 부속펌프 및 배관
3) 평균 유입 분뇨량의 50배 이상의 통풍량을 확보할 수 있거나 이와 동등한 수준 이상의 능력을 확보할 수 있는 통풍장치

나. 분뇨처리장치의 재질은 다음 기준에 적합하여야 한다.
1) 분뇨에 접촉하는 각 탱크의 내부는 강판재로서 에폭시라이닝(epoxy lining: 침식 및 부식 방지를 위해 재료의 접촉면에 에폭시 접착재를 대는 일), F.R.P 라이닝(F.R.P lining: 침식 및 부식 방지를 위해 재료의 접촉면에 강화플라스틱 약품재를 대는 일) 또는 타르에폭시 도장을 하거나 스테인레스 또는 그와 동등한 수준 이상의 것일 것
2) 배관・밸브류는 강관・주철 또는 이와 동등 이상의 재질로서 내식성이 있을 것

다. 분뇨처리장치의 구조는 다음 기준에 적합하여야 한다.
1) 유지・관리 및 점검을 쉽게 할 수 있고, 탱크 안의 혼합액 및 처리수의 표본을 채취할 수 있는 구조일 것
2) 고위액면 경보장치를 설치하여야 하고, 탱크 안에 장치된 감지기는 방폭구조일 것
3) 분뇨의 흡입으로부터 처리수의 배출까지의 과정이 자동으로 이루어지는 구조일 것

라. 분뇨처리장치에는 다음의 표시를 하여야 한다.
1) 처리장치의 운전조건에 적합한 사용온도 및 염분농도의 범위
2) 처리능력 (1일 평균처리량 및 생물화학적산소요구량 감소효율)

마. 가목부터 라목까지의 규정에 따른 생물화학적 처리방식 외의 다른 처리방식을 채택하는 분뇨처리장치의 기술기준에 관하여는 해양수산부장관이 따로 정하여 고시한다.

2. 분뇨마쇄소독장치

가. 분뇨마쇄소독장치는 다음의 장치를 갖추어야 한다.
1) 순환수장치
2) 보조탱크
3) 배출펌프. 다만, 제14조제2항제2호 단서에 따라 외부배출관 설치 의무가 면제된 선박으로서 분뇨를 배출펌프 없이 해양에 배출할 수 있는 경우에는 설치하지 아니할 수 있다.
4) 순환펌프
5) 분뇨필터
6) 마쇄장치

나. 순환수장치는 다음 기준에 적합하여야 한다.
1) 분뇨에 접촉하는 각 탱크의 내부는 강판재로서 에폭시라이닝, F.R.P라이닝 또는 타르에폭시 도장을 한 것이거나 스테인레스 또는 그와 동등한 수준 이상의 재질일 것
2) 탱크 안은 녹슬지 아니하도록 처리할 것
3) 소독약제를 용이하게 주입할 수 있을 것
4) 액면지시장치를 갖출 것

5) 탱크 안을 용이하게 점검할 수 있는 구조일 것
6) 저장탱크의 악취가 외부로 발산되는 것을 막을 수 있을 것

다. 보조탱크는 다음 기준에 적합하여야 한다.
1) 분뇨에 접촉하는 각 탱크 안은 강판재로서 에폭시라이닝, F.R.P라이닝 또는 타르에폭시 도장을 한 것이거나 스테인레스 또는 그와 동등한 수준 이상의 재질일 것
2) 탱크 안은 녹슬지 아니하도록 처리할 것
3) 탱크 안을 물로 세정할 수 있을 것
4) 액면지시장치를 갖출 것
5) 탱크 안을 용이하게 점검할 수 있는 구조일 것

라. 배출펌프는 다음 기준에 적합하여야 한다.
1) 분뇨 등의 배출에 용이한 구조일 것
2) 분뇨 등을 육상수용시설에 배출할 수 있는 충분한 용량일 것

마. 순환펌프는 다음 기준에 적합하여야 한다.
1) 내식성이 있을 것
2) 변기의 분뇨 등을 세척할 수 있는 충분한 용량을 가질 것

바. 분뇨필터는 다음 기준에 적합하여야 한다.
1) 내식성이 있을 것
2) 분뇨 등으로 인하여 막히지 아니하는 구조일 것

사. 마쇄장치는 다음 기준에 적합하여야 한다.
1) 내식성이 있을 것
2) 분뇨 등을 마쇄할 수 있는 구조일 것

아. 순환수장치 및 보조탱크의 합계 총용량이 150L 이상일 것.

3. 분뇨저장탱크

가. 분뇨저장탱크는 분뇨저장량을 시각적으로 표시하는 액면지시장치, 측심관장치 또는 분뇨저장량을 확인할 수 있는 투시장치와 저장탱크를 갖추어야 한다. 다만, 이러한 장치로부터 가스가 방출되지 아니하도록 하여야 한다.

나. 분뇨저장탱크는 선박의 항해구역·최대승선인원 및 분뇨배출해역 등을 고려하여 다음 산식에서 정하는 크기 이상의 저장용량을 갖추어야 한다.
1) 1993년 5월 3일 이후에 건조된 선박
가) 기선으로부터 12해리 미만의 해역 이내에서만 운항하는 선박
분뇨저장탱크 용량(L)={(정박중 당직인원 × 정박시간/3) + (최대승선인원 × 항해예정시간/3)} × 세정수 사용량 × 항차수 × 1.2
여기서,
정박시간: 1일 24시간에서 항해예정시간을 뺀 시간
최대승선인원: 선박검사증서상의 최대승선인원

항해예정시간: 출발항에서 최종 도착항에 이르는 기항지의 정박시간을 포함한 총소요시간. 다만, 일정한 항로가 없는 부정기 선박에 대하여는 1일 항해예정시간을 8시간으로 한다.

세정수 사용량(L): 해당 변기의 제조자의 사양(1회 사용량)에 따르고 사양에 없는 경우 1회 사용 시 소모되는 량을 실측한다.

항차수: 육상수용시설을 이용하여 배출할 때까지의 항해 횟수

나) 영해기선으로부터 12해리를 벗어나는 항해구역을 가진 선박

분뇨저장탱크 용량(L)={(정박 중 당직인원 × 정박시간/3)+(최대승선인원 × 영해기선으로부터 3해리 이상 12해리 미만의 해역을 벗어나는 소요시간/3)} × 세정수 사용량 × 1.2

여기서, 정박시간 · 최대승선인원 및 세정수 사용량은 가)와 같다.

2) 1993년 5월 3일 전에 건조된 선박

1)의 산식에 따라 정하여진 분뇨저장탱크 용량의 50% 이상일 것. 다만, 항해예정시간이 1.5시간 미만인 선박으로서 선박의 구조상 1)의 산식에 따라 정하여진 분뇨저장탱크 용량의 50% 이상을 만족하지 아니하는 선박은 1)의 산식에 따라 정하여진 분뇨저장탱크 용량의 30% 이상으로 할 수 있다.

다. 분뇨에 접촉하는 각 탱크의 안은 강판재로서 에폭시라이닝, F.R.P라이닝 또는 타르에폭시 도장을 한 것이거나 스테인레스 또는 그와 동등한 수준 이상의 재질일 것

라. 분뇨 등을 육상수용시설에 배출할 수 있는 충분한 용량의 배출펌프를 설치할 것. 다만, 제14조제2항제2호 단서에 따라 외부배출관 설치 의무가 면제된 선박으로서 분뇨를 배출펌프 없이 해양이나 육상으로 배출할 수 있는 경우에는 배출펌프를 설치하지 아니할 수 있다.

4. 외부 배출관

가. 배출관장치는 분뇨 등을 저장탱크로부터 수용시설에 이송할 수 있는 관과 표준연결구를 갖추어야 한다.

나. 수용시설의 관을 선박의 배출기관과 연결할 수 있도록 양측의 관에는 다음의 표에 따른 표준연결구가 붙어 있어야 한다.

항 목	규 격
바깥지름	210 ㎜
안지름	배관을 연결하기에 적합한 지름
볼트원의 지름	170 ㎜
플랜지의 홈 너비	18 ㎜
플랜지의 두께	16 ㎜
볼트 · 너트의 지름 및 갯수	각각 16㎜의 지름 및 적당한 길이의 것 4개

비고
1) 플랜지는 안지름이 최대 100㎜인 배관까지 붙일 수 있도록 설계되어 있고, 강재 또는 동등한 재질의 것으로 평평한 면을 가진 것이어야 하며 적당한 가스켓을 사용한 경우 1㎠당 6kg의 상용압력에 견딜 수 있는 것이어야 한다.
2) 5m 이하의 형심을 갖는 선박에 대하여는 배출연결구의 안지름을 38㎜이하로 할 수 있다.
3) 여객선과 같이 지정된 항로에 종사하는 선박의 경우 배출관에 대체하여 해양수산부장관이 인정하는 신속 연결 커플링과 동등한 형태의 배출 연결구를 설치할 수 있다.

Ⅱ. 기름오염방지 설비 등의 설치 및 사용기준 위반

제128조(벌칙) 다음 각 호의 어느 하나에 해당하는 자는 2년 이하의 징역 또는 2천만원 이하의 벌금에 처한다.
3. 제26조제1항의 규정에 따른 기름오염방지 설비를 설치하지 아니하고 선박을 항해에 사용한 자
4. 제26조제2항의 규정에 따른 선체구조 등을 설치하지 아니하고 선박을 항해에 사용한 자

제129조(벌칙) ② 다음 각 호의 어느 하나에 해당하는 자는 1년 이하의 징역 또는 500만원 이하의 벌금에 처한다.
3. 제26조제3항의 규정을 위반하여 기름오염방지 설비를 설치하거나 이를 유지·작동한 자

「해양환경관리법」 제128조제3호 및 제129조제2항제3호에서는 이 법 제26조제1항의 규정에 따른 기름오염방지 설비를 설치하지 아니하고 선박을 항해에 사용한 경우와 이 법 제26조제3항의 규정을 위반하여 기름오염방지 설비를 설치하거나 이를 유지·작동할 경우 이와 관련한 행위를 범죄로 규정하고 있다.

또한 「해양환경관리법」 제128조제4호에서는 이 법 제26조제2항의 규정에 따른 선체구조 등을 갖추고 있지 못한 경우에도 처벌하도록 하고 있다.

이에 따라 여기에서는 선박 안에서 발생하는 기름의 배출을 방지하기 위한 설비(기름오염방지 설비)의 설치기준 및 이를 기준에 적합하게 유지・작동하는데 있어 필요한 세부요건 등을 비롯하여 기름 배출 방지를 위해 갖추어야 하는 선체구조 등과 관련해서도 살펴보고자 한다.

1. 기름오염방지 설비의 구역별・대상선박별 설치기준

선박 안에서 발생하는 기름의 배출을 방지하기 위해서는 「해양환경관리법」 제26조제1항 및 「선박오염방지규칙」 제15조제1항에 따른 기름오염방지 설비를 설치하도록 하고 있으며, 그 대상선박 및 설치기준(규칙 별표 7)은 다음과 같다.(〈표 2-14〉)

〈표 2-14〉 기름오염방지 설비 설치 및 폐유저장용기 비치기준

기름오염방지 설비 설치 및 폐유저장용기 비치기준(제15조제1항 관련) 1. 기관구역에서의 기름오염방지 설비의 설치기준	
대상선박	기름오염방지 설비
가. 총톤수 50톤 이상 400톤 미만의 유조선	1) 선저폐수저장탱크 또는 기름여과장치 2) 배출관장치
나. 총톤수 100톤 이상 400톤 미만으로서 유조선이 아닌 선박	
다. 총톤수 400톤 이상 1만톤 미만의 선박(마목의 선박 제외)	1) 기름여과장치 2) 유성찌꺼기탱크 3) 배출관장치
라. 총톤수 1만톤 이상의 모든 선박(마목의 선박 제외)	1) 기름여과장치 2) 선저폐수농도경보장치 3) 유성찌꺼기탱크

	4) 배출관장치
마. 총톤수 400톤 이상으로서 국제특별해역 안에서만 운항하는 선박	1) 기름여과장치 2) 선저폐수농도경보장치 3) 유성찌꺼기탱크 4) 배출관장치

비고

가. 기관구역이 없는 부선, 합계출력 1,470kW(2,000PS) 미만의 기관(기관구역 밖에 설치된 기관으로서 연료유계통이 기관구역과 분리된 기관은 합계출력 산정 시 제외한다)이 설치된 부선 또는 조선소에서 플로팅 도크 전용으로 사용되는 부선으로서, 선저폐수를 해양에 배출하기 위한 배출관장치가 설치되어 있지 아니한 것은 위 가목부터 마목까지의 대상선박에 요구되는 장치를 설치하지 아니할 수 있다. 다만, 보조기관(합계출력 130kW 이상의 내연기관으로 한정한다)이 설치된 부선은 누유방지장치를 설치하여야 한다.

나. 총톤수 400톤 이상의 선박으로서 유성찌꺼기를 선박 안에서 소각하고자 하는 선박의 경우에는 소각설비를 설치하여야 한다.

다. 시추선 및 플랫폼에 스킴파일을 설치한 후 분리된 기름성분을 생산된 해저광물과 섞어 처리하는 경우에는 제1호가목부터 마목까지의 규정에 따른 기름오염방지 설비를 설치하지 아니할 수 있다.

라. 위 가목 또는 나목에 따른 선박에 대한 기름오염방지 설비는 선박의 기관구역이 좁거나 전원의 부족으로 배출관장치를 포함하여 선저폐수저장탱크 또는 기름여과장치를 설치할 수 없는 경우에는 누유방지장치로 갈음할 수 있다.

마. 위 다목부터 마목까지의 규정에도 불구하고, 다음의 선박이 기관구역에서 발생하는 유성혼합물을 선박에 보유한 후 수용시설에 배출하는 경우에는 유성찌꺼기탱크 및 배출관장치만 설치할 수 있다. 다만, 이러한 사항은 별지 제9호서식의 해양오염방지 검사증서의 항행상의 조건란에 기재되어야 한다.

1) 위 마목에 해당하는 선박
2) 제12조의2에 따른 극지해역에서만 운항하는 선박
3) 왕복 항해시간이 24시간을 초과하지 않는 선박으로서 「선박안전법 시행규칙」 제23조 제1항제9호 각 목에 따른 고속선 안전증서를 발급받은 선박
4) 「항만법」에 따른 항만구역 및 「어촌 · 어항법」에 따른 어항구역 내에서만 운항하는 선박

바. 선박 내에서 기름연료 사용이 없어 기름오염 발생 가능성이 없는 선박은 가목부터 마목까지에서 정한 기름오염방지 설비를 설치하지 않을 수 있다.

2. 화물구역에서의 기름오염방지 설비의 설치기준

구분	대상선박		기름오염방지 설비
가. 유성평형수의	1) 총톤수	가) 근해구역 이상의 항해에만 종사하는 유조선	(1) 기름배출감시제어장치 (2) 평형수배출관장치 (3) 혼합물탱크장치

<table>
<tr><td rowspan="6">배 출
방 지
설비</td><td rowspan="5">150톤
이상의

유조선</td><td>나) 국내항해에만 종사하는 유조선</td><td rowspan="3">(1) 기름배출감시제어장치
(2) 평형수배출관장치
(3) 혼합물탱크장치
(4) (1) 및 (3)에도 불구하고 화물구역에서 발생하는 유성혼합물을 항해 중 바다에 배출하지 않고 선박에 저장하였다가 육상수용시설에 전량 배출하는 경우에는 평형수배출관장치만 설치할 수 있다.</td></tr>
<tr><td>다) 국제협약의 한 당사국 안에서만 종사하는 유조선</td></tr>
<tr><td>라) 아스팔트 또는 물과의 분리가 불가능한 물리적 특성을 가지는 정제유를 운송하는 유조선</td></tr>
<tr><td>마) 국제항해를 포함하는 연해구역 안에서만 종사하는 유조선</td><td rowspan="2">(1) 기름배출감시제어장치
(2) 평형수배출관장치
(3) 혼합물탱크장치
(4) (1)에도 불구하고 화물구역에서 발생하는 유성혼합물을 항해 중 바다에 배출하지 않고 선박에 저장하였다가 육상수용시설에 전량 배출하는 경우에는 평형수배출관장치 및 혼합물탱크장치만 설치할 수 있다.</td></tr>
<tr><td>바) 육지로부터 50해리를 넘지 아니하고, 총 항해시간이 72시간 이내로 제한된 국제항해에 운항하는 유조선</td></tr>
<tr><td colspan="2">2) 합계용적 200㎥ 이상의 기름을 실을 수 있는 화물창을 가진 선박</td><td>가) 기름배출감시제어장치
나) 평형수배출관장치
다) 혼합물탱크장치
라) 가) 및 다)에도 불구하고 화물창의 합계용적이 1천㎥ 미만인 경우로서 화물창에서 발생하는 유성혼합물을 항해 중 바다에 배출하지 않고 선박에 저장하였다가 육상수용시설에 전량 배출하는 경우에는 평형수배출관장치만 설치할 수 있다.</td></tr>
<tr><td rowspan="2">나. 평형수탱크 및 화물탱크</td><td colspan="2">1) 1982년 6월 1일 후에 인도된 유조선으로서 원유만을 운송하는 재화중량톤수 2만톤 이상의 유조선</td><td rowspan="2">가) 분리평형수탱크
나) 화물창원유세정설비
다) 나)에도 불구하고 원유 세정에 적합하지 않은 원유만을 운송하거나 정제유와 함께 원유를 운송하는 유조선이 화물구역에서 발생하는 유성혼합물을 항해 중 바다에 배출하지 않고 선박에 저장하였다가 육상수용</td></tr>
<tr><td colspan="2">2) 1982년 6월 1일 후에 인도된 유조선으로서 원유 및 정제유를 운송하는 재화중량톤수 2만톤</td></tr>
</table>

	이상의 유조선	시설에 전량 배출하는 경우에는 분리평형수탱크만 설치할 수 있다.
	3) 1982년 6월 1일 후에 인도된 유조선으로서 정제유만을 운송하는 재화중량톤수 3만톤 이상의 유조선	분리평형수탱크
	4) 1982년 6월 1일 이전에 인도된 유조선으로서 원유만을 운송하는 재화중량톤수 4만톤 이상의 유조선	화물창원유세정설비 또는 분리평형수탱크
의 세정 설비	5) 1982년 6월 1일 이전에 인도된 유조선으로서 정제유만을 운송하는 재화중량톤수 4만톤 이상의 유조선	가) 맑은평형수탱크 나) 평형수농도감시장치 다) 가) 및 나)에도 불구하고 분리평형수탱크를 설치한 경우에는 맑은평형수탱크 및 평형수농도감시장치를 설치하지 않을 수 있다.
	6) 1982년 6월 1일 이전에 인도된 유조선으로서 원유와 정제유를 운송하는 재화중량톤수 4만톤 이상의 유조선	분리평형수탱크
	7) 1982년 6월 1일 이전에 인도된 유조선으로서 국내항해에만 종사하는 재화중량톤수 4만톤 이상의 유조선	가) 화물창원유세정설비 또는 분리평형수탱크 나) 가)에도 불구하고 화물구역에서 발생하는 유성혼합물을 항해 중 바다에 배출하지 않고 선박에 저장하였다가 육상수용시설에 전량 배출하는 경우에는 화물창원유세정설비 또는 분리평형수탱크를 설치하지 않을 수 있다.

비고

가. 화물창에 평형수를 적재하지 아니하는 특수평형수장치를 가지는 총톤수 150톤 이상의 유조선으로서 화물창세정을 위한 설비 및 세정수의 해양배출을 위한 관장치가 없는 선박은 기름배출감시제어장치, 평형수배출관장치 및 혼합물탱크장치를 설치하지 아니할 수 있다.

나. 재화중량톤수 7만톤 이상의 유조선에 설치하는 혼합물탱크장치는 2개 이상의 혼합물탱크로 구성되어야 한다.

2. 기름오염방지 설비의 기술기준

「선박오염방지규칙」 제15조제1항에 따른 기름오염방지 설비는 이 규칙 제15조제2항에 따라 별표 8의 기술기준에 적합하게 유지・작동되어야 하며, 이에 해당하는 아래의 기름오염방지 설비 중 대부분의 선박에 공통으로 설치되어 있는 기름여과장치의 기술기준에 대해 살펴보면 다음과 같다.(〈표 2-15〉)

1) 누유방지장치
2) 선저폐수저장탱크
3) 기름여과장치
4) 유성찌꺼기탱크
5) 배출관 장치
6) 선저폐수농도경보장치
7) 선박평형수배출관장치
8) 기름배출감시제어장치
9) 선박평형수농도감시장치
10) 혼합물탱크장치
11) 분리평형수탱크
12) 맑은평형수탱크
13) 화물창원유세정설비
14) 소각설비

〈표 2-15〉 기름오염방지 설비의 기술기준

기름오염방지 설비의 기술기준(제15조제2항 관련)

3. 기름여과장치

가. 기름여과장치는 여과장치·펌프(선저폐수를 유수분리기에 이송하는 것으로서 그 유수분리기의 능력에 적합한 성능을 가진 것이어야 한다)·여과기 및 배수채취장치를 갖추어야 한다.

나. 여과장치는 다음 기준에 적합한 것이어야 한다.

1) 기름여과장치는 배출액의 유분농도를 100만분의 15 이하로 분리할 수 있는 성능을 가질 것

2) 수평면에서 임의의 방향으로 22.5도 경사한 상태에서도 그 성능에 지장이 없을 것

3) 선박의 항해 중에 선체의 동요·진동 등으로 그 성능에 지장이 생기지 아니할 것

4) 검사 및 청소가 용이하고 선저폐수가 유출되지 아니하는 구조일 것

다. 여과장치는 나목에서 정하는 기준 외에 다음 표에 따른 처리능력을 가지는 것이어야 한다.

당해 선박의 총톤수(G)	시간당 처리능력(㎥)
G〈1천	0.00044G
1천≦G〈4만	0.4+0.00004G
G≧4만	2

3. 기름 배출 방지를 위한 선체구조 요건

선박 안에서 발생하는 기름의 배출을 방지하기 위해서는 앞서 언급한 기름오염방지 설비 이외「해양환경관리법」제26조제2항 및「선박오염방지규칙」제15조제3항에 따른 선체구조 등을 갖추도록 하고 있으며, 이는 선박의 충돌·좌초 또는 그 밖의 해양사고가 발생하는 경우 선내 기름이 해상으로 배출되는 것을 방지하기 위한 조치로 다음의 사항을 고려하여 적용하고 있다.

i) 손상복원성 선체구조 등을 갖추어야 할 대상선박 및 시기(규칙 제15조제3항제1호 관련 별표 9)

ii) 이중선체구조 등을 갖추어야 할 대상선박 및 시기(규칙 제15조제3항제2

호 관련 별표 10)

iii) 선박 연료유 탱크의 이중선체 구조(규칙 제15조제3항제3호 관련 별표 11)

iv) 선박의 화물창 등의 구조기준(규칙 제15조제3항제4호 관련 별표 12)

v) 선박의 이중선체구조 등의 기준(규칙 제15조제3항제5호 관련 별표 13)

vi) 복원성기준(규칙 제15조제3항제6호 관련 별표 14)

4. 기름 배출 방지를 위한 설비 및 선체구조 적용면제 대상

선박 안에서 발생하는 기름의 배출을 방지하기 위해서는 선박의 규모에 따라 앞서 언급한 기름오염방지 설비 또는 선체구조 등을 갖추도록 하고 있으나, 「선박오염방지규칙」 제15조제4항에서는 이와 같은 규정에도 불구하고 군함, 경찰용 선박 및 이를 보조하는 공용선박에 대해서는 기름오염방지 설비를 갖추어야 하는 대상 선박 또는 해양사고 시 기름배출 방지를 위한 선체구조 등의 설치대상 선박에서 제외하고 있다.

Ⅲ. 유해액체물질오염방지 설비의 설치 및 사용기준 위반

제128조(벌칙) 다음 각 호의 어느 하나에 해당하는 자는 2년 이하의 징역 또는 2천만원 이하의 벌금에 처한다.

5. 제27조제1항의 규정에 따른 유해액체물질오염방지 설비를 설치하지 아니하고 선박을 항해에 사용한 자
6. 제27조제2항의 규정을 위반하여 선박의 화물창을 설치한 자

제129조(벌칙) ② 다음 각 호의 어느 하나에 해당하는 자는 1년 이하의 징역 또는 500만원 이하의 벌금에 처한다.

4. 제27조제4항의 규정을 위반하여 유해액체물질오염방지 설비를 설치하거나 이를 유지·작동한 자

「해양환경관리법」 제128조제5호 및 제129조제2항제4호에서는 이 법 제27조제1항의 규정에 따른 유해액체물질오염방지 설비를 설치하지 아니하고 선박을 항해에 사용한 경우와 이 법 제27조제4항의 규정을 위반하여 유해액체물질오염방지 설비를 설치하거나 이를 유지·작동할 경우 이와 관련한 행위를 범죄로 규정하고 있다. 또한 「해양환경관리법」 제128조제6호에서는 이 법 제27조제2항의 규정에 따른 선박의 화물창을 설치·유지하고 있지 못한 경우에도 처벌하도록 하고 있다.

이에 따라 여기에서는 유해액체물질을 선박 안에서 저장·처리하거나 유해액체물질에 의한 해양오염을 방지하기 위한 설비(유해액체물질오염방지 설비)의 설치기준 및 이를 기준에 적합하게 유지·작동하는데 있어 필요한 세부요건 등을 비롯하여 유해액체물질 배출 방지를 위해 갖추어야 하는 선박의 화물창에 대해서도 살펴보고자 한다.

1. 유해액체물질오염방지 설비의 대상선박 및 설치기준

유해액체물질을 산적하여 운반하는 선박으로서 유해액체물질을 그 선박 안에서 저장·처리할 수 있는 설비 또는 유해액체물질에 의한 해양오염을 방지하기 위해서는 「해양환경관리법」 제27조제1항 및 「선박오염방지규칙」 제16조제1항에 따른 유해액체물질오염방지 설비를 설치하도록 하고 있으며, 그 설치기준(규칙 별표 15)은 다음과 같다.(〈표 2-16〉)

〈표 2-16〉 유해액체물질의 오염방지 설비

유해액체물질의 오염방지 설비(제16조제1항 관련)	
물질의 구분	유해액체물질오염방지 설비
1. X류 물질	가. 스트리핑장치 나. 예비세정장치 다. 유해액체물질ㆍ선박평형수 등의 배출관장치 라. 수면하 배출장치 마. 통풍세정장치(제12조제1항에 따른 정화방법에 따라 화물창을 정화하는 선박으로 한정한다. 이하 같다)
2. Y류 물질	가. 스트리핑장치 나. 예비세정장치(응고성물질 또는 고점성물질을 운송하는 선박으로 한정한다) 다. 유해액체물질ㆍ선박평형수 등의 배출관장치 라. 수면하 배출장치 마. 통풍세정장치
3. Z류 물질	가. 스트리핑장치 나. 유해액체물질ㆍ선박평형수 등의 배출관장치 다. 수면하 배출장치 라. 통풍세정장치
비고 1. 위 표에도 불구하고 잔류물의 배출방법이 별표 5 제8호나목의 배출해역ㆍ예비세정방법 및 배출방법에 따른 수면하 배출방법이 요구되지 않는 선박은 수면하 배출장치를 설치하지 않을 수 있다. 2. 위 표에도 불구하고 화물창에 선박평형수를 적재하지 않고 수리나 입거 시에만 화물창을 세정하도록 되어 있는 구조와 운항특성을 가지고 지방해양수산청장의 승인을 받은 선박의 유해액체물질오염방지 설비는 유해액체물질ㆍ선박평형수 등의 배출관장치로만 할 수 있다. 3. 위 표에도 불구하고 국내항해에 종사하고 제12조에 따른 배출방법으로 세정된 선박평형수를 배출하는 선박의 유해액체물질오염방지 설비는 통풍세정장치 및 유해액체물질ㆍ선박평형수 등의 배출관장치로만 할 수 있다.	

2. 유해액체물질오염방지 설비의 기술기준

「선박오염방지규칙」 제16조제1항에 따른 유해액체물질오염방지 설비는 이 규칙 제16조제2항에 따라 별표 16의 기술기준에 적합하게 유지·작동되어야 하며, 이에 대한 자세한 내용은 다음과 같다.(〈표 2-17〉)

〈표 2-17〉 유해액체물질오염방지 설비의 기술기준

유해액체물질오염방지 설비의 기술기준(제16조제2항 관련)

1. 예비세정장치(Pre-washing system)
   가. 예비세정장치는 다음 장치를 갖추어야 한다.
      1) 세정기
      2) 세정기용 펌프
      3) 세정기용 배관
      4) 세정수가열장치: 응고성 물질 또는 응고성 물질 외의 유해액체물질(이하 "비응고성 물질"이라 한다)로서 20℃에서 50mPa·s 이상의 점도를 가지는 물질의 운송에 사용되는 선박으로 한정한다.
   나. 세정기는 다음 기준에 적합하여야 한다.
      1) 유해액체물질에 대하여 충분한 내식성을 가질 것
      2) 화물창안을 세정하기 위한 충분한 성능을 가질 것
      3) 세정 중에 세정기의 작동여부를 화물창의 외부에 표시할 수 있는 것일 것. 다만, 음향 등으로 세정기의 작동상황이 확인될 수 있는 것은 그러하지 아니하다.
      4) 응고성 물질 또는 X류 물질인 비응고성 물질의 운송에 사용되는 화물창에 설치하는 세정기는 화물창의 표면을 세정할 수 있도록 배치될 것
      5) 수평면으로부터 임의의 방향에 22.5도를 경사시킨 상태에서도 그 성능에 지장이 생기지 아니할 것
      6) 선박의 항해 중에 발생하는 요동·진동 등으로 인하여 그 성능에 지장이 생기지 아니할 것
   다. 세정기용 펌프는 충분한 세정수를 공급할 수 있어야 한다.
   라. 세정기용 배관은 선체에 견고하게 고정되어야 한다. 다만, 선박의 구조 등을 고려하여 지방해양수산청장이 지장 없다고 인정하는 경우에는 그러하지 아니하다.
   마. 세정수가열장치는 세정수를 가열하는 성능이 있어야 한다.

2. 유해액체물질·선박평형수 등의 배출관장치
   가. 수용시설로 배출하는 배출구를 가질 것
   나. 수용시설로 배출하는 배출용 매니폴드를 노출된 갑판상의 선측양현에 갖추고 있을 것
3. 수면하 배출장치
   가. 수면하 배출장치는 다음 장치를 갖추어야 한다.

1) 흘수선 아래의 배출구
2) 배출용 펌프
3) 배출용 배관

나. 수면하 배출구는 다음 기준에 적합하여야 한다.
1) 한쪽 선측에 대하여 2개 이상 설치되어 있지 아니할 것
2) 가장 얕은 흘수의 상태에서 흘수선보다 아래쪽의 만곡부 부근의 선측에 설치되어 있을 것
3) 배출된 유해액체물질과 해수의 혼합물이 해수흡입구로 흡입될 우려가 없는 위치에 설치되어 있을 것
4) 구경이 다음의 산식에 따라 산정한 값 이상일 것. 다만, 배출구의 주변구조를 고려하여 지방해양수산청장이 지장 없다고 인정하는 경우에는 그러하지 아니하다.

$$d = \frac{Qd}{5Ld}$$

d: 흘수선 아래의 배출구 최소 구경(m)
Ld: 전부수선에서 흘수선 아래의 배출구까지의 거리(m)
Qd: 배출용 펌프의 시간당 최대배출용량(㎥)

다. 배출용 펌프는 유해액체물질을 배출하기 위한 충분한 능력을 가져야 한다.
라. 배출용 배관은 다른 배관과의 연결을 차단시킬 수 있는 밸브 그 밖의 장치를 갖추어야 한다.

4. 통풍세정장치(Ventilation equipment for residue removal)
가. 통풍세정장치는 다음의 장치를 갖추어야 한다.
1) 통풍기
2) 확인장치
나. 통풍기는 다음의 기준에 적합한 것이어야 한다.
1) 유해액체물질 및 불활성가스에 대하여 충분한 내식성이 있을 것
2) 화물창 및 배관 안을 세정하기 위한 충분한 능력이 있을 것
3) 화물창 및 배관 안을 세정할 수 있도록 배치되어 있을 것
다. 확인장치는 화물창 및 배관 안의 통풍세정장치를 확인할 수 있어야 한다.

5. 스트리핑장치(stripping system)
가. 스트리핑장치는 다음의 장치를 갖추어야 한다.
1) 스트리핑펌프(stripping pump)
2) 블로우잉장치(선박의 구조상 필요 없는 선박은 제외한다)
나. 스트리핑펌프는 화물창의 바닥부분 및 배관에 잔류하는 유해액체물질을 흡입할 수 있는 충분한 성능이 있어야 한다.

다. 블로우잉장치는 화물창의 배관에 잔류하는 유해액체물질을 제거하기 위한 성능이 있어야 한다.

Ⅳ. 선박평형수 및 기름의 적재 제한 기준 위반

제129조(벌칙) ② 다음 각 호의 어느 하나에 해당하는 자는 1년 이하의 징역 또는 500만원 이하의 벌금에 처한다.

5. 제28조의 규정을 위반하여 선박평형수 또는 기름을 적재한 자

「해양환경관리법」 제129조제2항제5호에서는 이 법 제28조제1항의 규정에서 정하는 유조선의 화물창 및 선박의 연료유탱크에 선박평형수를 적재하거나, 이 법 제28조제2항의 규정에서 정하는 선박에 기름을 적재할 경우 처벌하도록 규정하고 있다. 이에 따라 여기에서는 선박평형수 및 기름의 적재가 제한되는 선박에 대해 살펴보고자 한다.

1. 선박평형수 적재 제한 선박

「해양환경관리법」 제28조제1항 본문 및 「선박오염방지규칙」 제19조제1항에 따라 분리평형수탱크가 설치된 유조선의 화물창에는 선박평형수를 적재하여서는 아니되며, 또한 이 법 제28조제1항 본문 및 이 규칙 제19조제2항에서는 1979년 12월 31일 후에 인도된 다음의 선박에 설치된 연료유탱크에도 선박평형수의 적재를 금지하고 있다.

i) 총톤수 150톤 이상의 유조선(규칙 제19조제2항제1호)

ii) 총톤수 4천톤 이상의 선박(규칙 제19조제2항제2호)

2. 기름 적재 금지 선박

「해양환경관리법」 제28조제2항 및 「선박오염방지규칙」 제21조에서는 총톤수 400톤 이상인 다음의 선박으로서 그 선박의 선수(船首)탱크 및 충돌격벽(衝突隔壁)보다 앞쪽에 설치된 탱크에는 기름 적재를 금지하고 있다.

i) 1982년 1월 1일 이후에 건조계약이 체결된 것(규칙 제21조제1호)
ii) 건조계약이 체결되지 아니한 선박으로서 1982년 7월 1일 이후에 건조된 것(규칙 제21조제2호)

3. 선박평형수 적재 허용 선박

「해양환경관리법」 제28조제1항 단서 규정 및 「선박오염방지규칙」 제20조에 따라 새로이 건조한 선박을 시운전하거나 선박의 안전을 확보하기 위하여 필요하다고 여기지는 다음의 경우에는 유조선의 화물창 및 선박의 연료유탱크에의 선박평형수 적재를 허용하고 있다.

i) 겸용선이 안전하게 하역하기 위하여 필요한 경우(규칙 제20조제1호)
ii) 교량, 그 밖의 장애물 밑을 안전하게 통과하기 위하여 필요한 경우(규칙 제20조제2호)
iii) 「항만법」 제2조제1호에 따른 항만 또는 운하에서 안전하게 항해하기 위하여 필요한 경우(규칙 제20조제3호)
iv) 비바람이 심한 날씨에 선박이 안전하게 항해하기 위하여 필요한 경우(규칙 제20조제4호)
v) 부유시설 등을 이용하여 정밀검사 또는 두께 계측을 시행하기 위하여 필요한 경우(규칙 제20조제5호)
vi) 화물창의 수압시험을 위하여 필요한 경우(규칙 제20조제6호)

V. 포장유해물질의 운송요건 위반

제129조(벌칙) ② 다음 각 호의 어느 하나에 해당하는 자는 1년 이하의 징역 또는 500만원 이하의 벌금에 처한다.

6. 제29조의 규정을 위반하여 포장유해물질을 운송한 자

「해양환경관리법」 제129조제2항제6호에서는 선박을 이용하여 포장유해물질을 운송할 시 이 법 제29조 및 「선박오염방지규칙」 제22조의 규정에서 정하는 요건(포장・표시 및 적재방법 등)을 따르지 않을 경우 처벌하도록 규정하고 있으며, 여기에서의 요건에 관하여는 「위험물 선박운송 및 저장규칙」 제6조[50]를

---

50) 「위험물 선박운송 및 저장규칙」 제6조(용기・포장・표시・적재방법 등) ① 선박으로 위험물을 운송하는 경우에 송하인(送荷人, 타인에게 운송을 위탁하지 아니하고 운송하는 경우의 본인을 포함한다. 이하 같다)은 그 용기・포장 및 별지 제1호도식의 표찰에 대해, 선장은 그 적재방법에 대해 위험물별로 해양수산부장관이 정하는 기준에 따라야 한다.

② 제1항의 송하인은 해당 운송이 국제항해(「선박안전법 시행규칙」 제2조제4호에 따른 국제항해를 말한다. 이하 같다)에 관련되는 경우에는 위험물의 용기(포장되어 있는 경우를 제외한다) 또는 포장에 해당 위험물의 품명 및 국제연합번호(화약류에 대해서는 품명・국제연합번호・순화약질량 및 총질량을 말한다)를 표시해야 하며, 덧 포장한 경우에는 덧 포장에도 해당 사항을 표시하고 "덧 포장(OVERPACK)" 표시를 해야 한다.

③ 제1항의 송하인은 해양수산부장관이 정하는 위험물 외의 위험물을 소형용기・중형산적용기・대형용기・대형금속용기・압력용기 또는 집합형압력용기로 운송하는 경우에는 다음 각 호의 어느 하나에 해당하는 용기를 사용하여야 한다.

1. 제205조의2에 따른 용기 검사를 받고 검사 합격 표시가 붙어 있는 용기
2. 「해상에서의 인명안전을 위한 국제협약」을 체결한 국가의 정부가 위험물의 용기에 관한 해당 국가의 법령에 적합하다고 인정하는 유효한 증명 또는 표시가 되어 있는 용기

④ 제1항에 따른 표찰, 제2항에 따른 품명 및 국제연합번호의 표시는 해당 표찰 또는 표시가 3개월간 바닷물에 잠긴 후에도 그 기재내용을 식별할 수 있는 것이어야 한다.

⑤ 해양수산부장관은 제3항에 따른 다음 각 호의 용기에 대하여 용기를 사용할 수 있는 위험물의 종류, 용기의 종류 또는 사용기준, 위험물의 국제연합번호, 용기등급 및 사고 시 비상조치에 관한 사항을 정하여 고시한다.

1. 소형용기
2. 중형산적용기

준용하고 있다.

Ⅵ. 선박 및 해양시설에서의 오염물질의 수거、처리기준 위반

제129조(벌칙) ② 다음 각 호의 어느 하나에 해당하는 자는 1년 이하의 징역 또는 500만원 이하의 벌금에 처한다.
7. 제37조의 규정을 위반하여 선박 및 해양시설에서 오염물질을 수거·처리하게 한 자

「해양환경관리법」 제129조제2항제7호에서는 선박 및 해양시설에서 발생하는 오염물질을 이 법 제37조제1항·제2항의 규정에서 정하는 대로 수거·처리하지 않을 경우 벌하도록 규정하고 있다. 이에 따라 여기에서는 선박 및 해양시설에서 발생하는 오염물질의 수거·처리 관련 사항 등에 대해 살펴보고자 한다.

1. 오염물질 수거·처리 자격자

선박 및 해양시설에서 발생하는 오염물질의 수거·처리는 「해양환경관리법」 제37조제1항에 따라 다음의 어느 하나에 해당하는 자에게 하도록 하고 있다.

---

3. 대형용기
4. 대형금속용기
5. 압력용기
6. 집합형압력용기

⑥ 대형금속용기의 표시와 표찰에 관하여는 제33조를 준용한다.
⑦ 컨테이너에 냉각이나 온도조절을 목적으로 사용하는 위험물이 투입된 용기나 포장을 수납하는 경우에는 해당 용기나 포장에 투입된 위험물의 품명을 표시하여야 하고, 위험물의 품명 바로 다음에 "AS COOLANT" 또는 "AS CONDITIONER" 문자를 기재하여야 한다.
⑧ 회수압력용기는 수용량이 3천 리터를 초과해서는 안 된다.

i) 제38조제1항[51]의 규정에 따른 오염물질저장시설의 설치・운영자(제1호)

ii) 제70조제1항제3호[52]의 규정에 따른 유창청소업을 영위하는 자(유창청소업자)(제2호)

반면, 이 법 제37조제2항에서는 제37조제1항에도 불구하고 다음의 어느 하나에 해당하는 선박 또는 해양시설에서 발생하는 물질을 수거・처리하고자 할 경우에는 「폐기물관리법」 제25조제8항에 따른 폐기물처리업자로 하여금 할 수 있도록 하고 있다.

i) 육상에 위치한 해양시설(해역과 육지 사이에 연속하여 설치된 해양시설을 포함한다)(법 제37조제2항제1호)

ii) 조선소에서 건조 중인 선박(법 제37조제2항제2호)

iii) 조선소에서 건조 완료 후 「선박법」 제8조제1항 또는 「어선법」 제13조제1항에 따라 등록하기 전에 시운전하는 선박(법 제37조제2항제3호)

iv) 총톤수 20톤 미만의 소형선박(법 제37조제2항제4호)

v) 조선소 또는 수리조선소에서 수리 중인 선박(항해 중에 발생한 오염물질

---

51) 「해양환경관리법」 제38조(오염물질저장시설) ①해역관리청은 선박 또는 해양시설에서 배출되거나 해양에 배출된 오염물질을 저장하기 위한 시설(이하 "오염물질저장시설"이라 한다)을 설치・운영하여야 한다.
② 해역관리청은 오염물질저장시설에 반입・반출되는 오염물질의 관리대장(이하 "오염물질관리대장"이라 한다)을 작성・관리하여야 한다. 이 경우 오염물질관리대장의 기재사항 및 보존기간 등에 관하여 필요한 사항은 해양수산부령으로 정한다.
③ 제1항의 규정에 따른 오염물질저장시설의 세부적인 설치・운영기준은 해양수산부령으로 정한다.

52) 「해양환경관리법」 제70조(해양환경관리업) ① 다음 각 호의 어느 하나에 해당하는 사업(이하 "해양환경관리업"이라 한다)을 영위하려는 자는 대통령령이 정하는 바에 따라 해양경찰청장에게 등록하여야 한다.
3. 유창청소업(油艙淸掃業): 선박의 유창을 청소하거나 선박 또는 해양시설(그 해양시설이 기름 및 유해액체물질 저장시설인 경우에 한정한다)에서 발생하는 해양수산부령으로 정하는 오염물질의 수거에 필요한 설비 및 장비를 갖추고 그 오염물질을 수거하는 사업

을 제1항에 따라 모두 수거·처리한 선박에 한정한다)(법 제37조제2항제5호)

vi) 해체 중인 선박(법 제37조제2항제6호)

2. 수거·처리 대상 오염물질의 종류

선박에서 발생하는 오염물질로서 「해양환경관리법」 제37조제1항에 따라 수거·처리하게 하여야 하는 물질은 「선박오염방지규칙」 제28조제1항에 따라 다음과 같이 규정하고 있다.

i) 기름, 유해액체물질 및 포장유해물질의 화물잔류물. 다만, 제9조 및 제10조에 따라 기름을 배출하거나 제11조에 따른 유해액체물질의 배출기준에 따라 배출하는 경우는 제외한다.(제1호)

ii) 포장유해물질과 그 포장용기(제2호)

iii) 다음의 플라스틱제품을 포함한 모든 플라스틱제품(제3호)

가. 합성로프, 나. 합성어망

다. 플라스틱으로 만들어진 쓰레기봉투

라. 독성 또는 중금속 잔류물을 포함할 수 있는 플라스틱제품의 소각재

iv) 납, 카드뮴, 수은, 육가크롬 중 어느 하나 이상의 중금속이 0.01무게퍼센트(100ppm) 이상 포함된 쓰레기(제4호)

그리고 해양시설에서 발생하는 오염물질로서 「해양환경관리법」 제37조제1항에 따라 수거·처리하게 하여야 하는 물질은 같은 법 시행규칙 제21조제1항에서 다음과 같이 규정하고 있다.

i) 폐기물(제1호)

ii) 기름(해양시설의 소유자가 스스로의 설비나 장비를 이용하여 유분 성분이 100만분의 15 이하가 되도록 처리하는 경우는 제외한다)(제2호)

iii) 유해액체물질(해양시설의 소유자가 스스로의 설비나 장비를 이용하여 「물환경보전법 시행규칙」 별표 13 제1호가목2)에 따른 가지역[53]에 적용하는 같은 표 제2호 항목별 배출허용 기준 이하로 처리하는 경우는 제외한다) 또는 포장유해물질 잔류물(제3호)

Ⅶ. 방오도료의 사용기준 위반

제128조(벌칙) 다음 각 호의 어느 하나에 해당하는 자는 2년 이하의 징역 또는 2천만원 이하의 벌금에 처한다.

7. 제40조제1항 및 제2항의 규정을 위반하여 유해방오도료·유해방오시스템을 사용하거나 적법한 기준 및 방법에 따른 방오도료·방오시스템을 사용·설치하지 아니한 자

「해양환경관리법」 제128조제7호에서는 이 법 제40조제1항·제2항의 규정을 위반하여 선박 또는 해양시설에 유해방오도료·유해방오시스템을 사용하거나 적법한 기준 및 방법에 따른 방오도료·방오시스템을 사용·설치하지 아니할 경우에는 처벌하도록 규정하고 있다.

이에 따라 여기에서는 선박 또는 해양시설에 사용·설치되는 방오도료 또는 이를 사용한 설비 등(이하 "방오시스템"이라 한다)의 기준 및 방법에 대해 살펴보고자 한다.

53) 여기에서의 "가지역"은 「물환경보전법 시행규칙」 제34조와 관련한 별표 13(수질오염물질의 배출허용 기준) 제1호가목2)에 따라 '수질 및 수생태계 환경기준 좋음(Ⅰb), 약간 좋음(Ⅱ)등급 정도의 수질을 보전하여야 한다고 인정되는 수역의 수질에 영향을 미치는 지역으로서 환경부장관이 정하여 고시하는 지역'을 말한다.

1. 선박에 사용되는 방오시스템의 설치기준 및 방법

선박에 방오시스템을 사용하거나 설치하려는 자는 이 법 제40조제2항 및 「선박오염방지규칙」 제29조에 따른 별표 18의 기준 및 방법에 따라 설치·사용하여야 하며 세부내용은 다음과 같다.(〈표 2-18〉)

〈표 2-18〉 방오시스템의 사용기준 및 방법

방오시스템의 사용기준 및 방법(제29조 관련)
1. 사용기준 가. 생물파괴제(Biocides)로 작용하지 아니하는 수준의 방오시스템을 사용하여야 한다. 나. 건조페인트(dry paint) 안에 총 주석함량이 2,500㎎/㎏을 초과하는 생물파괴제로 작용하는 유기주석 화합물이 포함된 방오도료 또는 방오시스템은 사용할 수 없다. 2. 적용방법 이 법 시행 전에 건조된 선박으로서 생물파괴제(Biocides)로 작용하는 유기주석화합물이 포함된 방오시스템은 다음 각 목의 어느 하나의 방법으로 처리되어야 한다. 가. 선체 외부 또는 표면에 남아 있지 아니하게 완전히 제거하여야 한다. 나. 기존의 도장을 완전히 제거하지 아니하려면 이미 칠하여진 페인트를 덧칠하여 외부의 생태계에 영향을 미치지 아니하도록 하여야 한다.

2. 해양시설에 사용되는 방오시스템의 설치기준 및 방법

해양시설에 방오시스템을 사용하거나 설치하려는 자는 이 법 제40조제2항 및 같은 법 시행규칙 제25조에 따라 다음의 기준 및 방법을 따라야 하며, 그 세부내용은 다음과 같다.

i) 생물파괴제로 작용하지 아니하는 수준의 방오시스템을 사용하여야 한다(제1호).

ii) 건조 도막(도료 도포막) 안에 총주석함량이 킬로그램당 2천 5백밀리그램 이하로서 화학적 촉매제로 작용하며 생물파괴제로 작용하지 않는 수준의 방오시스템을 사용해야 한다(제2호).

제3장

Investigation Guide of Marine Environmental Offenses

대기오염방지 규제 및 검사미필 위반사범

제1절 해양에서의 대기오염방지 의무조치 위반행위

Ⅰ. 대기오염방지 설비의 설치기준 위반

제129조(벌칙) ①다음 각 호의 어느 하나에 해당하는 자는 1년 이하의 징역 또는 1천만원 이하의 벌금에 처한다.

3. 제41조제1항의 규정에 따른 대기오염방지 설비를 설치하지 아니하고 선박을 항해에 사용한 자

「해양환경관리법」 제129조제1항제3호에서는 이 법 제41조제1항의 규정에 따라 선박에 대기오염물질의 배출을 방지하거나 감축하기 위한 관련 설비(대기오염방지 설비)를 설치하지 아니하고 선박을 항해에 사용한 경우 이를 범죄행위로 규정하고 있으며, 이에 해당하는 대기오염방지 설비는 「선박오염방지규칙」 제30조제1항(별표 19)에서 다음과 같이 정하고 있다.(〈표 3-1〉)

〈표 3-1〉 선박의 대기오염방지 관련 설비

선박의 대기오염방지 관련 설비(제30조제1항 관련)
1. 오존층파괴물질이 포함된 설비 가. 법 제42조제1항[54]에 따라 선박소유자는 이미 설치된 설비에서 오존층파괴물질이 배출되지 아니하도록 유지·작동하여야 한다. 나. 법 제42조제2항에 따라 오존층파괴물질이 포함된 설비는 새로 설치할 수 없다. 2. 디젤기관의 질소산화물 배출 저감을 위한 설비 디젤기관은 별표 20 제1호에 적합한 질소산화물배출방지기관이거나 별표 20 제2호에 적합한 질소산화물배출방지용 배기가스정화장치 또는 이와 유사한 장치를 설치한 디젤기관이어야 한다. 3. 황산화물 배출 저감 설비 황산화물배출규제해역을 항해하는 선박으로서 법 제44조제1항 본문에 따른 황함유량 기준을 초과하는 연료유를 사용하는 선박은 별표 20 제3호에 적합한 황산화물용 배기가스정화장치 또는 이와 유사한 장치 등을 설치하여야 한다. 4. 휘발성유기화합물 배출 방지 설비 법 제47조제1항에 따라 지정된 휘발성유기화합물 규제항만에서 제37조제1항에서 규정하는 물질을 싣고자 하는 총톤수 400톤 이상의 선박은 별표 20 제4호에 적합한 유증기수집제어장치를 설치하여야 한다. 5. 선박 안의 소각기 법 제46조제2항에 따라 선박의 항해 중에 발생하는 물질을 선박 안에서 소각하고자 하는 선박은 다음의 구분에 따라 해당하는 선내소각기를 설치하여야 한다. 가. 일반형 선내소각기 또는 국제해사기구가 정한 기준에 따라 형식승인을 받은 선내소각기 1) 2006년 6월 29일 전에 건조된 선박이 국내항해에 종사하는 경우 2) 2000년 1월 1일 전에 건조된 선박이 국제항해에 종사하는 경우 나. 국제해사기구가 정한 기준에 따라 형식승인을 받은 선내소각기 1) 2006년 6월 29 이후에 건조된 선박이 국내항해에 종사하는 경우 2) 2000년 1월 1일 이후에 건조된 선박이 국제항해에 종사하는 경우

54) 「해양환경관리법」 제42조(오존층파괴물질의 배출규제) ①누구든지 선박으로부터 오존층파괴물질을 배출(선박의 유지보수 또는 장치·설비의 배치 중에 발생하는 배출을 포함한다)하여서는 아니 된다. 다만, 오존층파괴물질을 회수하는 과정에서 누출되는 경우에는 그러하지 아니하다.
② 선박의 소유자는 오존층파괴물질이 포함된 설비를 선박에 설치하여서는 아니 된다.

참고로 앞서 「선박오염방지규칙」 제30조제1항(별표 19)에서 나타내고 있는 대기오염방지 설비의 기술기준에 대해 살펴보면 다음과 같다(「선박오염방지규칙」 제30조제2항(별표 20)).(〈표 3-2〉~〈표 3-5〉)

〈표 3-2〉 질소산화물배출방지기관 및 배기가스정화정치 기술기준

ⅰ) 질소산화물배출방지기관 및 배기가스정화장치 기술기준

■ 질소산화물배출방지기관

질소산화물배출방지기관은 디젤기관(이하 이 호에서 "기관"이라 한다)을 다음 각 목의 기준에 따라 검사 및 측정하여 질소산화물의 배출량이 법 제43조제1항에 따른 질소산화물의 배출허용 기준(이하 "질소산화물배출허용 기준"이라 한다)을 초과하지 아니하도록 필요한 장치를 갖추거나 제작된 것이어야 한다.

가. 기관의 검사

기관에 대한 질소산화물 배출검사는 다음의 방법으로 수행하여야 한다.

1) 장소에 상관없이 시험대에서 실시할 것
2) 기관패밀리 및 기관그룹의 표본기관에 한하되, 다음에 따라 시험할 것
   가) 질소산화물배출허용 기준을 만족하도록 조정할 것
   나) 질소산화물의 배출량을 측정할 것

나. 시험주기

기관은 다음의 어느 하나에 해당하는 질소산화물기술코드(NOx Technical Code 2008)에 따른 시험주기에 따라 시험하여야 한다.

1) 정속도 주기관과 가변피치 프로펠러 장치에 사용되는 기관: E2형 시험주기
2) 프로펠러 법칙에 따라 작동되는 주기관 및 보조기관: E3형 시험주기
3) 정속도 보조기관: D2형 시험주기
4) 1)부터 3)까지의 규정에 해당되지 아니하고 속도 또는 부하가 변화하는 보조기관: C1형 시험주기

다. 배기가스분석기

배기가스를 분석할 때는 다음의 분석기를 사용하여야 한다.

1) 일산화탄소(CO)분석기: 흡수식비분산적외선분석기(NDIR)
2) 이산화탄소(CO2)분석기: 흡수식비분산적외선분석기(NDIR)
3) 산소(O2)분석기: 지르코늄이산화물감지기(ZRDO), 전기화학적감지기(ECS) 또는 상자성감지기(PMD). 다만, 지르코늄이산화물감지기(ZRDO)는 이중연료 또는 가스연료엔진에는 사용할 수 없다.
4) 질소산화물(NOx)분석기
   가) 건조 상태에서 측정하는 경우에는 일산화질소(NO) 및 이산화질소(NO2) 변환기

를 장착한 화학발광분석기(CLD) 또는 가열화학발광분석기(HCLD)

나) 습한 상태에서 측정하는 경우에는 55℃에서 200℃ 사이에서 보존・유지된 변환기를 가진 가열화학발광분석기(HCLD)[수증기퀜치점검(Quench check)을 만족하는 것으로 한정한다]

5) 탄화수소(HC)분석기: 배기가스 온도가 190℃±10℃로 유지될 수 있도록 가열된 감지기, 밸브 및 관련 구성품을 갖춘 가열식 불꽃이온감지(HFID)형식이어야 한다. 다만, 점화용 액체연료를 분사하지 않는 가스연료엔진에 사용되는 탄화수소 분석기는 비가열식 불꽃이온감지(FID)형식이어야 한다.

라. 배기가스유량의 측정

배기가스유량은 다음의 어느 하나에 해당하는 방법에 따라 측정하여야 한다.

1) 직접측정방법

유량노즐 또는 이와 동등한 측정시스템으로 배기가스유량을 직접 측정할 것

2) 공기 및 연료 측정방법

가) 국제적으로 인정된 공기 및 연료의 소모량을 측정하여 배기가스유량을 계산하는 방법을 적용할 것

나) 공기 및 연료의 소모량 측정은 공기소비량측정기와 연료소비량측정기를 사용할 것

3) 연료유량 및 탄소비교방법

질소산화물기술코드 부록 6의 탄소 비교법에 따라 연료소비량, 연료성분 및 배기가스 농도로부터 배기가스유량을 계산할 것

마. 배기가스의 측정

일산화탄소(CO), 이산화탄소(CO2), 탄화수소(HC), 질소산화물(NOx) 및 산소(O2) 등의 주요 배기가스성분을 측정하고 분석하여야 한다.

바. 가스배출량의 평가

가스배출량의 평가는 각 부하에서 최종 60초의 일산화탄소(CO), 이산화탄소(CO2), 탄화수소(HC), 질소산화물(NOx) 및 산소(O2)의 평균측정값과 그에 상응하는 분석기의 발생오차 값을 보정하여 결정하여야 한다.

사. 그 밖에 질소산화물배출방지기관에 대한 용어의 정의, 기관패밀리 및 기관그룹의 구분과 표본기관의 선정기준 등은 질소산화물기술코드에 따라야 한다.

■ 질소산화물배출방지용 배기가스정화장치

질소산화물배출방지용 배기가스정화장치는 제1호에 따른 질소산화물배출방지기관의 기술기준에 적합하지 아니한 디젤기관에 설치하여 질소산화물의 배출량이 질소산화물배출허용 기준 이하로 감축할 수 있도록 국제협약에서 정하는 기술기준에 적합한 것이어야 한다.

〈표 3-3〉 황산화물용 배기가스정화장치 기술기준

ⅱ) 황산화물용 배기가스정화장치 기술기준

■ 황산화물용 배기가스정화장치

황산화물용 배기가스정화장치는 제34조제2항에 따른 황산화물 배출제한기준량(이하 이 표에서 "황산화물배출제한기준량"이라 한다) 이하로 황산화물 배출량이 감축될 수 있도록 다음의 기준에 적합한 것이어야 한다.

가. 어떤 부하점(load point)에서도 황산화물의 배출량이 황산화물배출제한기준량 이하일 것

나. 다음 사항이 포함된 기술설명서가 사용자에게 제공될 것
 1) 황산화물용 배기가스정화장치 및 필요한 보조장치의 설명서, 제조자・모델・형식・제조번호 및 그 밖의 필요한 사항
 2) 배기가스의 최대 및 최소 질량 유동율
 3) 출력・형식, 황산화물용 배기가스정화장치가 설치되어야 하는 보일러 또는 디젤기관의 연료유 연소장치의 관련 변수 및 다음의 내용
  가) 보일러: 100% 부하에서 최대 연료량에 대한 공기량 비율
  나) 디젤기관: 기관의 사이클(2사이클 또는 4사이클)
 4) 최대 및 최소 세정수의 유동율・유입압력, 유입수의 최소 알칼리도(pH)
 5) 배기가스의 유입온도 범위
 6) 배기가스의 유입 및 배출압력의 범위
 7) 황산화물배출제한기준량 이하의 값을 얻기 위한 설계 및 운전에 관한 사항
 8) 황산화물용배기가스정화장치의 제한조건 또는 배출값이 황산화물배출제한기준량을 넘지 아니하도록 하기 위한 정비・서비스 및 조정기준
 9) 성능을 유지하고 계속 사용이 가능하도록 하기 위한 점검 수단
 10) 전 범위에 걸친 세정수 특성에 따른 성능변화 및 세정수장치의 설계기준

다. 주 추진용 디젤기관에 설치되는 황산화물용 배기가스정화장치는 기관의 25~100% 사이의 모든 부하범위에서 가목의 기준에 적합할 것

라. 보조 디젤기관에 설치되는 황산화물용 배기가스정화장치는 기관의 10~100% 사이의 모든 부하범위에서 가목의 기준에 적합할 것

마. 주 추진 및 보조기관에 동력을 공급하기 위한 디젤기관에 설치되는 황산화물용 배기가스정화장치는 라목의 기준에 적합할 것

바. 보일러에 설치되는 황산화물용 배기가스정화장치는 보일러의 10~100% 사이의 모든 부하범위에서 가목의 기준에 적합할 것

사. 다목부터 바목까지의 규정 이하의 부하에서도 황산화물용 배기가스정화장치는 지속적으로 운전될 것. 이 경우 연료유 연소장치가 공회전 상태로 운전이 요구될 경우는 표준산소농도(디젤기관 15%, 보일러 3%)에서 이산화황(SO_2)의 배출 농도는 0.005%를 초과하면 아니 된다.

아. 선박의 운항 중 이산화황의 배출율을 자동으로 기록하는 수단이 있는 것이어야 하며, 직접감시장치(direct monitoring system)를 설치하거나 이산화탄소(%)에 대한 이산화황(ppm)의 비율을 통한 배기가스의 질을 무작위로 확인하여 적합성을 증명할 수 있는 것일 것
자. 아목에 따른 기록 수단 및 직접감시장치는 견고하고 내열성이 있는 것으로서 읽기전용의 것일 것
차. 배출되는 세정수를 감시할 수 있는 수단이 있을 것
카. 선상 감시 절차서(on-board monitoring manual)가 각각의 연소장치마다 제공되어 각 황산화물용 배기가스정화장치가 식별되고 적합성이 실증될 수 있는 것일 것
타. 세정수 배출기준에 맞을 것
파. 다목에서 바목까지의 부하시험을 하지 않은 장치를 선박에 설치하고 황산화물 배기가스의 계속적인 모니터링 방식을 적용하는 경우, 모니터링 장비의 설치검사와 배출시험으로 가목의 기준에 적합한지 여부를 판단할 것
하. 그 밖에 황산화물용 배기가스정화장치에 대한 용어의 정의, 장치의 승인범위, 배기가스 측정절차, 모니터링 장비 및 세정수의 기준 등 국제협약에서 규정하는 기술기준에 적합할 것

〈표 3-4〉 유증기수집제어장치 기술기준

iii) 유증기수집제어장치 기술기준

■ 유증기수집제어장치

가. 유증기수집제어장치는 선박으로부터 유증기의 수집을 제어하기 위한 다음의 기준에 적합한 것이어야 한다.
1) 선박에서 발생하는 유증기를 대기 중으로 방출하지 아니하고 육상으로 보내기 위하여 관장치, 산소농도계측 감시장치(불활성가스 발생장치가 설치된 선박만 해당한다) 및 압력감시장치가 있는 것일 것
2) 고정 배관된 증기연결구는 가능한한 적하 매니폴드 가까운 위치에 설치된 것일 것
3) 서로 반응을 일으킬 수 있는 다른 종류의 화물로부터 증기를 동시에 수집할 경우 모든 증기수집장치는 서로 분리된 상태를 유지할 수 있는 것일 것
4) 관장치의 낮은 위치에 드레인 배출 또는 응축된 액체를 수집할 수 있도록 드레인 밸브 등이 설치된 것일 것
5) 증기수집 관장치는 선체와 전기적으로 접지가 되어야 하고 전기적으로 연속성을 가질 것
6) 불활성가스 공급관을 증기수집관용으로 사용할 경우에는 증기수집관과 불활성가스 공급관을 분리할 수 있는 수단이 제공된 것일 것
7) 증기수집장치는 화물창 벤트장치의 정상적인 작동에 영향을 주지 아니하는 것일 것

나. 증기관 연결구, 화물계측설비, 탱크 고액면 경보장치, 증기의 과압 및 부압 보호에 대한 기술기준은 국제협약에서 규정하는 기술기준을 적용한다

〈표 3-5〉 선내소각기 기술기준

iv) 선내소각기 기술기준

■ 일반형 선내소각기

일반형 선내소각기는 별표 8 제14호에 따른 소각기의 기술기준에 적합한 것이어야 한다.

■ 국제해사기구가 정한 기준에 따라 형식승인을 받은 선내소각기

국제해사기구가 정한 기준에 따라 형식승인을 받은 선내소각기는 별표 8 제14호에 따른 소각기의 기술기준 및 다음의 기준에 적합한 것이어야 한다.

가. 소각기의 용량은 4천kW 이하일 것

나. 배출가스의 산소 함유량이 6% 이상 12% 미만일 것

다. 연소가스가 출구로부터 2.5m 이내에서 350℃까지 급속 냉각될 것

라. 출구의 연소가스의 온도가 850℃ 이상 1천2백℃ 미만으로 유지되도록 할 것

마. 출구 온도 및 산소함유량은 연소 중에 측정되도록 할 것

《「선박오염방지규칙」 제15조제2항 관련 별표 8 제14호》

14. 소각설비

가. 소각설비는 소각기 또는 유화장치를 갖추어야 한다.

나. 소각기는 다음 기준에 적합하여야 한다.

1) 소각기의 재료·구조 및 설치

가) 주요부에 사용하는 재료는 내화성 및 내식성을 가질 것

나) 용이하게 점검과 보수를 할 수 있을 것

다) 선체의 동요 및 진동에 충분히 견딜 수 있을 것

라) 고열부분 또는 화재의 위험이 있는 부분은 적당한 방열조치를 한 것일 것

마) 점화하기 전 소각기안을 충분히 환기시켜 남아있는 가스를 배출시킬 수 있을 것

바) 소각기의 밑바닥으로부터 드레인 등이 흘러내리지 아니할 것

사) 소각기는 연소가스가 누설되지 아니하는 것이어야 하며, 배출된 연소가스가 선박안에 재흡입되지 아니할 것

아) 고체폐기물을 투입하는 소각기의 투입구는 불길이 역류될 위험이 없는 구조의 것을 제외하고는 이중문이 설치되어 있을 것

자) 자동점화되는 소각설비는 점화장치가 가동된 후에 연료가 공급될 것

차) 폐유·폐기물 및 연료가 자동공급되는 경우에는 이들의 공급을 조정할 수 있을 것

카) 소각기의 연기통로는 내연기관의 배기관과 연결되어서는 아니 되며, 2개 이상의 소각기의 연기통로가 서로 연결되거나 보일러의 연결통로와 연결된 경우에는 정지 중인 소각기 또는 보일러에 연소가스가 역류되지 아니할 것
타) 검사·수리 및 조작을 위한 충분한 공간을 갖고 견고한 받침위에 설치되어 있을 것
2) 안전장치와 경보장치
가) 소각기가 제한된 온도를 넘거나 화염이 소실된 때에는 자동적으로 폐유 또는 폐기물과 연료의 공급이 정지될 것
나) 다음의 경우에 보고 들을 수 있는 경보장치가 작동될 것
(1) 경보장치의 전원이 차단된 때
(2) 냉각장치가 정지된 때(냉각장치를 가지는 것으로 한정한다)
(3) 폐유·폐기물 또는 연료가 압력분무식으로 공급되는 경우 이들의 분무압력이 각각 저하된 때
(4) 연소를 위한 송풍장치가 고장으로 정지된 때
(5) 소각기가 제한된 온도를 넘거나 화염이 소실된 때
3) 측정장치 및 검정기
가) 충분한 내구성을 가지고 선체의 운동·진동 및 습기의 영향을 받지 아니하는 다음의 측정장치가 소각기마다 있을 것
(1) 온도측정장치 1개
(2) 폐유·폐기물 또는 연료의 분무압력을 표시하는 압력계 각 1개
(3) 유량계(유해액체물질의 소각시로 한정한다)
(4) 일산화탄소·이산화탄소 및 산소농도를 연속하여 측정할 수 있는 장치(유기염소화합물의 소각시로 한정한다)
나) 유기염소화합물 및 「폐기물관리법」 제2조제1호에 따른 폐기물의 소각에 사용되는 소각기가 폐쇄된 장소에 설치되는 경우에는 소각기에서 배출된 가스를 신속히 인지할 수 있도록 적당한 장소에 가스검정기가 설치될 것
4) 통풍 및 그 밖의 장치
가) 폐쇄된 장소 안에 소각기가 설치되는 경우에는 그 장소에 적당한 통풍장치가 있을 것
나) 폐유 또는 액상폐기물탱크로부터 당해 물질을 흡입하는 관은 당해 탱크벽에 부착된 밸브 또는 콕에 연결될 것
다) 나)의 밸브 또는 당해 설치장소 밖에서도 조작할 수 있을 것
다. 유화장치는 다음 기준에 적합하여야 한다.
1) 유화기의 재료·구조 및 설치
가) 주요부에 사용하는 재료는 내화성과 내식성을 가질 것
나) 용이하게 점검과 보수를 할 수 있을 것

다) 선체의 동요 및 진동에 충분히 견딜 수 있을 것
라) 유성찌꺼기혼합탱크의 내용물을 균일하고 연소가능한 혼합물로 처리할 수 있을 것
마) 유성찌꺼기중의 경질고형물을 효과적으로 제거할 수 있을 것
바) 연소장치의 용량에 맞는 유화능력을 가질 것
사) 연소장치의 점화 및 소화에 따라 폐유의 공급 또는 정지가 자동적으로 수행될 것

2) 측정장치
충분한 내구성을 가지고 선체의 운동・진동・습기 등의 영향을 받지 아니하는 다음의 측정장치가 유화장치마다 있을 것
가) 유화처리 전 및 처리후의 압력을 표시하는 압력계 각 1개
나) 유성찌꺼기혼합탱크 및 유화장치의 온도를 측정할 수 있는 온도측정장치 각 1개

3) 유성찌꺼기혼합탱크 및 배관
가) 유성찌꺼기혼합탱크로부터 기름유성찌꺼기를 흡입하는 관은 당해 벽에 부착된 밸브 또는 콕에 연결될 것
나) 유성찌꺼기혼합탱크에는 다음의 연결관 또는 장치가 있을 것
(1) 연료유공급연결관
(2) 주입관 단면적의 1.25배 이상의 공기관
(3) 충분한 크기의 오버플로우관
(4) 적절한 드레인배출장치
(5) 내용물을 효과적으로 혼합할 수 있는 혼합장치
(6) 액면지시장치
다) 배관은 유성찌꺼기혼합탱크의 내용물과 그 외의 연료유탱크 등의 내용물이 상호역류하는 것을 방지할 수 있을 것
라) 배관은 유성찌꺼기가 퇴적되지 아니하는 구조일 것
마) 배관은 유성찌꺼기를 소각하는 장치로 연결되고 선박 밖으로 연결되지 아니할 것

Ⅱ. 오존층파괴물질의 배출 위반

제129조(벌칙) ① 다음 각 호의 어느 하나에 해당하는 자는 1년 이하의 징역 또는 1천만원 이하의 벌금에 처한다.

4. 제42조제1항의 규정을 위반하여 오존층파괴물질을 배출한 자

「해양환경관리법」 제129조제1항제4호에서는 이 법 제42조제1항의 규정을

위반하여 선박으로부터 오존층파괴물질을 배출(선박의 유지보수 또는 장치·설비의 배치 중에 발생하는 배출을 포함한다)할 경우 이를 범죄 행위로 규정하고 있다. 다만, 「해양환경관리법」 제42조제1항 단서에 따라 오존층파괴물질을 회수하는 과정에서 누출되는 경우에는 예외로 한다.

여기에서의 오존층파괴물질은 「해양환경관리법」 제2조제12호에 따라 「오존층 보호를 위한 특정물질의 제조규제 등에 관한 법률」(이하 "오존층보호법"이라 한다) 제2조제1호에 해당하는 물질로, 이는 「오존층보호법」 제2조제1호 및 같은 법 시행령 제2조제1항에서 규정하고 있는 "특정물질"로 정하고 있으며, 그 해당 물질의 종류(「오존층보호법 시행령」 제2조제1항 별표 1)는 다음과 같다.(〈표 3-6〉)

〈표 3-6〉 특정물질 및 오존 파괴지수

특정물질 및 오존 파괴지수(제2조제1항 관련)

군	호	특정물질의 종류	화학식	오존 파괴지수
I	1	트리클로로플루오르메탄(CFC-11)	$CFCl_3$	1.0
	2	디클로로디플루오르메탄(CFC-12)	CF_2Cl_2	1.0
	3	트리클로로트리플루오르에탄(CFC-113)	$C_2F_3Cl_3$	0.8
	4	디클로로테트라플루오르에탄(CFC-114)	$C_2F_4Cl_2$	1.0
	5	클로로펜타플루오르에탄(CFC-115)	C_2F_5Cl	0.6
II	6	브로모트리플르오르메탄(Halon-1301)	CF_3Br	10.0
	7	브로모클로로디플루오르메탄(Halon-1211)	CF_2BrCl	3.0
	8	디브로모테트라플로오르에탄(Halon-2402)	$C_2F_4Br_2$	6.0
III	9	클로로트리플루오르메탄(CFC-13)	CF_3Cl	1.0
	10	펜타클로로플루오르에탄(CFC-111)	C_2FCl_5	1.0
	11	테트라클로로디플루오르에탄(CFC-112)	$C_2F_2Cl_4$	1.0
	12	헵타클로로플루오르프로판(CFC-211)	C_3FCl_7	1.0
	13	헥사클로로디플루오르프로판(CFC-212)	$C_3F_2Cl_6$	1.0
	14	펜타클로로트리플루오르프로판(CFC-213)	$C_3F_3Cl_5$	1.0
	15	테트라클로로테트라플루오르프로판(CFC-214)	$C_3F_4Cl_4$	1.0
	16	트리클로로펜타플루오르프로판(CFC-215)	$C_3F_5Cl_3$	1.0

군	호	특정물질의 종류	화학식	오존 파괴지수
	17	디클로로헥사플루오르프로판(CFC-216)	$C_3F_6Cl_2$	1.0
	18	클로로헵타플루오르프로판(CFC-217)	C_3F_7Cl	1.0
Ⅳ	19	사염화탄소	CCl_4	1.1
Ⅴ	20	1,1,1-트리클로로에탄(메틸클로로포름)	$C_2H_3Cl_3$	0.1
Ⅵ	21	디클로로플루오르메탄(HCFC-21)	$CHFCl_2$	0.04
	22	클로로디플루오르메탄(HCFC-22)	CHF_2Cl	0.055
	23	클로로플루오르에탄(HCFC-31)	CH_2FCl	0.02
	24	테트라클로로플루오르에탄(HCFC-121)	C_2HFCl_4	0.01-0.04
	25	트리클로로디플루오르에탄(HCFC-122)	$C_2HF_2Cl_3$	0.02-0.08
	26	디클로로트리플루오르에탄(HCFC-123)	$C_2HF_3Cl_2$	0.02-0.06
	27	디클로로트리플루오르에탄(HCFC-123)	$CHCl_2CF_3$	0.02
	28	디클로로트리플루오르에탄(HCFC-124)	C_2HF_4Cl	0.02-0.04
	29	디클로로트리플루오르에탄(HCFC-124)	$CHFClCF_3$	0.022
	30	트리클로로플루오르에탄(HCFC-131)	$C_2H_2FCl_3$	0.007-0.05
	31	디클로로디플루오르에탄(HCFC-132)	$C_2H2F_2Cl_2$	0.008-0.05
	32	클로로트리플루오르에탄(HCFC-133)	$C_2H_2F_3Cl$	0.02-0.06
	33	디클로로플루오르에탄(HCFC-141)	$C_2H_3FCl_2$	0.005-0.07
	34	디클로로플루오르에탄(HCFC-141b)	CH_3CFCl_2	0.11
	35	클로로디플루오르에탄(HCFC-142)	$C_2H_3F_2Cl$	0.008-0.07
	36	클로로디플루오르에탄(HCFC-142b)	CH_3CF_2Cl	0.065
	37	클로로플루오르에탄(HCFC-151)	C_2H_4FCl	0.003-0.005
	38	헥사클로로플루오르프로판(HCFC-221)	C_3HFCl_6	0.015-0.07
	39	펜타클로로디플루오르프로판(HCFC-222)	$C_3HF_2Cl_5$	0.01-0.09
	40	테트라클로로트리플루오르프로판(HCFC-223)	$C_3HF_3Cl_4$	0.01-0.08
	41	트리클로로테트라플루오르프로판(HCFC-224)	$C_3HF_4Cl_3$	0.01-0.09
	42	디클로로펜타플루오르프로판(HCFC-225)	$C_3HF_5Cl_2$	0.02-0.07
	43	디클로로펜타플루오르프로판(HCFC-225ca)	CF_3CF_2 $CHCl_2$	0.025
	44	디클로로펜타플루오르프로판(HCFC-225cb)	CF_2ClCF_2 $CHClF$	0.033
	45	클로로헥사플루오르프로판(HCFC-226)	C_3HF_6Cl	0.02-0.10
	46	펜타클로로플루오르프로판(HCFC-231)	$C_3H_2FCl_5$	0.05-0.09
	47	테트라클로로디플루오르프로판(HCFC-232)	$C_3H_2F_2Cl_4$	0.008-0.10
	48	트리클로로트리플루오르프로판(HCFC-233)	$C_3H_2F_3Cl_3$	0.007-0.23
	49	디클로로테트라플루오르프로판(HCFC-234)	$C_3H_2F_4Cl_2$	0.01-0.28

군	호	특정물질의 종류	화학식	오존 파괴지수
	50	클로로펜타플루오르프로판(HCFC-235)	$C_3H_2F_5Cl$	0.03-0.52
	51	테트라클로로플루오르프로판(HCFC-241)	$C_3H_3FCl_4$	0.004-0.09
	52	트리클로로디플루오프프로판(HCFC-242)	$C_3H_3F_2Cl_3$	0.005-0.13
	53	디클로로트리플루오프프로판(HCFC-243)	$C_3H_3F_3Cl_2$	0.007-0.12
	54	클로로테트라플루오르프로판(HCFC-244)	$C_3H_3F_4Cl$	0.009-0.14
	55	트리클로로플루오르프로판(HCFC-251)	$C_3H_4FCl_3$	0.001-0.01
	56	디클로로디플루오르프로판(HCFC-252)	$C_3H_4F_2Cl_2$	0.005-0.04
	57	클로로트리플루오르프로판(HCFC-253)	$C_3H_4F_3Cl$	0.003-0.03
	58	디클로로플루오르프로판(HCFC-261)	$C_3H_5FCl_2$	0.002-0.02
	59	클로로디플루오르프로판(HCFC-262)	$C_3H_5F_2Cl$	0.002-0.02
	60	클로로플루오르프로판(HCFC-271)	C_3H_6FCl	0.001-0.03
Ⅶ	61	디브로모플루오르메탄	$CHFBr_2$	1.00
	62	브로모디플루오르메탄(HBFC-22B1)	CHF_2Br	0.74
	63	브로모플루오르메탄	CH_2FBr	0.73
	64	테트라브로모플루오르에탄	C_2HFBr_4	0.3-0.8
	65	트리브로모디플루오르에탄	$C_2HF_2Br_3$	0.5-1.8
	66	디브로모트리플루오르에탄	$C_2HF_3Br_2$	0.4-1.6
	67	브로모테트라플로오르에탄	C_2HF_4Br	0.7-1.2
	68	트리브로모플루오르에탄	$C_2H_2FBr_3$	0.1-1.1
	69	디브로모디플루오르에탄	$C_2H_2F_2Br_2$	0.2-1.5
	70	브로모트리플루오르에탄	$C_2H_2F_3Br$	0.7-1.6
	71	디브로모플루오르에탄	$C_2H_3FBr_2$	0.1-1.7
	72	브로모디플루오르에탄	$C_2H_3F_2Br$	0.2-1.1
	73	브로모플루오르에탄	C_2H_4FBr	0.07-0.1
	74	헥사브로모플루오르프로판	C_3HFBr_6	0.3-1.5
	75	펜타브로모디플루오르프로판	$C_3HF_2Br_5$	0.2-1.9
	76	테트라브로모트리플루오르프로판	$C_3HF_3Br_4$	0.3-1.8
	77	트리브로모테트라플루오르프로판	$C_3HF_4Br_3$	0.5-2.2
	78	디브로모펜타플루오르프로판	$C_3HF_5Br_2$	0.9-2.0
	79	브로모헥사플루오르프로판	C_3HF_6Br	0.7-3.3
	80	펜타브로모플루오르프로판	$C_3H_2FBr_5$	0.1-1.9
	81	테트라브로모디플루오르프로판	$C_3H_2F_2Br_4$	0.2-2.1
	82	트리브로모트리플루오르프로판	$C_3H_2F_3Br_3$	0.2-5.6
	83	디브로모테트라플루오르프로판	$C_3H_2F_4Br_2$	0.3-7.5
	84	브로모펜타플루오르프로판	$C_3H_2F_5Br$	0.9-14
	85	테트라브로모플루오르프로판	$C_3H_3FBr_4$	0.08-1.9

군	호	특정물질의 종류	화학식	오존 파괴지수
	86	트리브로모디플루오르프로판	$C_3H_3F_2Br_3$	0.1-3.1
	87	디브로모트리플루오프프로판	$C_3H_3F_3Br_2$	0.1-2.5
	88	브로모테트라플루오르프로판	$C_3H_3F_4Br$	0.3-4.4
	89	트리브로모플루오르프로판	$C_3H_4FBr_3$	0.03-0.3
	90	디브로모디플루오르프로판	$C_3H_4F_2Br_2$	0.1-1.0
	91	브로모트리플루오르프로판	$C_3H_4F_3Br$	0.07-0.8
	92	디브로모플루오르프로판	$C_3H_5FBr_2$	0.04-0.4
	93	브로모디플루오르프로판	$C_3H_5F_2Br$	0.07-0.8
	94	브로모플루오르프로판	C_3H_6FBr	0.02-0.7
Ⅷ	95	브로모클로로메탄	CH_2BrCl	0.12
Ⅸ	96	메틸브로마이드(다만, 수출입 농산물 검역용은 제외한다)	CH_3Br	0.6
참고: 1) 1,1,2-트리클로로에탄은 제Ⅴ군 제20호($C_2H_3Cl_3$)에 해당되지 아니한다. 2) 오존 파괴지수(ODP)가 범위로 표시되어 있는 경우에는 몬트리올 의정서 목적상 범위 중 가장 높은 지수를 사용한다.				

또한 특정물질은 「오존층보호법 시행령」 제2조제2항에 따라 ⅰ) 특정물질의 이성체(異性體)(제1호), ⅱ) 혼합물에 들어 있는 특정물질, ⅲ) 저장이나 운반 등을 위하여 사용되는 용기 내에 들어 있는 특정물질을 포함한다. 다만, 「오존층보호법 시행령」 제2조제2항 단서 규정에 따라 특정물질을 사용하여 생산된 제품에 포함된 특정물질・혼합물에 들어 있는 특정물질은 제외하고 있다. 참고로 현행 「오존층보호법」은 「오존층 파괴물질에 관한 몬트리올 의정서」의 개정안인 키갈리 개정서(2016. 10. 15. 채택, 2019. 1. 1. 발효)의 국내 시행을 위하여 오존층파괴물질인 특정물질의 정의를 확대하여 수소불화탄소(HFCs)를 규제대상에 포함하고 있다.[55]

55) (현행) 「오존층보호법」 제2조(정의) 이 법에서 사용하는 용어의 뜻은 다음과 같다.
1. "특정물질"이란 「오존층 파괴물질에 관한 몬트리올 의정서」(이하 "의정서"라 한다)에 따른 오존층 파괴물질 중 대통령령으로 정하는 것을 말한다.
(개정) 「오존층보호법」 제2조(정의) 이 법에서 사용하는 용어의 뜻은 다음과 같다. 〈개정 2008. 1. 17., 2022. 10. 18.〉 〈시행일 2023. 4. 19.〉

Ⅲ. 질소산화물의 배출허용 기준 초과 위반

제129조(벌칙) ① 다음 각 호의 어느 하나에 해당하는 자는 1년 이하의 징역 또는 1천만원 이하의 벌금에 처한다.

5. 제43조제1항의 규정을 위반하여 질소산화물의 배출허용 기준을 초과하여 디젤기관을 작동한 자

「해양환경관리법」 제129조제1항제5호에서는 이 법 제43조제1항에 따라 비상용・인명구조용 선박 등 비상사용 목적의 선박 및 군함・해양경찰청함정 등 방위・치안 목적의 공용선박에 설치되는 디젤기관을 제외하고는 질소산화물의 배출허용 기준을 초과할 수 없도록 하고 있으며, 이를 위반한 경우에는 처벌하도록 규정하고 있다.

이에 따라 여기에서는 질소산화물의 배출규제 적용대상 디젤기관의 범위, 배출허용 기준의 적용시기 및 적용방법 등에 대해 살펴보고자 한다.

1. 질소산화물 배출규제 적용 범위

「해양환경관리법」 제43조제1항에서는 선박에 설치되는 디젤기관을 「대기환경보전법」 제76조제1항에 따른 질소산화물의 배출허용 기준을 초과하여 작동하는 것을 규제하고 있으며, 여기에서의 디젤기관은 출력 130킬로와트를 초과하는 디젤기관(교체・추가・개조된 경우를 포함한다)을 말한다(「선박오염방지규칙」 제32조제1항).

---

1. "특정물질"이란 「오존층 파괴물질에 관한 몬트리올 의정서」(이하 "의정서"라 한다)에 따른 다음 각 목의 물질 중 대통령령으로 정하는 것을 말한다.
   가. 제1종 특정물질: 오존층 파괴물질
   나. 제2종 특정물질: 수소불화탄소(HFCs)

참고로 이 경우, 질소산화물 배출규제를 적용받는 대부분의 디젤기관은 앞서 언급한 "질소산화물배출방지기관"으로 이는 초기생산(제조)과정에서부터 「해양환경관리법」 제43조제1항에 따른 배출규제를 적용받도록 하고 있음에도 불구하고, 이 법 제43조제2항에 따라 해당 디젤기관에 앞서 언급하고 있는 "질소산화물배출방지용 배기가스정화장치" 등을 설치하여 질소산화물의 배출허용기준 이하로 배출량을 감축할 수 있는 경우에는 그 디젤기관을 작동할 수 있도록 하고 있다.

2. 질소산화물 배출허용 기준의 적용시기 및 적용방법 등

「해양환경관리법」 제43조제1항에 따라 선박에 설치되는 질소산화물 배출규제 적용대상 디젤기관은 이 법 제43조제3항 및 「선박오염방지규칙」 제32조제2항에 따라 질소산화물 배출허용 기준의 적용시기 및 적용방법을 구분해서 규정하고 있으며, 이는 「선박오염방지규칙」 별표 21의2와 같다.(〈표 3-7〉)

〈표 3-7〉 질소산화물의 배출규제 적용시기 및 적용방법

질소산화물의 배출규제 적용시기 및 적용방법(제32조제2항 관련)
1. 법 제3조제1항제1호 및 제2호에 따른 해역을 제외한 해역에서 항해하는 선박 가. 2000년 1월 1일 이후 2011년 1월 1일 전에 건조된 선박에 설치된 디젤기관은 「대기환경보전법 시행규칙」 별표 35 질소산화물배출기준의 기준 1(이하 "기준 1"이라 한다)을 초과하지 아니할 것 나. 2011년 1월 1일 이후에 건조된 선박에 설치된 디젤기관은 「대기환경보전법 시행규칙」 별표 35 질소산화물배출기준의 기준 2(이하 "기준 2"라 한다)를 초과하지 아니할 것 다. 2016년 1월 1일 이후에 건조된 선박으로서 제6조제2호의2에 따른 북아메리카 해역 및 제6조제2호의3에 따른 캐리비안 해역에서 운항하는 선박과 2021년 1월 1일 이후에 건조된 선박으로서 제6조제1호에 따른 발틱해역 및 제6조제2호에 따른 북해해역에서 운항하는 선박에 설치된 디젤기관은 「대기환경보전법 시행규칙」 별표 35 질소산화물배출기준의 기준 3(이하 "기준 3"이라 한다)을 초과하지 아니할 것. 다만, 다음의 어느 하나에 해당하는 경우에는 그러하지 아니하다. 1) 「수상레저안전법」 제2조제1호에 따른 수상레저활동에만 종사하는 길이(「선박법 시행

규칙」 제11조1항제9호에 따른 선박의 길이를 말한다. 이하 같다) 24미터 미만 선박에 설치된 디젤기관
2) 선박의 설계나 구조의 제약으로 인하여 기준 3을 만족할 수 없다고 해양수산부장관이 인정하는 선박에 설치되는 합계출력 750킬로와트 미만의 디젤기관
3) 2021년 1월 1일 전에 건조된 총톤수 500톤 미만 선박 중 「수상레저안전법」 제2조제1호에 따른 수상레저활동에만 종사하는 길이 24미터 이상 선박에 설치된 디젤기관

라. 1990년 1월 1일 이후 2000년 1월 1일 전에 건조된 선박에 설치된 출력이 5,000kW[6802PS]을 초과하고 실린더 당 용적이 90L 이상인 디젤기관 중 국제협약에서 정하는 디젤기관은 기준 1의 배출허용 기준을 초과하지 아니할 것. 이 경우 해양수산부장관은 국제해사기구의 회람문서 등을 참조하여 국제협약에서 정하는 디젤기관과 이들 디젤기관에 대한 증명된 승인방법 등을 고시하여야 한다.

마. 교체하거나 추가로 설치하는 디젤기관(동일한 형식 및 출력의 디젤기관으로 교체하는 경우는 제외한다)에 해당하는 경우에는 교체되거나 추가로 설치될 당시의 배출허용 기준을 초과하지 아니할 것. 다만, 교체되거나 추가로 설치되는 디젤기관이 기준 3을 만족할 수 없다고 해양수산부 장관이 인정하는 경우에는 기준 2를 만족하는 디젤기관을 설치할 수 있다.

바. 법 제43조제1항에 따른 질소산화물 배출허용 기준을 초과하여 작동하도록 개조된 디젤기관 및 연속최대출력이 100분의 10 넘게 증가하도록 개조된 디젤기관에 해당하는 경우에는 다음 구분에 따른 배출허용 기준을 초과하지 아니할 것
1) 2000년 1월 1일 전에 건조된 선박: 기준 1
2) 2000년 1월 1일 이후 건조된 선박: 건조될 당시의 배출허용 기준

사. 기준 2 및 기준 3을 모두 충족하거나 기준 2만을 충족하는 디젤기관을 설치한 선박이 다목에 따른 해역을 진입 · 진출하는 경우 또는 해당 해역에서 운전상태(on/off status)가 변경되는 경우에는 해당 디젤기관의 기준 상태, 운전상태, 선박의 위치 및 일시를 기관일지에 기록할 것.

2. 법 제3조제1항제1호 및 제2호에 따른 해역 안에서만 항해하는 선박
가. 2006년 6월 29일 이후 2013년 1월 1일 전에 건조된 선박에 설치된 출력 294kW[400PS] 이상의 디젤기관은 기준 1을 초과하지 아니할 것
나. 2011년 7월 1일 이후 2013년 1월 1일 전에 건조된 선박에 설치된 출력 130kW[176PS] 초과 출력 294kW[400PS] 미만의 디젤기관은 기준 1을 초과하지 아니할 것
다. 2013년 1월 1일 이후에 건조된 선박에 설치된 디젤기관은 기준 2를 초과하지 아니할 것
라. 삭제 〈2019. 9. 11.〉
마. 교체하거나 추가로 설치하는 디젤기관(동일한 형식 및 출력의 디젤기관으로 교체하는 경우는 제외한다)에 해당하는 경우에는 교체되거나 추가로 설치될 당시의 배출허용 기준을 초과하지 아니할 것. 다만, 2013년 1월 1일 전에 건조된 선박에 2013년 1월 1일 전에 제작된 디젤기관으로 해양수산부령 제444호 선박에서의 오염방지에 관한 규칙 일부개정규칙의 시행일부터 6개월이 경과하기 전에 교체한 경우에는 기준 1을 적용할

수 있다.

바. 법 제43조제1항에 따른 질소산화물 배출허용 기준을 초과하여 작동하도록 개조된 디젤기관 및 연속최대출력이 100분의 10 넘게 증가하도록 개조된 디젤기관에 해당하는 경우에는 다음 구분에 따른 배출허용 기준을 초과하지 아니할 것

1) 출력 294kW[400PS] 이상

(1) 2006년 6월 29일 전에 건조된 선박: 기준 1

(2) 2006년 6월 29일 이후 건조된 선박: 건조될 당시의 배출허용 기준

2) 출력 130kW[176PS] 초과 출력 294kW[400PS] 미만

(1) 2011년 7월 1일 전에 건조된 선박: 기준 1

(2) 2011년 7월 1일 이후 건조된 선박: 건조될 당시의 배출허용 기준

사. 가목부터 다목까지의 규정에도 불구하고 「건설기계관리법」에 따라 등록된 준설선에 2019년 9월 5일 전에 설치된 디젤기관으로서 같은 법 제13조제1항제2호에 따른 정기검사를 받은 디젤기관은 이 규칙에 따른 질소산화물 배출허용 기준에 적합한 것으로 본다.

아. 가목부터 다목까지의 규정에도 불구하고 2019년 9월 5일 전에 다음의 어느 하나에 해당하는 선박에 설치된 디젤기관은 질소산화물 배출허용 기준을 적용하지 않는다.

1) 2007년 11월 4일 전에 건조된 선박으로서 추진기관이 설치되지 아니하고 평수(平水)구역안에서만 운항하는 선박 등 「선박안전법 시행령」 제2조제1항제3호가목1) 및 2) 외의 부분 본문 및 같은 호 나목1) 및 2) 외의 부분 본문의 규정에 따라 선박검사의 적용이 제외되는 선박

2) 2007년 11월 4일 전에 건조된 항만건설작업선(사목에 따른 준설선은 제외한다)으로서 종전의 「선박안전법 시행령」(2018년 9월 4일 대통령령 제29139호로 일부개정되기 전의 것을 말한다)제2조제1항제3호가목 및 나목에 따라 선박검사의 적용이 제외되었던 선박

자. 가목부터 아목까지의 규정에도 불구하고 2025년 1월 1일 이후에 외국에서 수입되는 선박에 설치된 디젤기관은 다음의 구분에 따른 기준을 충족해야 한다.

1) 2025년 1월 1일 이후 2030년 1월 1일 전에 수입되는 선박에 설치된 디젤기관은 기준 1을 초과하지 않아야 한다. 다만, 다음의 어느 하나에 해당하는 디젤기관은 기준 2를 초과하지 않아야 한다.

가) 2013년 1월 1일 이후에 건조된 선박에 설치된 디젤기관

나) 2013년 1월 1일 전에 건조된 선박에 2013년 1월 1일 이후 교체되거나 추가로 설치된 디젤기관(동일한 형식 및 출력의 디젤기관으로 교체한 경우 또는 2013년 1월 1일 전에 제작된 디젤기관으로 해양수산부령 제444호 선박에서의 오염방지에 관한 규칙 일부개정규칙의 시행일부터 6개월이 경과하기 전에 교체한 경우는 제외한다)

2) 2030년 1월 1일 이후에 수입되는 선박에 설치된 디젤기관은 기준 2를 초과하지 않아야 한다.

이와 관련한 것으로 선박에서의 질소산화물 배출허용 기준은 「대기환경보전법 시행규칙」 제124조에 따른 별표 35에서 다음과 같이 규정하고 있다.(〈표 3-8〉)

〈표 3-8〉 선박의 배출허용 기준

<table>
<tr><td colspan="5">선박의 배출허용 기준(제124조 관련)</td></tr>
<tr><td rowspan="2">기관 출력</td><td rowspan="2">정격 기관속도
(n: 크랭크샤프트의 분당 속도)</td><td colspan="3">질소산화물 배출기준(g/kWh)</td></tr>
<tr><td>기준 1</td><td>기준 2</td><td>기준 3</td></tr>
<tr><td rowspan="3">130kW 초과</td><td>n이 130rpm 미만일 때</td><td>17 이하</td><td>14.4 이하</td><td>3.4 이하</td></tr>
<tr><td>n이 130rpm 이상 2,000rpm 미만일 때</td><td>45.0×n(-0.2) 이하</td><td>44.0×n(-0.23) 이하</td><td>9.0×n(-0.2) 이하</td></tr>
<tr><td>n이 2,000rpm 이상일 때</td><td>9.8 이하</td><td>7.7 이하</td><td>2.0 이하</td></tr>
<tr><td colspan="5">비고: 기준 1은 2010년 12월 31일 이전에 건조된 선박에, 기준 2는 2011년 1월 1일 이후에 건조된 선박에, 기준 3은 2016년 1월 1일 이후에 건조된 선박에 설치되는 디젤기관에 각각 적용하되, 기준별 적용대상 및 적용시기 등은 해양수산부령으로 정하는 바에 따른다.</td></tr>
</table>

Ⅳ. 황함유량 기준 초과 연료유 사용 및 적재 위반

제129조(벌칙) ① 다음 각 호의 어느 하나에 해당하는 자는 1년 이하의 징역 또는 1천만원 이하의 벌금에 처한다.

6. 제44조제1항을 위반하여 황함유량 기준을 초과하는 연료유를 사용한 자

6의2. 제44조의2를 위반하여 황함유량 기준을 초과하는 연료유를 선박에 적재한 자

「해양환경관리법」 제129조제1항제6호・제6호의2에서는 이 법 제44조제1항 제1호・제2호 및 제44조의2제1호・제2호[56]에서 규정하고 있는 예외사항 이외에 배출규제해역 등에서 황함유량 기준을 초과하는 연료유를 선박에 사용하거나 이 선박연료유를 선박내에 적재할 경우 이를 처벌하도록 규정하고 있다. 이에 따라 여기에서는 배출규제해역별 연료유의 황함유량 기준, 황함유량 기준 적용 면제 사항 등에 대해 살펴보고자 한다.

1. 황산화물배출규제해역별 연료유의 황함유량 기준

황산화물배출규제해역은 「해양환경관리법」 제2조제14호에 따라 황산화물에 따른 대기오염 및 이로 인한 육상과 해상에 미치는 악영향을 방지하기 위하여 선박으로부터의 황산화물 배출을 특별히 규제하는 조치가 필요한 해역으로서 이는 「선박오염방지규칙」 제6조에서 정하는 해역을 말하며 다음과 같이 규정하고 있다.

i) 발틱해역(보스니아만, 핀란드만 및 스카게락해협의 스카우를 지나는 북위 57도 44.8분의 위도선을 경계선으로 하는 발틱해의 입구를 포함한 고유의 발틱해역)(규칙 제6조제1호)

ii) 다음 경계 내에 있는 북해해역(규칙 제6조제2호)

가. 북위 62도의 남쪽과 서경 4도의 동쪽 사이

나. 스카게락해협(남쪽 한계는 북위 57도 44.89분의 스카우에서 동쪽으로 그은 위도선)

---

56) 「해양환경관리법」 제44조의2(부적합 연료유의 적재 금지) 선박의 소유자는 제44조제1항에 따른 황함유량 기준(황산화물배출규제해역 외의 해역에서의 황함유량 기준을 말한다. 이하 제45조에서 같다)을 초과하는 연료유를 선박에 적재해서는 아니 된다. 다만, 다음 각 호의 어느 하나에 해당하는 경우에는 그러하지 아니하다.

1. 제44조제1항 각 호의 어느 하나에 해당하는 경우
2. 연료유를 화물로서 운송하는 경우

다. 영국해협과 서경 5도의 동쪽, 북위 48도 30분의 북쪽으로의 영국해협 사이

iii) 별표 1의2에 따른 북아메리카 해역(규칙 제6조제2호의2)

iv) 별표 1의3에 따른 캐리비안 해역(규칙 제6조제2호의3)

v) 국제해사기구가 황산화물배출규제해역으로 지정한 해역(규칙 제6조제3호)

이에 따른 것으로 「해양환경관리법」 제44조제1항에서 배출규제해역과 그 밖의 해역에서 정하고 있는 황함유량 기준은 같은 법 시행령 제42조에 따라 다음과 같이 정하고 있으며, 여기에서의 황산화물배출규제해역은 「선박오염방지규칙」 제6조에 따른 위의 i)~v) 해역을 말한다.

i) 황산화물배출규제해역: 0.1퍼센트(무게 퍼센트)(시행령 제42조제1호)

ii) 그 밖의 해역(시행령 제42조제2호)

가. 경유: 0.5퍼센트(무게 퍼센트). 다만, 법 제3조제1항제1호 및 제2호에 따른 영해 및 배타적 경제수역 안에서만 항해하는 선박의 경우에는 0.05퍼센트(무게 퍼센트)

나. 중유: 0.5퍼센트(무게 퍼센트)

그 밖에 황산화물 배출규제와 관련해서는 「해양환경관리법」 관련 법령에서 정하고 있는 것과는 별개로 항만지역등에서 운항하는 선박에 대해 별도의 규정을 적용하고 있다.

이에 해당하는 법령은 「항만지역등 대기질 개선에 관한 특별법」(이하 "항만대기질법"이라 한다)[57]으로 이 법 제10조제1항에서는 항만대기질관리구역[58]

57) 「항만대기질법」 제1조(목적) 이 법은 항만지역등의 대기질을 개선하기 위하여 종합적인 시책을 추진하고, 항만배출원(港灣排出原)을 체계적으로 관리함으로써 항만지역등 및 인근 지역 주민의 건강을 보호하고 쾌적한 생활환경을 조성함을 목적으로 한다.

58) 「항만대기질법」 제2조(정의) 이 법에서 사용하는 용어의 정의는 다음과 같다.

내에 별도로 황산화물 배출규제해역을 정하여 고시할 수 있으며, 여기에서도 마찬가지로 이 법 제10조제2항을 위반하여 배출규제해역 등에서 황함유량 기준을 초과하는 연료유를 사용할 경우 처벌하도록 하고 있다.[59),60)]

이와 관련해서 「항만대기질법」 제10조제1항에 따라 정하고 있는 황산화물 배출규제해역을 지정하려는 경우에는 같은 법 시행규칙 제3조제1항・제2항[61)]을 따르도록 하고 있으며, 이에 따라 지정 고시된 배출규제해역 범위는 「황산화물 배출규제해역 지정 고시」 제2조에서 다음과 같이 정하고 있다.

---

1. "항만지역등"이란 다음 각 목의 어느 하나에 해당하는 지역을 말한다.
  가. 「항만법」 제2조제4호에 따른 항만구역
  나. 「어촌・어항법」 제2조제4호에 따른 어항구역
  다. 「영해 및 접속수역법」에 따른 내수, 영해 및 접속수역
2. "항만대기질관리구역"이란 다음 각 목의 지역 중에서 대통령령으로 정하는 지역을 말한다.
  가. 항만지역등 중 대기오염이 심하다고 인정되는 지역
  나. 항만지역등 중 해당 지역에서 배출되는 대기오염물질이 항만지역등의 대기오염에 크게 영향을 미친다고 인정되는 지역

59) 「항만대기질법」 제10조(선박배출 규제해역의 지정 등) ① 해양수산부장관은 제7조제2항제1호에 따른 항만지역등 대기질 개선의 기본목표(이하 "대기질개선목표"라 한다)를 달성하기 위하여 해양수산부령으로 정하는 바에 따라 항만대기질관리구역 내에 별도로 황산화물 배출규제해역(이하 "배출규제해역"이라 한다)을 정하여 고시할 수 있다.
② 선박의 소유자는 배출규제해역에서 대통령령으로 정하는 황함유량 기준을 초과하는 연료유를 사용해서는 아니 된다. 다만, 해양수산부령으로 정하는 기준에 적합한 배기가스정화장치를 설치하여 해양수산부령으로 정하는 황산화물 배출제한기준량 이하로 황산화물 배출량을 감축하는 경우에는 그러하지 아니하다.

60) 「항만대기질법」 제22조(벌칙) 다음 각 호의 어느 하나에 해당하는 자는 1년 이하의 징역 또는 1천만원 이하의 벌금에 처한다.
1. 제10조제2항을 위반하여 대통령령으로 정하는 기준을 초과하는 연료유를 사용한 자

61) 「항만대기질법 시행규칙」 제3조(배출규제해역의 지정) ① 해양수산부장관이 법 제10조제1항에 따라 황산화물 배출규제해역(이하 "배출규제해역"이라 한다)을 지정하려는 경우에는 해당 배출규제해역으로 지정하려는 구역을 관할하는 광역시장・도지사・특별자치도지사(이하 "시・도지사"라 한다) 및 「항만공사법」에 따른 항만공사(이하 "항만공사"라 한다)의 의견을 들어야 한다.
② 해양수산부장관이 배출규제해역을 지정하는 경우에는 그 해역의 위치, 지정 목적, 운용방법 및 그 밖에 필요한 사항을 고시해야 한다.

i) 인천항, 평택·당진항 해역
ii) 여수항, 광양항 해역
iii) 부산항 해역
iv) 부산항 서측해역
v) 울산항 해역

그리고 황산화물 배출규제해역의 운용시점은 이 고시 제3조에서 다음과 같이 규정하고 있다.

i) 2020년 9월 1일부터 2021년 12월 31일까지 : 투묘(投錨) 또는 계류(繫留) 완료 1시간 후부터 양묘(揚錨) 또는 이안(離岸)작업 시작 1시간 전까지
ii) 2022년 1월 1일 이후 : 황산화물 배출규제해역에 들어온 때부터 나갈 때까지

관련해서, 이에 따른 것으로 「항만대기질법」 제10조제1항에서 정하고 있는 배출규제해역에서의 선박연료유 황함유량 기준은 같은 법 시행령 제6조제1항(별표 3)에서 다음과 같이 정하고 있다.(〈표 3-9〉)

〈표 3-9〉 선박연료유 황함유량 기준

선박연료유 황함유량 기준(제6조 관련)
1. 2020년 9월 1일부터 2021년 12월 31일까지: 선박이 「선박의 입항 및 출항 등에 관한 법률」 제2조제10호에 따른 계선 중인 경우에 한정하여, 연료유의 황함유량 0.1퍼센트(무게 퍼센트) 이하 2. 2022년 1월 1일 이후: 연료유를 사용하는 모든 경우에 연료유의 황함유량 0.1퍼센트(무게 퍼센트) 이하

2. 연료유의 황함유량 기준 적용 제외

「해양환경관리법」 제44조제1항에서는 배출규제해역과 그 밖의 해역에서 정하고 있는 황함유량 기준을 초과하는 연료유 사용을 금지시키고 있으나, 다음의 어느 하나에 해당하는 경우에는 그러하지 아니하도록 하고 있다. 참고로 여기에서의 「해양환경관리법」 제44조제1항제1호과 관련한 내용은 「항만대기질법」 제10조제2항 단서에서도 동일하게 규정하고 있다.

i) 해양수산부령으로 정하는 기준[62]에 적합한 배기가스정화장치를 설치·가동하여 해양수산부령으로 정하는 황산화물 배출제한 기준량 이하로 황산화물 배출량을 감축하는 경우(제1호)

ii) 함유량 기준을 충족하는 연료유를 공급받기 위하여 노력하였음에도 불구하고 해당 선박이 운항하는 해역의 인근 항만에서 황함유량 기준을 충족하는 연료유를 공급받을 수 없는 경우로서 해양수산부장관의 인정을 받은 경우(제2호)[63]

62) 「선박오염방지규칙」 제34조(황산화물용 배기가스정화장치 등) ① 법 제44조제1항제1호에서 "해양수산부령으로 정하는 기준"이란 별표 20 제3호에 따른 황산화물용 배기가스정화장치의 기술기준을 말한다.
② 법 제44조제1항제1호에서 "해양수산부령으로 정하는 황산화물 배출제한 기준량"이란 배기가스 중 이산화황(ppm) 배출량 대비 이산화탄소(부피백분율) 배출량의 비율이 4.3[4.3 SO2(ppm)/CO2(%, v/v)]인 것을 말한다.

63) 「선박오염방지규칙」 제34조(황산화물용 배기가스정화장치 등) ③ 법 제44조제1항제2호에 따라 황함유량 기준을 충족하지 못하는 연료유(이하 "부적합 연료유"라 한다)의 사용을 인정받으려는 선박의 소유자는 연료유를 공급받으려는 항만에 입항하기 3일 전까지 해당 선박의 선적항을 관할하는 지방해양수산청장에게 별지 제5호의10서식의 부적합 연료유 사용보고서를 제출해야 한다.

V. 품질기준 미달·황함유량 기준 초과 연료유 공급 위반

제129조(벌칙) ① 다음 각 호의 어느 하나에 해당하는 자는 1년 이하의 징역 또는 1천만원 이하의 벌금에 처한다.
7. 제45조제1항의 규정을 위반하여 품질기준에 미달하거나 황함유량 기준을 초과하는 연료유를 공급한 자

「해양환경관리법」 제129조제1항제7호에서는 이 법 제45조제1항제1호·제2호에서 규정하고 있는 선박연료 공급업자가 제44조제1항제1호에 해당하는 경우를 제외하고 연료유의 품질기준에 미달하거나 이 법 제44조제1항에 따른 황함유량 기준을 초과하는 연료유를 선박에 공급할 시 이에 대해 처벌하도록 규정하고 있다. 이에 따라 여기에서는 선박연료유의 품질기준 등에 대해 살펴보고 황함유량 등과 관련한 내용은 앞서 언급한 "Ⅳ. 황함유량 기준 초과 연료유 사용 및 적재 위반"으로 갈음하고자 한다.

1. 선박연료 공급업자

「해양환경관리법」 제45조제1항에서는 선박에 연료유를 공급하는 업자에 대해 다음과 같이 규정하고 있다.

i) 「항만운송사업법」 제26조의3의 규정에 따라 선박연료공급업의 등록을 한 자(제1호)[64]

64) 「항만운송사업법」 제26조의3(사업의 등록 등) ① 항만운송관련사업을 하려는 자는 항만별·업종별로 해양수산부령으로 정하는 바에 따라 관리청에 등록하여야 한다. 다만, 선용품공급업을 하려는 자는 해양수산부령으로 정하는 바에 따라 해양수산부장관에게 신고하여야 한다. ② 제1항 본문에 따라 항만운송관련사업의 등록을 하려는 자는 해양수산부령으로 정하는 바에 따라 등록신청서에 사용하려는 장비의 목록이 포함된 사업계획서 등을 첨부하여 관리청

ii) 「조세특례제한법」 제106조의2의 규정에 따라 어업용 면세연료유를 공급하는 수산업협동조합(제2호)

참고로 「해양환경관리법」 제45조제2항에서는 선박연료 공급업자에게 「선박오염방지규칙」 제35조제2항에서 규정하고 있는 선박(총톤수 400톤 미만의 선박 및 합계출력 130킬로와트 미만의 내연기관이 설치된 부선)을 제외하고는 연료유에 포함된 황성분 등이 기재된 연료유공급서를 작성하여 그 사본을 해당 연료유로부터 채취한 견본과 함께 선박의 소유자에게 제공하도록 하고 있다.

2. 연료유의 품질기준

「해양환경관리법」 제45조제1항 및 같은 법 시행령 제43조에서 규정하고 있는 선박연료유의 품질기준은 다음과 같다.

i) 석유를 정제하는 방법에 따라 제조된 연료유의 경우 다음 각 목의 요건

에 제출하여야 한다.

③ 제1항 본문에 따라 항만운송관련사업 중 선박연료공급업을 등록한 자는 사용하려는 장비를 추가하거나 그 밖에 사업계획 중 해양수산부령으로 정하는 사항을 변경하려는 경우 해양수산부령으로 정하는 바에 따라 관리청에 사업계획 변경신고를 하여야 한다.

④ 관리청은 제1항 단서에 따른 신고를 받은 경우 신고를 받은 날부터 6일 이내에, 제3항에 따른 신고를 받은 경우 신고를 받은 날부터 5일 이내에 신고수리 여부를 신고인에게 통지하여야 한다.

⑤ 관리청이 제4항에서 정한 기간 내에 신고수리 여부 또는 민원 처리 관련 법령에 따른 처리기간의 연장을 신고인에게 통지하지 아니하면 그 기간(민원 처리 관련 법령에 따라 처리기간이 연장 또는 재연장된 경우에는 해당 처리기간을 말한다)이 끝난 날의 다음 날에 신고를 수리한 것으로 본다.

⑥ 제1항에 따른 선박수리업과 선용품공급업의 영업구역은 제2조제3항 각 호의 항만시설로 하고, 「해운법」 제24조제1항에 따라 내항 화물운송사업 등록을 한 선박연료공급선(운항구간의 제한을 받지 아니하는 선박에 한정한다)은 영업구역의 제한을 받지 아니한다.

⑦ 제1항에 따른 등록 및 신고에 필요한 자본금, 시설, 장비 등에 관한 기준은 대통령령으로 정한다.

을 모두 갖출 것(시행령 제43조제1호)

가. 탄화수소 혼합물(성능을 향상시키기 위한 첨가제를 포함한다)일 것(시행령 제43조제1호가목)

나. 무기산이 포함되지 아니할 것(시행령 제43조제1호나목)

다. 해양수산부령으로 정하는 첨가제 또는 화학폐기물이 포함되지 아니할 것(시행령 제43조제1호다목)[65]

ii) 위 ⅰ)외의 방법에 따라 제조된 연료유의 경우 다음 각 목의 요건을 모두 갖출 것(시행령 제43조제2호)

가. 선박의 기관을 작동할 때 배출되는 질소산화물이 법 제43조제1항 각 호 외의 부분 본문에 따른 질소산화물의 배출허용 기준을 초과하지 아니할 것(시행령 제43조제2호가목)

나. 혼합되는 원물질에 무기산이 포함되지 아니할 것(시행령 제43조제2호나목)

다. 선박의 안전을 저해하거나 기계의 성능에 나쁜 영향을 미치지 아니할 것(시행령 제43조제2호다목)

라. 인체에 해롭지 아니할 것(시행령 제43조제2호라목)

마. 대기오염을 가중시키지 아니할 것(시행령 제43조제2호마목)

---

65) 「선박오염방지규칙」 제35조(연료유의 공급) ① 영 제43조제1호다목에서 "해양수산부령이 정하는 첨가제 또는 화학폐기물"이란 다음 각 호의 어느 하나에 해당하는 첨가제 또는 화학폐기물을 말한다.

1. 선박의 안전을 저해하거나 기계의 성능에 나쁜 영향을 미치는 첨가제 또는 화학폐기물
2. 인체에 유해한 첨가제 또는 화학폐기물
3. 대기오염을 가중시키는 첨가제 또는 화학폐기물

Ⅵ. 유증기 배출제어장치 미설치、미작동 및 검사미필 장치 설치 위반

> 제129조(벌칙) ① 다음 각 호의 어느 하나에 해당하는 자는 1년 이하의 징역 또는 1천만원 이하의 벌금에 처한다.
> 8. 제47조제2항의 규정을 위반하여 유증기 배출제어장치를 설치하지 아니하거나 작동시키지 아니한 자
> 9. 제47조제3항의 규정을 위반하여 검사를 받지 아니하고 유증기 배출제어장치를 설치한 자

「해양환경관리법」 제129조제1항제8호・제9호에서는 이 법 제47조제1항・제2항에서 규정하고 있는 “휘발성유기화합물 규제항만”에서 휘발성유기화합물을 함유한 기름・유해액체물질 중 「선박오염방지규칙」 제37조제1항에서 정하는 물질을 선박에 싣기 위한 시설을 설치하는 해양시설에 대해 유증기(油蒸氣) 배출제어장치와 관련한 강제 의무사항(설치, 작동, 검사 등)을 두고 있으나, 이를 지키지 않을 경우 처벌하도록 규정하고 있다.

이에 따라 여기에서는 해양시설에 설치되는 유증기배출제어장치와 관련한 세부사항에 대해 살펴보고자 한다.

1. 휘발성유기화합물 규제항만의 지정

「해양환경관리법」 제47조제1항에 따라 선박으로부터의 휘발성유기화합물의 배출을 규제하기 위하여 지정하는 휘발성유기화합물 규제항만은 「항만법」 제2조제2호에 따른 지정항만 중에서 다음의 항만을 말하며, 이는 「휘발성유기화합물 규제항만 지정 등에 관한 기준」 제2조에서 다음과 같이 정하고 있다. 다만, 구조적으로나 기술적으로 유증기 배출제어장치의 설치가 불가능한 부이(Buoy) 시설은 제외한다.

i) 부산항
ii) 인천항
iii) 평택 · 당진항
iv) 울산항
v) 대산항
vi) 여수항
vii) 광양항

2. 유증기배출제어장치 설치대상 물질의 종류

「해양환경관리법」 제47조제2항에 따라 유증기배출제어장치 설치대상은 휘발성유기화합물 규제항만에서 휘발성유기화합물을 함유한 기름 · 유해액체물질 중 특정한 물질을 선박에 싣기 위한 시설을 설치하는 해양시설로 제한하고 있으며, 이에 해당하는 물질의 종류는 「선박오염방지규칙」 제37조제1항(별표 25)에서 다음과 같이 정하고 있다.(〈표 3-10〉)

〈표 3-10〉 유증기배출제어장치를 설치하여야 하는 휘발성유기화합물

유증기배출제어장치를 설치하여야 하는 휘발성유기화합물(제37조제1항 관련)			
연번	제품 및 물질명		액체화학품분류번호
1	휘발유	Gasoline	86290-81-5
2	나프타	Naphtha	8030-30-6
3	원유	Crude Oil	8002-5-9
비고 액체화학품분류번호(CAS No.: Chemical Abstracts Service Registry Numbers)는 미국화학회(ACS: American Chemical Society)에서 동질성(同質性)을 가지는 물질 등에 부여한 고유번호를 말한다.			

3. 유증기배출제어장치의 검사절차

「해양환경관리법」 제47조제3항에 따라 해양시설에 유증기배출제어장치를 설치하는 때에는 미리 해양수산부장관의 검사를 받도록 하고 있으며, 이와 관련해서는 「선박오염방지규칙」 제37조제2항・제3항에서 다음과 같이 그 절차 및 안전기준 등에 대해 규정하고 있다.

먼저 유증기배출제어장치의 검사를 받으려는 경우에는 「선박오염방지규칙」 제37조제2항에 따른 별지 제6호서식의 유증기배출제어장치 검사신청서에 다음의 서류를 첨부하여 지방해양수산청장에게 제출하여야 한다.

i) 유증기배출제어장치의 전체 명세서(제1호)
ii) 처리용량의 정성적 분석서(최대처리용량과 터미널 네트워크 상의 최대수용량, 비정상상태의 경보 및 자동제어기능과 손상 시 피해를 줄이기 위한조치 등이 포함되어야 한다)(제2호)
iii) 전체 배치도(제3호)
iv) 제관 계통도(재질 및 치수가 기재되어야 한다)(제4호)
v) 중요 부품 상세도(제5호)
vi) 전기 계통도 및 제어 계통도(제6호)
vii) 안전 및 보호장치(제7호)
viii) 성능시험계획서(제8호)

다음으로 유증기배출제어장치 신청을 받은 때에는 「선박오염방지규칙」 제37조제3항・제4항에 따라 지방해양수산청장은 그 장치가 안전기준에 적합한지에 대해 이 규칙 별표 26에 따른 검사를 하여야 하며, 검사에 합격한 자에 대하여 별지 제7호서식의 "유증기배출제어장치 안전적합증서"를 발급하도록 하고 있다.(〈표 3-11〉)

〈표 3-11〉 유증기배출제어장치의 안전기준

유증기배출제어장치의 안전기준(제37조제3항 관련)

1. 정의

가. “최대허용 이송율(Maximum allowable transfer rate)”이란 유조선에 화물이나 선박평형수를 적재할 수 있는 최대 체적비를 말하며, 시간당 용적을 그 단위로 한다.

나. “최대 유증기 이송율(Maximum vapor processing rate)”이란 터미널의 휘발성 유기화합물 처리설비가 이송할 수 있는 최대 능력을 말한다.

다. “유조선 유증기 연결구(Tanker Vapour Connection)”란 유조선의 고정식 유증기수집 장치에서 유증기 수집 호스(Hose) 또는 암(Arm)에 연결하는 지점을 말한다.

라. “터미널 유증기 연결구(Terminal Vapour Connection)”란 터미널 측의 고정식 수집 장치에서 유증기수집 호스(Hose) 또는 암(Arm)에 연결하는 지점을 말한다.

마. “유증기 평형(Vapour Balancing)”이란 화물의 유입으로 인하여 급유되는 유조선의 화물창으로부터 화물을 배출하는 시설의 탱크로 유증기수집 장치를 통하여 치환된 유증기의 이송을 말한다.

바. “유증기 수집장치(Vapour Collection System)”란 탱커의 화물창에서 방출된 유증기를 모아 유증기처리장치(vapour processing unit)로 유증기를 이송하기 위하여 사용되는 관 및 호스 등을 말한다.

사. “유증기 파기장치(Vapour Destruction Unit)”란 소각기와 동등한 수단으로 화물 유증기를 파기하는 유증기 처리 장치를 말한다.

아. “유증기 분산장치(Vapour Dispersion Unit)”란 화물을 적하하거나 선박평형수를 주입 또는 배출하는 동안 유조선에 위치하지 아니한 벤트장치를 통하여 대기로 화물 유증기를 방출하는 유증기 처리장치를 말한다.

자. “유증기배출 제어장치(Vapour Emission Control System)”란 유조선으로부터 수집된 유증기를 제어하기 위하여 사용되는 관 및 호스 등을 말하며, 유증기 수집 장치 및 유증기 처리장치를 포함한다.

차. “유증기 처리장치(Vapour Processing Unit)”란 유조선으로부터 수집된 유증기를 회수, 파기, 분산하는 유증기제어장치의 구성품을 말한다.

카. “유증기 회수장치(Vapour Recovery Unit)”란 흡수, 흡착, 응착, 필터링기술 또는 이와 동등한 기술로서 비파괴적인 방법으로 화물유증기를 회수하는 유증기처리장치를 말한다.

타. “액 녹아웃 용기(Liquid knockout vessel)”란 유증기로부터 액을 분리하기 위한 장치를 말한다.

파. “휘발성 유기화합물(Volatile organic compounds, 이하 VOCs라 한다)”이란 대기 중에서 질소산화물(NOx)과 결합하여 오존과 동등한 광화학 산화체를 형성하여 지구상의 식물, 인체에 대한 질병 등을 유발하는 독성 물질을 생성하는 것을 말한다.

2. 적용 제외범위

이 기준은 다음 각 목의 어느 하나에 해당하는 경우에는 적용하지 아니한다.

가. 휘발성유기화합물 재액화설비를 갖춘 경우

나. 예기치 못한 계통의 중대한 손상의 경우

다. 정기적인 검사를 위하여 일시적인 개방 등이 필요한 경우

3. 대체설비의 요건

이 기준과 다르게 유증기배출제어장치를 설계·배치하려는 자는 대체 설계와 배치에 대한 평가서를 지방해양수산청장에게 제출하여 승인을 받아야 한다. 이 경우 평가서에서는 다음 각 목의 사항이 포함되어야 한다.

가. 전체 계통도에 대한 설명

나. 화재 및 폭발 가능성에 대한 식별

다. 선박 또는 터미널의 안전성 확보에 대한 기술적 근거

라. 대체설계가 안전 성능기준을 만족함을 나타내는 기술적 근거

마. 그 밖에 설계적으로 동등하다고 인정할 수 있는 자료

4. 시스템의 개요

가. 일반사항

선박에서 발생하는 휘발성유기화합물을 대기 중으로 방출하지 아니하고 육상으로 보내기 위하여 관장치 및 제어장치가 필요하며, 이러한 설비는 화물유관과는 별도로 유증기관장치와 산소농도계측 감시장치(불활성가스 발생장치가 설치된 선박만 해당한다), 압력감시장치 등이 설치되어야 한다.(그림 1 참조)

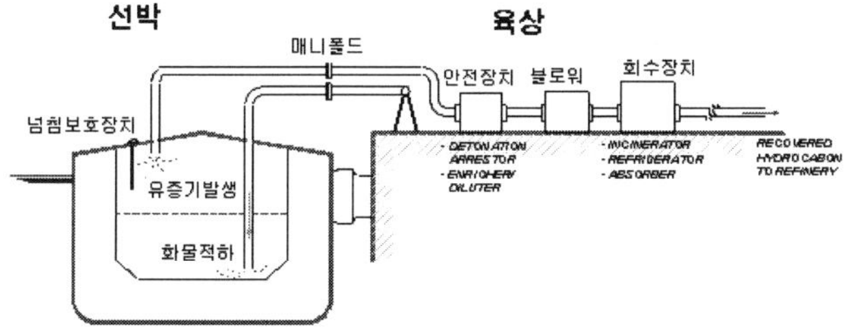

그림 1 유증기회수장치(VRU, Vapour Recovery System)설비의 개념도

나. 선박의 유증기관 연결구

1) 수동 조작이 가능한 격리밸브를 유조선 유증기 연결구에 설치하여야 한다. 이 밸브의 조작 장소는 시각적으로 쉽게 확인할 수 있어야 한다.

2) 유증기 수집관 또는 유증기 수집호스의 끝단은 잘못 연결하는 것을 방지하기 위하여 쉽게 구분할 수 있도록 표시되어야 한다.

3) 유증기 매니폴드를 터미널 측의 액체 적하관(Liquid Loading Line)에 잘못 연결하는 것을 방지하기 위하여 각 선박의 유증기 연결 플랜지는 선박의 크기에 관계 없이 국제석유회사해사평의회(OCIMF)의 매니폴드 기준을 적용할 것이 권고된다.
4) 유증기 수집 호스는 사용하기에 적합하고, 전기적으로 연속성이 있어야 하며, 플랜지에 적용하는 산업규격에 따라 여분의 구멍을 가지고 있어야 한다.
5) 유증기관 연결구 끝단 1m는 붉은색/노란색/붉은색으로 색칠되어야 하며, 붉은색 띠는 100㎜, 노란색 띠는 800㎜, 50㎜ 크기의 검은색 글씨로 "유증기(VAPOUR)"의 표기가 되어 있어야 하고 유증기관 연결구 플랜지의 상부에 지름 12.7㎜, 길이 25.4㎜의 스터드(stud)가 부착되어야 하며, 스터드는 플랜지의 상부 중간 볼트의 구멍 사이에 부착되어야 한다. 다만, 국내항해에만 종사하는 선박의 경우에는 영문표기를 하지 아니할 수 있다.

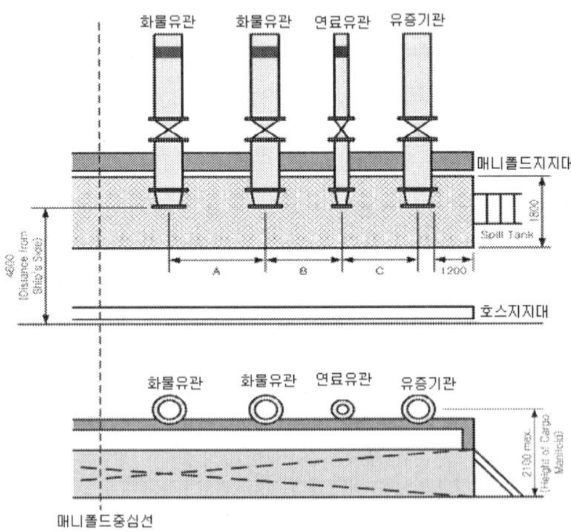

그림 2 표준매니폴드 배치

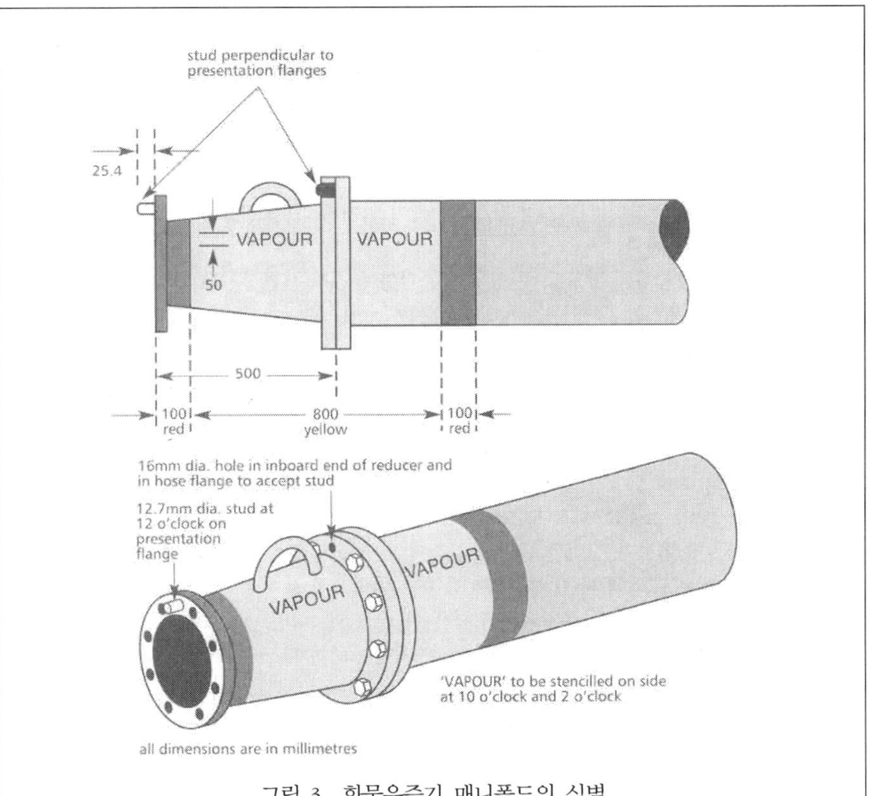

그림 3　화물유증기 매니폴드의 식별

5. 휘발성유기화합물 처리설비의 설계요건

가. 일반사항

1) 일반요건

가) 처리용량은 이 표에 따른 최대용량의 한 개의 시스템보다는 50% 용량을 2조로 구성하도록 권고한다.

나) 유증기배출제어장치의 설계와 설치는 유조선의 넘침 위험, 과・부압 위험 및 발화위험 등의 잠재적인 위험성을 제거하도록 설계되어야 하며, 위험한 상황을 발생시키지 아니하도록 적절한 경보 및 자동제어 계통을 갖추어야 한다. 또한, 조작자의 실수를 최소화하기 위한 조작절차를 갖추어야 한다.

다) 터미널에서는 이송능력 전역에 걸쳐 발생할 수 있는 유조선의 화물유 증기 발생율을 연속적으로 안전하게 조작할 수 있도록 설계되어야 한다.

라) 상호 반응하는 두 가지 종류 이상의 휘발성유기화합물을 수용할 가능성이 있는

경우에는 독립된 관장치를 갖추어야 한다.

마) 데토네이션 어레스터, 플레임 어레스터 또는 플레임 스크린은 해양수산부 장관이 정하여 고시하는 기준 또는 국제해사기구가 정하는 기준에 부합하여야 한다.

바) 폭발을 피하기 위하여 불활성가스를 사용할 경우에는 국제해사기구가 정하는 기준에 부합하여야 한다.

사) 유증기 관장치는 전기적으로 연속성이 있어야 하며, 필요한 곳에 접지설비를 갖추어야 한다.

아) 생성중합체를 발생할 수 있는 유증기를 운송하는 관장치는 가열장치 또는 이를 쉽게 제거할 수 있는 설비를 갖추어야 한다.

2) 설계기준

가) 설계압력은 관내 유체의 최고사용압력으로서 다음의 압력보다 작아서는 아니 된다.

(1) 압력도출밸브 또는 이에 대신하는 과압방지장치가 붙어있는 관장치에 있어서는 해당 도출밸브 또는 과압방지장치의 조정압력과 동등한 압력

(2) 압축기 토출측 관에 있어서는 정격회전 시 토출측 밸브를 완전히 폐쇄하였을 때의 토출압력

(3) 감압밸브가 장비된 관의 저압측에 있어서 도출밸브가 붙어 있지 아니한 경우에는 고압측의 설계압력과 동등한 압력

나) 설계온도는 관내 유체의 최고사용온도로 한다. 다만, 상온보다 낮은 온도의 관장치에 있어서는 관내 유체의 최저사용온도로 한다.

3) 설계요건

가) 시스템 안에 사용되는 압력계, 유량계, 그 밖의 중요한 지시장치는 현장에서 및 원격으로 확인할 수 있어야 한다.

나) 경보장치는 가시가청의 경보를 사용하여야 하며, 경보음은 유사한 장치와 혼동되지 아니하도록 각각 다른 음 또는 형식을 가져야 한다.

다) 표면온도는 177℃를 넘어서는 아니 되며, 표면온도가 177℃를 넘는 표면은 단열조치를 취하여야 한다.

나. 관장치의 설계요건

1) 일반사항

가) 유증기배출제어장치의 관 및 관장치는 강 또는 동등 이상의 승인된 재료를 사용하여야 한다.

나) 유증기 수집장치에 사용되는 관 및 관 부착품은 최대 허용압력이 15K이상의 것을 사용하여야 한다.

2) 탄소강관 및 저합금강 사용제한

가) RST 338 및 RST 342는 설계온도가 450℃를, RST 349는 425℃를 초과하는 관에 사용할 수 없다.

나) RST 412는 설계온도가 500℃를, RST 422, RST 423 및 RST 424는 550℃를 초과하

는 관에 사용할 수 없다.

다) 배관용탄소강관(KSD 3507, SPP)은 설계압력이 1㎫ 이하로서 설계온도가 230℃ 이하인 관 장치에만 사용할 수 있다.

3) 관의 계산상의 최소두께

가) 내압을 받는 곧은 관의 계산상 최소두께 (t) 는 다음 식에 따른다.

$$t = (t_o + c)\frac{100}{100 - a}\ (\text{mm})$$

t: 강도두께

c: 부식예비두께

a: 마이너스제작공차(%)

나) 관을 굽힘 가공할 경우에는 가공 전의 관의 계산상 최소두께 (tb)는 다음 식에 따른다.

$$t_b = (t_0 + c + b)\frac{100}{100 - a}\ (\text{mm})$$

b: 굽힘가공 예비두께(㎜)로서 (라)의 규정에 따른다.

t_0, c 및 a: 전호에 따른다.

다) 관의 강도두께 (t0) 는 다음 식에 따른다.

$$t_0 = \frac{PD}{2fJ + P}\ (\text{mm})$$

P: 설계압력 (㎫)

D: 관의 바깥지름 (㎜)

f: 허용응력 (N/mm^2)으로서 마)의 규정에 따른다.

J: 이음효율로서 다음에 따른다.

(1) 이음매 없는 관: 1.00

(2) 전기저항용접관: 0.85(다만, 이음매 없는 관과 동등하다고 인정하는 경우는 1.00으로 한다.)

(3) 그 밖의 용접관 및 단접관은 그때마다 정하는 바에 따른다.

라) 굽힘가공 예비두께(b) 는 다음식에 따른 것 이상이어야 한다. 가공 후 관의 굽힘가공 부분의 최소두께는 곧은 관의 계산상 최소두께 (t)보다 작지 아니하여야 한다.

$$b = \frac{1}{2.5} \times \frac{D}{R} t_0\ (\text{mm})$$

D: 관의 바깥지름(㎜)

R: 중심선의 곡률반지름(㎜). 다만, R ≧ 2D 이어야 한다.

t_0: 강도두께(㎜)로서 (다)호의 규정에 따른다.

마) 탄소강관 또는 합금강관의 허용응력 f는 원칙적으로 다음 값 중 최소의 것으로 한다.

$$f = \frac{E_T}{1.6}, \quad f = \frac{R_{20}}{2.7}, \quad f = \frac{f_R}{1.6}$$

E_T: 설계온도에 있어서 규격최소항복강도 또는 0.2% 의 내력(N/mm^2)

R_{20}: 상온에 있어서 규격최소인장강도(N/mm^2)

f_R: 설계온도에 있어서 10만 시간 후의 평균 파단강도(N/mm^2)

다. 휘발성유기화합물의 발생량

1) 발생량의 계산

가) 유증기의 발생량예측 계산은 시간의 함수로 표시되어야 하며, 다음 사항이 포함되어야 한다.

(1) 발생가스의 유동율

(2) 발생가스의 온도

(3) 발생가스의 성질・상태, 즉 C1, C2, C3, iC4, nC4, iC5, nC5, C6, C7 등

(4) VOC, 메탄, 불활성가스의 혼합비율 등

나) 발생가스는 탱크에서 생성되어 관장치를 거쳐 처리설비로 유도되는 과정에서 유체의 이동에 따라 탱크에서 생성되는 양의 예측과 함께 시스템 각 부분의 온도 예측이 가능하여야 하며 특히, 선박의 적양하 조건을 고려하여 계산되고 조절되어야 한다.

다) 선박의 적양하시 발생되는 휘발성 유기화합물의 발생량은(유기화합물의 경우) 다음 식으로 계산한다.

$$E_{VOC} = \frac{0.1203 \times (S \times P \times M \times Q)}{T}$$

E_{VOC}: 연간 휘발성유기화합물 총발생량(kg/year)

0.1203: 상수(kg-mole×K/㎪×103 L)

S: 포화계수(무차원, 비산적하시 1.0 및 액면하적하시 0.2)

P: 온도 T에서 화물의 증기압(㎪)

M: 유증기분자량(kg/kg-mole)

Q: 적재화물의 체적(1000 L/year)

T: 온도(K)

라) 적하조건, 화물유의 성질・상태 및 온도, 적하율, 선박의 형상 등이 발생률에 영향을 미친다는 점을 고려하여 모든 가능한 계산에 따라 발생률을 예측하여야 하

며 검사 신청시에 이러한 계산의 근거를 제출하여야 한다.

라. 유증기 관련 관장치의 압력손실 계산

1) 압력손실은 화물유증기-공기혼합물(Cargo Vapor-Air Mixture)의 밀도(Density) 산정을 통하여 계산한다.

2) 압력손실 계산식

가) 압력손실 계산식은 다음의 식과 같다.

$$\Delta P = \left(f\frac{L}{D} + K \right)\frac{\rho V^2}{2}$$

ΔP: 압력손실(Pressure Drop) Pa

f: 마찰손실계수(Friction Loss Coefficient)

L: 파이프길이 (Length of Pipe) m

D: 파이프안지름(Inner Diameter of Pipe) m

K: 관장치 손실계수(Loss Coefficient of Pipe Fittings)

ρ: 밀도(Density, kg/m^3)

V: 평균속도(Mean Velocity) m/s

나) 가)의 식에서 마찰손실계수 (f) 는 다음과 같다.

$$\frac{1}{\sqrt{f}} = 0.86 \ln\left(\frac{\epsilon/D}{3.7} + \frac{2.51}{Re\sqrt{f}} \right)$$

f: 마찰손실계수

Re: 레이놀즈 수(Reynolds number) $\left(\frac{vD}{\nu} \right)$

ϵ: 관의 표면거칠기

D: 관의 안지름

ν: 유체의 동점성계수(Kinematic Viscosity)

다) 가)의 식에서 관장치 손실계수K 는 아래의 표와 같다.

구분	K	구분	K
90° 벤드	0.32	디퓨져(Diffuser)	0.58
티(Tee)	1.40	리듀서(Reducer)	0.35
티(Tee)	0.38	버터플라이밸브 (Butterfly valve)	0.9
티(Tee)	0.33	플레임어레스터 (Frame arrester)	3.0

라) 나)의 식에서 마찰손실계수 (f)는 계산하기 어려운 경우에는 0.02를 사용할 수 있다.

마. 터미널 유증기관 연결구

1) 선박의 과부압을 방지하기 위한 터미널 유증기 연결구의 요건

가) 원격 조작되는 화물유증기관 차단밸브는 다음의 요건에 부합하여야 한다.

(1) 가능한 한 터미널 유증기 연결구에 가깝게 설치될 것

(2) 수동조작이 가능할 것

(3) 개폐지시기가 설치된 것일 것

(4) 비상차단 신호가 울린 후 30초 이내에 차단될 것

(5) 제어신호를 상실한 경우에도 자동적으로 차단되도록 유압 또는 공압의 비상차단 설비를 갖추고, 이 경우에도 30초 이내에 차단될 것

(6) 작동 중에 경보를 발할 것

나) 터미널 유증기 연결구는 오조작을 방지하기 위하여 식별이 가능하여야 하며 연결 플랜지는 유조선 유증기 연결구에 대한 기준에 적합하여야 한다.

다) 유증기를 이송하기 위하여 사용되는 호스는 다음의 요건에 부합하여야 한다.

(1) 최대허용압력은 0.5kg/㎠ 이상일 것

(2) 최대허용압력의 4배의 파열압력에 견딜 것

(3) -0.2kg/㎠의 부압에 변형이 없을 것

라) 터미널의 유증기관에는 터미널 연결구에 근접하여 압력계측 설비를 갖추어야 한다. 이 경우 압력계측 설비는 적하 전에 작동상태를 확인하여야 하며, 조작자에게 보고 들을 수 있는 경보를 발하는 것이어야 한다. 또한, 비상차단 밸브의 동작과 연동되어야 하며, 화물펌프 정지 등의 작동에 대하여 선박의 화물 이송에 관한 책임자와 터미널 책임자간의 상호 동의가 있어야 한다.

마) 육상처리설비의 오작동으로 유조선이 과압 상태로 되지 아니하도록 역류방지설비 또는 과압 보호장치 등과 동등한 설비를 갖추어야 한다.

2) 터미널 유증기수집장치의 요건

가) 처리용량은 최대화물 적하율의 1.25배 이상이어야 하며, 선박에서 발생할 수 있는 불활성가스의 공급률, 가스프리 등의 용량을 충분히 고려하여야 한다. 또한, 적하시 선박의 화물창에서 발생하는 유증기의 발생률은 25% 이상이어야 한다.

나) 장치의 용량은 선박의 경우 화물창의 과부압 방지장치의 설정압력에서 20%의 여유를 두고 유지될 수 있어야 하며 어떠한 경우에도 선박의 설계압력을 초과하거나 부압이 발생하여서는 아니 된다.

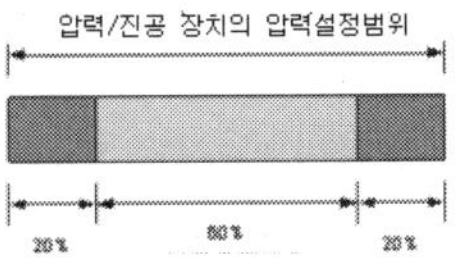

그림 4 허용운전범위

다) 육상의 유증기수집관에 연결된 압력은 선박으로부터 접속부에 이르는 관의 압력강하 등을 고려하여 보정되어야 한다.

라) 터미널 유증기관의 압력계측 위치는 선박의 유증기관, 연결호스 등의 압력강하를 충분히 고려하여야 한다.

마) 압력지시장치를 유증기 수집관장치에 설치하여야 한다.

바) 압축기, 송풍기 등이 유조선으로부터 유증기를 이송하기 위하여 사용된 경우에는 부압을 방지하기 위한 감시장치와 안전장치가 설치되어야 하며, 감시장치는 설정된 압력에 도달하면 경보를 발하고 압축기 또는 송풍기의 이송율이 조정되어야 하고, 허용한계에 도달한 경우의 비상정지기능이 있어야 한다.

바. 화재 또는 폭발로부터의 보호

1) 불활성화된 화물창으로부터 유증기를 받아 유증기회수장치로 처리하는 한 개의 연결구만을 갖는 유증기 배출 제어장치는 선박으로부터 유증기를 회수하기 전에 유증기 수집관을 불활성 가스로 충전하여야 하며 적어도 한 개의 연속적으로 계측이 가능한 산소농도 계측기를 터미널 유증기 연결구로부터 6m 이내에 설치하거나 동등한 조치를 취하여야 한다.

2) 불활성화된 화물창으로부터 유증기를 받아 유증기파기장치로 처리하는 한 개의 연결구만을 갖는 유증기 배출 제어장치는 터미널 유증기 연결구로부터 총 배관길이 18m 이내에 데토네이션 어레스터를 설치하거나 계통을 불활성화하여야 한다.

3) 불활성화되지 아니한 화물창으로부터 유증기를 받아 유증기 회수장치 또는 유증기 파기장치로 처리하는 한 개의 연결구만을 갖는 유증기 배출 제어장치는 터미널 유증기 연결구로부터 총 배관길이 18m 이내에 데토네이션 어레스터를 설치하거나 계통이 폭발범위에서 벗어나도록 조치를 취하여야 한다.

4) 유증기제어장치의 가스농도가 허용치에 달한 경우 산소 및 탄화수소 분석신호에 따라 유증기차단밸브를 자동적으로 폐쇄할 수 있는 안전장치를 설치하거나 동등한 조치를 취하여야 한다.

5) 선박으로부터 수집된 유증기를 수집장치를 통하여 터미널의 저장탱크에 보내는 증기평형방식의 유증기제어방식을 채택할 경우에는 다음의 요건에 부합하여야 한다.

가) 각 터미널의 유증기연결구로부터 총 배관길이 18m가 넘지 아니하는 위치에 데토네이션 어레스터를 설치하여야 한다.

나) 각 터미널 저장탱크의 유증기 리턴라인에 가능한 근접하여 데토네이션 어레스터를 설치하여야 한다.

다) 터미널 저장탱크에는 고액면경보장치 및 과적 조절장치가 설치되어야 한다.

6) 유증기 파기장치를 제외하고 각 벤트장치의 출구에는 플레임 어레스터를 설치하여야 한다.

사. 유증기압축기 및 블로워

1) 폭발범위안의 유증기를 취급하는 유증기압축기 및 블로워의 입출구에는 다음 중 하나의 설비를 갖추어야 한다.

가) 데토네이션 어레스터

나) 플레임 어레스터

다) 폭발진압설비

2) 유증기수집장치에 왕복동 또는 스크류형식의 압축기를 사용할 경우에는 다음의 어느 하나에 해당하는 경우 보고 들을 수 있는 경보를 발하고 지시할 수 있는 설비를 갖추어야 한다.

가) 각 압축기실의 토출가스 온도의 과도한 상승

나) 냉각수 온도의 과도한 상승

다) 과도한 진동

라) 윤활유 높이(level)의 저하

마) 윤활유 압력의 저하

바) 베어링 온도의 과도한 상승

3) 유증기수집장치에 액체 링형식(liquid ring-type)의 압축기를 사용할 경우에는 다음의 어느 하나에 해당하는 경우 보고 들을 수 있는 경보를 발하고 지시할 수 있는 설비를 갖추어야 한다.

가) 액체밀봉매체의 저유위

나) 액체밀봉매체의 유량저하

다) 액체밀봉매체의 과도한 온도상승

라) 윤활유 높이(level)의 저하

마) 윤활유 압력의 저하

바) 베어링 온도의 과도한 상승

4) 유증기수집장치에 원심식 압축기, 송풍기 또는 로브형 블로워를 사용할 경우에는 불꽃을 발생하지 아니하는 것을 사용하여야 한다.

아. 액 녹아웃 용기

1) 액 녹아웃 용기가 설치되는 경우에는 다음의 설비를 갖추어야 한다.

가) 용기 안에 액위를 식별하기 위한 설비

나) 고액면 경보장치

다) 비상저위액면에 도달한 경우 유증기 차단밸브, 콤프레서 및 블로워의 정지

자. 유증기회수장치 및 유증기파기장치

1) 폭발범위 안의 유증기를 취급하는 유증기회수장치에는 다음 중 어느 하나를 설치하여야 한다.

가) 데토네이션 어레스터

나) 플레임 어레스터

다) 폭발진압설비

2) 증기파기장치의 입구에는 다음의 설비를 갖추어야 한다.

가) 액체밀봉장치

나) 증기관에 직렬로 설치된 두개의 비상차단 정지밸브

3) 증기파기장치의 설치기준은 다음과 같다.

가) 육상에 접안한 선박으로부터 30m 이상 떨어져 설치될 것

나) 증기관장치에 데토네이션 어레스터 또는 플레임 어레스터를 설치할 것

다) 데토네이션 어레스터 또는 플레임 에레스터가 화염을 감지한 경우 경보와 비상정지가 가능할 것

4) 증기파기장치가 비상정지 또는 실화되었을 경우에는 비상차단밸브가 작동되어야 한다.

차. 전기설비 및 제어설비

1) 터미널의 위험구역

가) 터미널에서는 위험구역을 국제전기기술표준위원회(IEC)의 관련규정에 따라 다음과 같이 세가지로 분류하고 그 위험도에 따라 다음 표에 따른 방폭설비를 갖추어야 한다.

Ex	방폭설비	Zone
Ex d	내압방폭형[Flameproof (Explosion proof) Enclosure]	1, 2
Ex e	안전증가형[Increased Safety]	1, 2
Ex ia	본질안전형[Intrinsically Safe]	0, 1, 2
Ex ib	본질안전형[Intrinsically Safe]	1, 2
Ex o	유입방폭형[Oil Immersion]	2
Ex p	압력방폭형[Pressurized Apparatus (Purged Apparatus)]	1, 2
Ex q	사입방폭형[Powder Filling (Sand Filling)]	2
Ex m	몰딩방폭형[Encapsulation]	1, 2
Ex n or Ex N	"N"형방폭형[Non incentive or/and normally no sparking circuits]	2

(1) Zone 0

가스 또는 유증기의 인화성 물질과 공기의 혼합물이 연속적으로 혹은 오랫동안 노출되어 폭발성 분위기를 형성하는 장소

(2) Zone 1

가스 또는 유증기의 인화성 물질과 공기의 혼합물이 통상의 작업 중에 때때로 노출되어 폭발성 분위기를 형성하는 장소

(3) Zone 2

가스 또는 유증기의 인화성 물질과 공기의 혼합물이 통상의 작업중에는 일어나지 아니하나 짧은 시간동안 노출되어 폭발성 분위기를 형성하는 장소

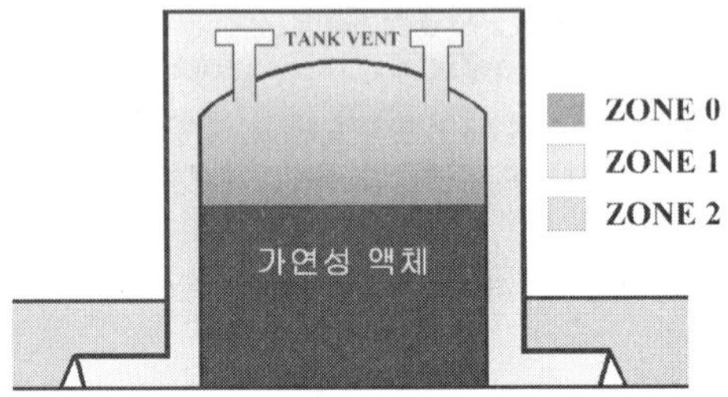

그림 5 위험구역에 대한 개념도

2) 방폭형 전기설비

가) 방폭형 전기기기는 IEC 60079 시리즈 (KS C IEC 60079 시리즈) 또는 이와 동등 이상의 규격에 따라야 하며, 이 표의 규정에도 적합하여야 한다.

나) 방폭구조의 구성재료는 설치장소의 환경조건 및 폭발성가스에 대하여 전기적, 기계적, 열적 및 화학적으로 충분한 저항력을 갖는 것이어야 한다.

다) 휴대형 기구의 용기 및 외부 부품은 마찰에 따른 불꽃발생의 염려가 적은 재료 또는 들 수 있는 끈을 붙인 비금속성인 튼튼한 덮개를 부착한 것이어야 한다.

라) 방폭구조의 중요부에 사용하는 절연콤파운드 및 실링콤파운드는 사용중에 유해한 팽창, 수축, 연화 또는 균열 등이 생기지 아니하는 것이어야 하며, 노출충전부에 충전하는 콤파운드는 난연성이어야 한다.

마) 내압 방폭구조, 안전증가 방폭구조 및 내압 방폭구조인 전등기구의 투광체 및 그 밖의 기기의 관찰창에는 원칙적으로 튼튼한 금속제 가드를 설치하여야 한다.

바) 방폭형 전기기기에는 방폭구조의 종류 및 대상가스의 종류를 명백히 표시하여야 하며, 전등기구에는 적합한 전구의 종류 및 와트숫자를 표시하여야 하고, 방폭형 전기기기의 기준주위온도는 50℃로 한다.

3) 제어 및 안전설비

가) 제어 및 안전에 관련된 시스템의 급전회로는 동력회로 및 전등회로와 분리하여야 한다.

나) 제어시스템, 경보시스템 및 안전시스템은 가능한 한 하나의 고장이 다른 고장으로 확대되지 아니하도록 하여야 하며, 그 기능을 저해하는 범위가 최소한으로 되도록 페일 세이프의 원칙으로 설계하여야 한다.

다) 제어를 유압 또는 공기압으로 하는 경우에는 원칙적으로 한 개의 시스템이 손상된 경우에도 계통에 이상을 주지 아니하도록 설계하여야 한다.

라) 제어 및 안전장치 중 정전 또는 시스템의 결함으로 선박 또는 터미널에 중대한 영향을 줄 수 있는 설비 또는 장치는 비상으로 동작할 수 있는 회로 또는 설비를 갖추어야 한다.

카. 작업절차

1) 화물이송작업

가) 이송작업은 시작 전에 선박의 관계자와 터미널 담당자 간에 협의되어야 하며, 이송작업 중에도 정보교환이 이루어져야 한다.

나) 선박과 터미널간의 교신을 위하여 본질안전형의 쌍방향 무선 전화기 2조를 비치하여야 한다.

다) 화물이송률은 터미널의 유증기 이송능력 등을 고려하여 선박과 사전 협의에 따른 이송률에 따라 조정되어야 한다.

라) 최대이송 허용률은 최대 유증기 이송률보다 커서는 아니 된다.

2) 선박으로부터 휘발성 유기화합물을 받기 전에 다음 사항을 확인하고 기록하여야 한다.

가) 모든 경보장치 및 차단장치의 효력시험을 수행하여야 한다.

나) 유증기관과 관련된 선박측 및 터미널측의 모든 관련밸브의 차단 및 작동상태를 확인하여야 한다.

3) 다음 사항을 규정된 절차에 따라 확인하고 기록하여야 한다.

가) 계통 안에 사용되는 중요한 분석기는 정하여진 절차에 따라 교정되어야 하며, 국가에서 인정된 교정검사기관의 교정 또는 승인된 스팬가스에 따른 방법에 따라 교정되고 그 기록이 유지되어야 한다.

나) 유증기 배출제어장치에 대한 기록은 정기적으로 책임자가 그 내용을 확인하여야 한다.

4) 작업절차서

가) 터미널에는 작업자가 이해할 수 있는 언어로 작성된 작업절차, 실무지침 및 참고용 도면이 포함된 작업절차서를 비치하여야 하며, 작업절차서에는 비상상황 시 책임에 대한 규정 및 비상조치 등에 대한 내용이 포함되어야 한다.

나) 비상조치와 관련된 사항은 사용자가 쉽게 이해할 수 있도록 도식화하여 제공하여야 하며, 작업자의 각 작업위치에서 눈에 잘 띄는 곳에 게시하여야 한다.

4. 유증기배출제어장치 검사 면제요건

「해양환경관리법」 제47조제3항 단서 규정에서는 해양시설에 설치되는 유증기배출제어장치에 대한 검사 면제요건을 두고 있으며, 그 내용은 다음과 같다.

i) 「대기환경보전법」 제23조제1항[66),67)]의 규정에 따라 대기오염물질배출시설의 설치허가를 받거나 설치신고를 한 시설

ii) 「대기환경보전법」 제44조제1항[68),69)]의 규정에 따라 휘발성유기화합물

---

66) 「대기환경보전법」 제23조(배출시설의 설치 허가 및 신고) ① 배출시설을 설치하려는 자는 대통령령으로 정하는 바에 따라 시・도지사의 허가를 받거나 시・도지사에게 신고하여야 한다. 다만, 시・도가 설치하는 배출시설, 관할 시・도가 다른 둘 이상의 시・군・구가 공동으로 설치하는 배출시설에 대해서는 환경부장관의 허가를 받거나 환경부장관에게 신고하여야 한다.

67) 「대기환경보전법 시행령」 제11조(배출시설의 설치허가 및 신고 등) ① 법 제23조제1항에 따라 설치허가를 받아야 하는 대기오염물질배출시설(이하 "배출시설"이라 한다)은 다음 각 호와 같다.

1. 특정대기유해물질이 환경부령으로 정하는 기준 이상으로 발생되는 배출시설
2. 「환경정책기본법」 제38조에 따라 지정・고시된 특별대책지역(이하 "특별대책지역"이라 한다)에 설치하는 배출시설. 다만, 특정대기유해물질이 제1호에 따른 기준 이상으로 배출되지 아니하는 배출시설로서 별표 1의3에 따른 5종사업장에 설치하는 배출시설은 제외한다.

② 법 제23조제1항에 따라 제1항 각 호 외의 배출시설을 설치하려는 자는 배출시설 설치신고를 하여야 한다.

③ 법 제23조제1항에 따라 배출시설 설치허가를 받거나 설치신고를 하려는 자는 배출시설 설치허가신청서 또는 배출시설 설치신고서에 다음 각 호의 서류를 첨부하여 환경부장관 또는 시・도지사에게 제출해야 한다.

1. 원료(연료를 포함한다)의 사용량 및 제품 생산량과 오염물질 등의 배출량을 예측한 명세서
2. 배출시설 및 대기오염방지시설(이하 "방지시설"이라 한다)의 설치명세서
3. 방지시설의 일반도(一般圖)
4. 방지시설의 연간 유지관리 계획서
5. 사용 연료의 성분 분석과 황산화물 배출농도 및 배출량 등을 예측한 명세서(법 제41조제3항 단서에 해당하는 배출시설의 경우에만 해당한다)
6. 배출시설 설치허가증(변경허가를 신청하는 경우에만 해당한다)

68) 「대기환경보전법」 제44조(휘발성유기화합물의 규제) ① 다음 각 호의 어느 하나에 해당하는 지역에서 휘발성유기화합물을 배출하는 시설로서 대통령령으로 정하는 시설을 설치하려는

배출시설의 설치신고를 한 경우

자는 환경부령으로 정하는 바에 따라 시·도지사 또는 대도시 시장에게 신고하여야 한다.

1. 특별대책지역
2. 대기관리권역
3. 제1호 및 제2호의 지역 외에 휘발성유기화합물 배출로 인한 대기오염을 개선할 필요가 있다고 인정되는 지역으로 환경부장관이 관계 중앙행정기관의 장과 협의하여 지정·고시하는 지역(이하 "휘발성유기화합물 배출규제 추가지역"이라 한다)

69) 「대기환경보전법 시행령」 제45조(휘발성유기화합물의 규제 등) ① 법 제44조제1항 각 호 외의 부분에서 "대통령령으로 정하는 시설"이란 다음 각 호의 시설(법 제44조제1항제3호에 따른 휘발성유기화합물 배출규제 추가지역의 경우에는 제2호에 따른 저유소의 출하시설 및 제3호의 시설만 해당한다)을 말한다. 다만, 제38조의2에서 정하는 업종에서 사용하는 시설의 경우는 제외한다.

1. 석유정제를 위한 제조시설, 저장시설 및 출하시설(出荷施設)과 석유화학제품 제조업의 제조시설, 저장시설 및 출하시설
2. 저유소의 저장시설 및 출하시설
3. 주유소의 저장시설 및 주유시설
4. 세탁시설
5. 그 밖에 휘발성유기화합물을 배출하는 시설로서 환경부장관이 관계 중앙행정기관의 장과 협의하여 고시하는 시설

② 제1항 각 호에 따른 시설의 규모는 환경부장관이 관계 중앙행정기관의 장과 협의하여 고시한다.

③ 법 제45조제4항에서 "대통령령으로 정하는 사유"란 다음 각 호의 어느 하나에 해당하는 사유를 말한다. 〈개정 2013. 1. 31.〉

1. 국내에서 확보할 수 없는 특수한 기술이 필요한 경우
2. 천재지변이나 그 밖에 특별시장·광역시장·특별자치시장·도지사(그 관할구역 중 인구 50만 이상의 시는 제외한다)·특별자치도지사 또는 특별시·광역시 및 특별자치시를 제외한 인구 50만 이상의 시장이 부득이하다고 인정하는 경우

제2절 해양오염방지선박검사 등의 불이행 위반행위

제129조(벌칙) ② 다음 각 호의 어느 하나에 해당하는 자는 1년 이하의 징역 또는 500만원 이하의 벌금에 처한다.

8. 제49조 내지 제53조의 규정에 따른 해양오염방지선박검사를 받지 아니한 선박을 항해에 사용한 자

8의2. 제54조의2를 위반하여 에너지효율검사를 받지 아니한 선박을 항해에 사용한 자

「해양환경관리법」 제129조제2항제8호 및 제8호의2에서는 이 법 제49조 내지 제53조 및 제54조의2 규정에 따른 해양오염방지선박검사(정기·중간·임시·임시항해·방오시스템검사) 및 에너지효율검사를 받지 아니한 선박을 항해에 사용할 경우 이를 처벌하도록 규정하고 있다. 이에 따라 여기에서는 검사종류별 검사대상, 제출서류, 검사시기, 검사방법, 검사기술 기준 등을 중심으로 살펴보고자 한다.

참고로 이 법 제49조 내지 제53조 및 제54조의2 규정에 따른 해양오염방지선박검사 및 에너지효율검사를 받은 선박은 그 해당 검사가 완료된 이후 다음과 같은 검사증서를 발급받고 있으며, 이 증서를 통해 선박의 검사이력 등을 확인할 수 있다.

i) 해양오염방지검사증서(규칙 별지 제9호서식)
ii) 해양오염방지검사증서추록(규칙 별지 제10호서식)
iii) 임시해양오염방지검사증서(규칙 별지 제17호서식)

ⅳ) 방오시스템검사증서(규칙 별지 제19호서식)

ⅴ) 에너지효율검사증서(규칙 별지 제21호의4서식)

Ⅰ. 정기검사 불이행 위반

1. 검사대상 및 시기

「해양환경관리법」 제49조제1항에서는 해양오염방지 설비(폐기물오염방지 설비 · 기름오염방지 설비 · 유해액체물질오염방지 설비 및 대기오염방지 설비)를 설치하거나 제26조제2항의 규정에 따른 선체 및 제27조제2항의 규정에 따른 화물창을 설치 · 유지하여야 하는 선박(이하 "검사대상선박"이라 한다)에 최초로 설치하여 항해에 사용하려는 때 또는 이 법 제56조[70]의 규정에 따른 유효기간이 만료한 때에는 정기검사를 받도록 하고 있다.

그리고 정기검사는 「선박오염방지규칙」 제39조제2항에 따라 해양오염방지 설비등을 선박에 최초로 설치하여 항해에 사용하려는 경우에는 항해에 사용하기 전에 받아야 하고, 해양오염방지검사증서등의 유효기간이 만료되는 경우에는 그 유효기간 내에 받아야 한다.

2. 제출서류 종류

「해양환경관리법」 제49조제1항에 따라 해양오염방지 설비, 선체 및 화물창(이하 "해양오염방지 설비등"이라 한다)의 정기검사(이하 "정기검사"라 한다)를 받으려는 자는 「선박오염방지규칙」 제39조제1항에 따른 별지 제8호서식의 해

70) 「해양환경관리법」 제56조(해양오염방지검사증서 등의 유효기간) ① 해양오염방지검사증서, 방오시스템검사증서, 에너지효율검사증서 및 협약검사증서의 유효기간은 다음 각 호와 같다.
  1. 해양오염방지검사증서: 5년
  2. 방오시스템검사증서: 영구
  3. 에너지효율검사증서: 영구
  4. 협약검사증서: 5년

양오염방지 설비등 검사신청서에 다음의 구분에 따른 서류를 첨부하여 지방해양수산청장(검사기관: 한국해양교통안전공단, 선급법인 등) 에게 제출하여야 한다.

i) 최초의 정기검사를 받으려는 경우(유조선 및 유해액체물질산적운반선 외의 선박은 가목부터 다목까지 및 자목부터 카목까지의 서류에 한정한다)(규칙 제39조제1항제1호)

가. 해양오염방지 설비등의 제조명세서 및 취급설명서

나. 해양오염방지 설비등의 구조 및 배치도면

다. 해양오염방지 설비등의 검정합격증명서, 기관대기오염방지증서 및 황산화물 배출적합증서의 원본 또는 사본(해당되는 선박에 한정한다)

라. 선박의 구조도면

마. 화물창의 용량에 관한 계산서

바. 분리평형수탱크의 용량에 관한 계산서

사. 선박평형수용 기름배출감시제어장치 중 유량계 및 선속계의 성능시험성적서(유조선의 경우로 한정한다)

아. 화물을 적재할 때의 복원성 및 선박이 손상될 때의 복원성에 관한 자료(1979년 12월 31일 후에 인도된 선박으로서 총톤수 150톤 이상의 유조선과 유해액체물질산적운반선의 경우로 한정한다)

자. 질소산화물배출 관련 기록부(질소산화물배출에 영향을 미칠 수 있는 기관부품의 설정방법 등 기술적 변수에 대한 기록을 말하며, 그 시험보고서를 포함한다. 이하 같다)

차. 법 제44조제1항제1호 및 이 규칙 제34조제1항에 따른 기준에 적합한 배기가스정화장치(이하 "황산화물용 배기가스정화장치"라 한다)의 기술 매뉴얼(황산화물용 배기가스정화장치의 증명서, 형식 및 운전 특성 등을 기재한 서류를 말한다. 이하 같다) 및 황산화물용 배

기가스정화장치 기록부(황산화물용 배기가스정화장치의 작동 상태 및 유지보수 이력을 기록한 서류를 말한다. 이하 같다)(황산화물용 배기가스정화장치가 설치된 경우로 한정한다)

카. 별표 3 제4호 및 제5호에 따른 폐기물 처리 안내표시판(안내표시판 부착 사진으로 대체할 수 있다) 및 폐기물관리계획서(해당되는 선박의 경우로 한정한다)

ii) 위 i) 외의 정기검사를 받으려는 경우(규칙 제39조제1항제2호)

가. 해양오염방지검사증서 또는 협약검사증서

나. 제1호가목부터 다목까지 및 자목부터 카목까지의 서류(해양오염방지 설비등의 신설 또는 변경이 있는 경우로 한정한다)

3. 검사증서 관리

정기검사에 합격한 선박에 대하여「해양환경관리법」제49조제2항에 따라 교부되는 해양오염방지검사증서는「선박오염방지규칙」제39조제3항부터 제5항까지에서 다음과 같이 관리하도록 하고 있다.

i) 지방해양수산청장은 법 제49조제2항에 따라 정기검사에 합격한 선박에 대하여 별지 제9호서식의 해양오염방지 검사증서 및 별지 제10호서식의 해양오염방지검사증서 추록을 발급하여야 한다(제3항).

ii) 지방해양수산청장은 해양오염방지검사증서등의 유효기간 만료 전에 정기검사를 받은 선박소유자에 대하여 그 기간만료 전에 새로운 증서를 발급할 수 없거나 검사 후 장기간 항해, 조업 등의 사유로 유효기간의 만료 후에 해당 선박에 비치할 수 없다고 인정되는 경우에는 정기검사 당시에 해양오염방지검사증서에 정기검사를 받은 사실을 기재하여 유효기간 만료일부터 5개월의 범위에서 선박에 갖추어두게 할 수 있다(제4항).

iii) 지방해양수산청장은 별표 7에 따라 선박에 설치하여야 하는 해양오염방지 설비 중 일부 설비를 갖추지 아니할 수 있도록 한 경우에는 그 내용을 해양오염방지검사증서에 기재하여야 한다(제5항).

Ⅱ. 중간검사 불이행 위반

1. 중간검사의 세부종류 및 검사사항

「해양환경관리법」 제50조제1항에서는 정기검사와 정기검사 사이에 중가검사를 받도록 하고 있으며, 이 중간검사의 세부종류 및 검사사항은 「선박오염방지규칙」 제40조제2항에 따라 다음과 같이 규정하고 있다.

i) 제1종 중간검사 : 배관·밸브 및 콕(이하 "배관등"이라 한다)의 위치 확인과 압력시험을 제외한 검사(규칙 제40조제2항제1호)
ii) 제2종 중간검사 : 작동시험(규칙 제40조제2항제2호)

2. 중간검사의 시기

「선박오염방지규칙」 제40조제3항에 따른 중간검사는 다음과 같은 시기를 적용하도록 하고 있으나, 이 규칙 제40조제4항·제5항에 해당하는 경우에는 상위검사 수검에 따른 하위검사 면제 및 중간검사의 시기를 연장할 수 있도록 하는 예외규정을 두고 있다.(〈표 3-12〉)

〈표 3-12〉 중간검사의 종류 및 검사시기

구 분	종류	검사시기
가. 다음의 어느 하나에 해당하는 선박 1) 총톤수 50톤 미만의 유조선 2) 여객선을 제외한 총톤수 100미만의 유조선 외의 선박	제1종 중간검사	정기검사 후 2번째 검사기준일 전 3개월부터 3번째 검사기준일 후 3개월까지
나. 가목 외의 선박	제1종 중간검사	정기검사 후 2번째 또는 3번째 검사기준일 전후 3개월 이내
	제2종 중간검사	검사기준일 전후 3개월 이내(다만, 정기검사 또는 제1종 중간검사를 받는 연도는 제외한다)

i) 제1종 중간검사 또는 제2종 중간검사에 갈음하여 정기검사를 받은 경우에는 해당 제1종 중간검사 또는 제2종 중간검사를 받지 아니할 수 있고, 제2종 중간검사에 갈음하여 제1종 중간검사를 받은 경우에는 해당 제2종 중간검사를 받지 아니할 수 있도록 하고 있음(규칙 제40조제4항)

ii) 지방해양수산청장은 해외수역(대한민국의 수역 외의 수역을 말한다. 이하 같다)에서의 장기간 항해 · 조업 등 부득이한 사유로 중간검사를 받을 수 없는 자가 중간검사의 연기를 신청할 경우 중간검사의 시기를 연기할 수 있음(이 경우 중간검사의 연기신청 및 신청의 처리 등에 관하여는 「선박안전법 시행규칙」 제20조[71]를 준용)(규칙 제40조제5항)

71) 「선박안전법 시행규칙」 제20조(중간검사시기의 연기신청) ① 법 제9조제4항에 따라 중간검사 시기를 연기받으려는 선박소유자는 별지 제7호서식의 중간검사시기연기신청서에 해당 선박의 항해일정 및 현재의 위치를 나타내는 서류를 첨부하여 해양수산부장관에게 제출하여야 한다.
② 해양수산부장관은 제1항에 따른 신청을 받은 경우에는 해당 선박의 항해일정을 고려하여 타당하다고 인정되는 경우 해당 검사기준일부터 12개월 이내의 기간을 정하여 그 검사시기를 연기할 수 있다. 이 경우 다음 검사시기와 검사종류 등을 선박소유자에게 알려야 한다.
③ 제2항에 따라 연기받은 기간 내에 해당 선박이 중간검사를 받을 장소에 도착하면 지체 없이 중간검사를 받아야 한다.
④ 제2항에 따라 검사시기의 연기로 인하여 연기된 중간검사와 정기검사가 겹치는 경우에는

3. 제출서류 종류 및 검사증서 관리

「해양환경관리법」 제50조제1항에 따라 중간검사를 받고자 하는 자는 「선박오염방지규칙」 제40조제1항에 따른 별지 제8호서식의 해양오염방지 설비등 검사신청서에 다음의 서류를 첨부하여 지방해양수산청장(검사기관: 한국해양교통안전공단, 선급법인 등)에게 제출하여야 한다.

i) 「선박오염방지규칙」 해양오염방지검사증서 또는 협약검사증서(규칙 제40조제1항제1호)

ii) 제39조제1항제1호가목부터 다목까지 및 자목부터 카목까지의 서류(해양오염방지 설비등의 신설 또는 변경이 있는 경우로 한정한다)(규칙 제40조제1항제2호)

그리고 이후 중간검사에 합격한 선박에 대한 해양오염방지검사증서의 표기(기재) 사항은 「해양환경관리법」 제50조제2항 및 「선박오염방지규칙」 제40조제6항에서 다음과 같이 규정하고 있다.

i) 해양오염방지검사증서에 그 검사결과를 표기(법 제50조제2항)

ii) 지방해양수산청장은 「선박오염방지규칙」 제15조제1항 관련 별표 7(기름오염방지 설비 설치 및 폐유저장용기 비치기준)에 따라 해당 선박에 설치하여야 하는 해양오염방지 설비 중 일부 설비를 갖추지 아니할 수 있도록 한 경우에는 그 내용을 해양오염방지검사증서에 기재(규칙 제40조제6항)

정기검사를 실시하고, 제1종 중간검사와 제2종 중간검사가 겹치는 경우에는 제1종 중간검사를 실시한다.

Ⅲ. 임시검사 불이행 위반

1. 검사대상

「해양환경관리법」 제51조제1항에서는 해양오염방지 설비등을 교체·개조 또는 수리하고자 하는 때에는 임시검사를 받도록 하고 있으며, 이와 관련한 세부사항은 「선박오염방지규칙」 제41조제1항에서 다음과 같이 규정하고 있다.

ⅰ) 해양오염방지 설비등의 전부 또는 일부를 교체, 개조 또는 수리하는 경우. 다만, 해당 설비의 성능에 영향을 미칠 우려가 없다고 해양수산부장관이 인정하는 경우는 제외한다.(규칙 제41조제1항제1호)

ⅱ) 분리평형수탱크 또는 화물창의 구조, 용량, 배치, 배관 등을 변경, 교체 또는 개조하는 경우(규칙 제41조제1항제2호)

반면, 임시검사 또한 앞서 언급한 중간검사와 동일하게 「선박오염방지규칙」 제41조제3항에서는 임시검사에 갈음하여 정기검사, 제1종 중간검사 또는 제2종 중간검사를 받은 경우에는 임시검사를 받지 아니할 수 있도록 하고 있다.

2. 제출서류 종류 및 검사증서 관리

「해양환경관리법」 제51조제1항에 따라 임시검사를 받고자 하는 자는 「선박오염방지규칙」 제41조제2항에 따른 별지 제8호서식의 해양오염방지 설비등 검사신청서에 다음의 서류를 첨부하여 지방해양수산청장(검사기관: 한국해양교통안전공단, 선급법인 등)에게 제출하여야 한다.

ⅰ) 해양오염방지검사증서 또는 협약검사증서(규칙 제41조제2항제1호)

ⅱ) 「선박오염방지규칙」 제39조제1항제1호가목부터 다목까지, 자목 및 차목

의 서류(해양오염방지 설비등의 신설 또는 변경이 있는 경우에 한한다)(규칙 제41조제2항제2호)

그리고 이후 임시검사에 합격한 선박에 대한 해양오염방지검사증서의 표기(기재) 사항은 「해양환경관리법」 제50조제2항 및 「선박오염방지규칙」 제40조제6항에서 다음과 같이 규정하고 있다.

i) 해양오염방지검사증서에 그 검사결과를 표기(법 제51조제2항)
ii) 지방해양수산청장은 「선박오염방지규칙」 제15조제1항 관련 별표 7(기름오염방지 설비 설치 및 폐유저장용기 비치기준)에 따라 해당 선박에 설치하여야 하는 해양오염방지 설비 중 일부 설비를 갖추지 아니할 수 있도록 한 경우에는 그 내용을 해양오염방지검사증서에 기재(규칙 제41조제4항)

Ⅳ. 임시항해검사 불이행 위반

1. 검사대상

「해양환경관리법」 제52조제1항에서는 해양오염방지검사증서를 교부받기 전에 임시로 선박을 항해에 사용하고자 하는 때에는 해당 해양오염방지 설비등에 대하여 임시항해검사를 받도록 하고 있으며, 이와 관련한 세부사항은 「선박오염방지규칙」 제43조제1항에서 다음과 같이 규정하고 있다.

i) 대한민국선박을 외국인 또는 외국정부에 양도할 목적으로 항해에 사용하려는 경우(규칙 제43조제1항제1호)
ii) 선박의 개조, 해체, 검사, 검정 또는 톤수 측정을 받을 장소로 항해하려는 경우(규칙 제43조제1항제2호)

2. 제출서류 종류 및 검사증서 관리

「해양환경관리법」 제51조제1항에 따라 임시검사를 받고자 하는 자는 「선박오염방지규칙」 제43조제2항에 따른 별지 제16호서식의 임시항해검사 신청서에 이 규칙 제39조제1항제1호나목의 서류(해양오염방지 설비등의 구조 및 배치도면)를 첨부하여 지방해양수산청장(검사기관: 한국해양교통안전공단, 선급법인 등)에게 제출하여야 한다.

그리고 이후 「선박오염방지규칙」 제43조제4항에서는 지방해양수산청장에게 「선박오염방지규칙」 제15조제1항 관련 별표 7(기름오염방지 설비 설치 및 폐유저장용기 비치기준)에 따라 해당 선박에 설치하여야 하는 해양오염방지 설비 중 일부 설비를 면제한 경우에는 그 내용을 임시해양오염방지검사증서에 기재하도록 하고 있다.

Ⅴ. 방오시스템검사 불이행 위반

1. 검사대상

「해양환경관리법」 제53조제1항에서는 이 법 제40조제2항의 규정에 따라 방오시스템을 선박에 설치하여 항해에 사용하려는 때에는 방오시스템검사를 받도록 하고 있으며, 이 경우 이에 해당하는 선박은 「선박오염방지규칙」 제44조제1항에서 국제항해에 종사하는 총톤수 400톤 이상의 선박으로 제한하고 있다. 그리고 이 방오시스템을 변경·교체하고자 하는 때(방오도료로 도장된 선체가 수리되는 경우에는 방오도료로 도장된 선체 면적의 25퍼센트 이상이 변경되는 경우로 한정한다)에는 이 법 제53조제3항 및 이 규칙 제45조제1항에 따라 임시방오시스템검사를 받아야 한다.

2. 제출서류 종류 및 검사증서 관리

「해양환경관리법」 제53조제1항・제3항에 따른 방오시스템검사 및 임시방오시스템검사를 받고자 하는 자는 「선박오염방지규칙」 제44조제2항 및 제45조제2항에 따른 별지 제18호서식의 방오시스템검사신청서에 각각 다음의 서류를 첨부하여 지방해양수산청장(검사기관: 한국해양교통안전공단, 선급법인 등)에게 제출하여야 한다.

i) 방오시스템검사(규칙 제44조제2항)
가. 방오시스템 형식승인증서 또는 검정합격증명서
나. 방오시스템의 물질안전보건자료(MSDS : Material Safety Data Sheet) 또는 같은 수준 이상의 자료
다. 방오시스템의 구성성분과 액체화학품분류번호(CAS No.)

ii) 임시방오시스템검사(규칙 제45조제2항)
가. 방오시스템검사증서
나. 방오시스템 형식승인증서 또는 검정합격증명서
다. 방오시스템의 물질안전보건자료 또는 같은 수준 이상의 자료
라. 방오시스템의 구성성분과 액체화학품분류번호

이후 「해양환경관리법」 제53조제4항에 따라 임시방오시스템검사에 합격한 선박에 대해서는 방오시스템검사증서에 그 검사결과를 표기하도록 하고 있다.

3. 검사방법 및 기술기준

지방해양수산청장(검사기관: 한국해양교통안전공단, 선급법인 등)은 「해양환경관리법」 제53조제1항・제3항 및 「선박오염방지규칙」 제44조제2항・제45조제2항에 따라 방오시스템검사 및 임시방오시스템검사의 검사신청을 받은 때

에는 이 규칙 제44조제3항 따른 별표 27의 검사방법에 따라 별표 28의 기술기준에 적합한지를 검사하도록 하고 있다.(〈표 3-13〉~〈표 3-14〉))

〈표 3-13〉 방오시스템의 검사방법

방오시스템의 검사방법(제44조제3항 관련)
1. 검사신청서에 명시된 방오시스템이 형식승인을 받았는지 여부와 선박에 적용된 방오시스템이 검사신청서에 명시된 시스템과 동일한 것인지 여부에 대하여 구비서류를 검토한다. 2. 다음 각 목의 어느 하나 이상의 작업을 시행한다. 가. 방오시스템 용기에 대한 제품 증명서가 검사신청에서 언급된 시스템과 동일한지 여부의 점검 나. 방오시스템의 샘플링 다. 방오시스템의 시험 라. 현장에서 행하는 그 밖의 점검 3. 방오시스템이 선박에 적용되기 전이나 중간, 또는 완료 후 등 작업의 각 단계에서 검사를 시행할 수 있으며, 검사로 인하여 방오시스템의 보전, 구조 또는 작업에 영향을 끼쳐서는 아니 된다. 4. 현존선의 경우 기존의 방오시스템이 제거되었으면, 상기 점검에 추가하여 방오시스템이 완전히 제거되었는지 여부를 확인하여야 한다. 5. 밀봉도장이 적용된 경우에는 선박에 적용된 도료의 이름, 형식 및 색상이 검사신청서에 기재된 것과 일치하고, 기존의 방오시스템이 밀봉도장으로 확실하게 덮어져 있는지 여부를 확인하여야 한다.

〈표 3-14〉 방오시스템의 기술기준

방오시스템의 기술기준(제44조제3항 관련)
1. 별표 18 제1호나목[72]에 따른 기준을 충족하여야 한다. 2. 검사를 위하여 선체의 서로 다른 지점에서 최소한 8개의 샘플을 채취하여야 한다. 3. 허용한도는 대표적인 시험조건 하의 표준편차보다 높지 아니하여야 하며, 어떠한 경우에도 30%를 넘지 아니하여야 한다.

72) 방오시스템의 사용기준 및 방법(「선박오염방지규칙」 제29조 관련 별표 18 제1호나목) : 건조 페인트(dry paint) 안에 총 주석함량이 2,500㎎/㎏을 초과하는 생물파괴제로 작용하는 유기주

Ⅵ. 에너지효율검사 불이행 위반

1. 검사대상 및 검사신청 시기

「해양환경관리법」 제54조의2제1항에서는 이 법 제41조의2제1항[73], 제41조의3제1항[74] 및 제41조의5제1항[75]에 따른 선박에 대해서는 선박에너지효율에

석 화합물이 포함된 방오도료 또는 방오시스템은 사용할 수 없다.

73) 「해양환경관리법」 제41조의2(선박에너지효율설계지수의 계산 등) ① 국제항해에 사용되는 총톤수 400톤 이상의 선박 중 해양수산부령(「선박오염방지규칙」 제30조의2(선박에너지효율설계지수 계산 대상선박 등)으로 정하는 선박을 건조하거나 다음 각 호의 어느 하나에 해당하는 개조를 하려는 경우에는 그 선박의 소유자는 해양수산부장관이 정하여 고시(「선박의 에너지효율검사 등에 관한 기준」)하는 최소 출력 이상의 추진기관을 설치하고 해양수산부장관이 정하여 고시하는 방법에 따라 선박에너지효율설계지수를 계산하여 그 결과를 해양수산부장관에게 보고하여야 한다.

1. 선박의 길이·너비·깊이·운송능력 또는 기관출력을 실질적으로 변경하기 위한 것으로 해양수산부령(「선박오염방지규칙」 제30조의2(선박에너지효율설계지수 계산 대상선박 등))으로 정하는 개조
2. 선박의 용도를 변경하기 위한 개조
3. 선박의 사용연한을 연장하기 위한 것으로 해양수산부령(「선박오염방지규칙」 제30조의2(선박에너지효율설계지수 계산 대상선박 등))으로 정하는 개조
4. 해양수산부령(「선박오염방지규칙」 제30조의3(선박에너지효율설계지수 허용값 등))으로 정하는 선박에너지효율설계지수 허용값을 초과하여 변경하는 등 선박에너지효율을 실질적으로 변경하기 위한 것으로 해양수산부령(「선박오염방지규칙」 제30조의2(선박에너지효율설계지수 계산 대상선박 등))으로 정하는 개조

74) 「해양환경관리법」 제41조의3(선박에너지효율관리계획서의 비치 등) ① 국제항해에 사용되는 총톤수 400톤 이상의 선박 중 해양수산부령(「선박오염방지규칙」 제30조의4(선박에너지효율관리계획서의 비치 대상 등))으로 정하는 선박의 소유자는 선박에너지효율을 향상시키기 위한 계획의 수립·시행·감시·평가 및 개선 등에 관한 절차 및 방법을 기술한 계획서(이하 "선박에너지효율관리계획서"라 한다)를 작성하여 선박에 비치하여야 한다.

75) 「해양환경관리법」 제41조의5(선박에너지효율지수의 계산 등) ① 국제항해에 사용되는 총톤수 400톤 이상의 선박 중 해양수산부령으로 정하는 선박의 소유자는 해양수산부장관이 정하여 고시하는 방법에 따라 선박에너지효율지수를 계산하여야 한다. 이 경우 선박에 대하여 다음 각 호의 어느 하나에 해당하는 개조를 하는 때에도 또한 같다.

1. 선박의 길이·너비·깊이·운송능력 또는 기관출력을 실질적으로 변경하기 위한 것으로 해양수산부령으로 정하는 개조
2. 선박의 용도를 변경하기 위한 개조
3. 선박의 사용연한을 연장하기 위한 것으로 해양수산부령으로 정하는 개조

관한 검사(이하 "에너지효율검사"라 한다)를 받도록 하고 있으며, 이는 「선박오염방지규칙」 제46조의2제1항에 따라 선박별로 검사신청 시기를 다음과 같이 구분하고 있다.

i) 「해양환경관리법」 제41조의2제1항에 따른 선박: 건조 또는 개조에 착수하기 전(규칙 제46조의2제1항제1호)

ii) 「해양환경관리법」 제41조의3제1항 및 제41조의5제1항에 따른 선박: 「해양환경관리법」 제54조의2제2항에 따른 에너지효율검사증서를 발급받기 위하여 선박에너지효율관리계획서를 선박에 비치한 때(규칙 제46조의2제1항제2호)

2. 제출서류 종류

「해양환경관리법」 제54조의2제1항에 따른 에너지효율검사를 받고자 하는 자는 「선박오염방지규칙」 제46조의2제2항에 따른 별지 제21호의3서식의 에너지효율검사 신청서에 다음의 서류(규칙 별표 28의2)를 첨부하여 해양수산부장관(검사기관: 한국해양교통안전공단, 선급법인 등)에게 제출하여야 한다.(〈표 3-15〉)

〈표 3-15〉 에너지효율검사 신청 시 구비서류

에너지효율검사 신청 시 구비서류(제46조의2제2항 관련)
1. 다음 각 목의 사항이 포함된 선박의 에너지효율 관련 기록부 가. 재화중량톤수(여객선 및 로로여객선의 경우에는 총톤수) 나. 주기관 및 보조기관의 연속최대출력 다. 기준선속(선박에너지효율설계지수의 계산에 사용되는 속력을 말한다)

4. 해양수산부령으로 정하는 선박에너지효율지수 허용값을 초과하여 변경하는 등 선박에너지효율을 실질적으로 변경하기 위한 것으로 해양수산부령으로 정하는 개조

라. 연료유의 종류
마. 연료소비율(주기관의 경우에는 연속최대출력의 75%, 보조기관의 경우에는 연속최대출력의 50%에서의 연료소비율을 말한다)
바. 설계시 하기만재흘수선 조건으로 추정한 출력선도 또는 실제 해상시운전 조건에서 추정한 출력선도(설계단계에서의 출력선도 추정과정 및 방법론을 포함하여야 한다)
사. 선박명세서
아. 선박의 종류(별표 20의2에서 정의된 선박의 종류 또는 국제해사기구가 정의하는 선박의 종류를 말한다) 및 선박의 종류를 분류하기 위한 관련 정보
자. 선급부호(해당하는 경우만 제출한다)
차. 선박 추진장치 및 전기공급장치의 개요
카. 선박에너지효율설계지수에 영향을 미치는 에너지저감장치에 관한 서류(에너지저감장치가 있는 선박만 해당한다)
타. 다음 각 목의 사항이 포함된 선박에너지효율설계지수 계산결과
  1) 계산에 사용된 매개변수 및 계산과정
  2) 날씨보상계수에 대한 정보(날씨보상계수를 적용하여 계산한 선박에너지효율설계지수 계산결과를 추가로 제출한 경우만 해당한다)
2. 에너지효율검사증서(증서를 소지하고 있는 선박만 해당한다)
3. 해양수산부장관이 필요하다고 인정하는 경우에 제출하는 서류
가. 수조시험설비의 개요(설비명, 수조 및 예인장비 명세서와 모니터링장비의 검교정 기록을 포함한다)
나. 수조시험의 타당성을 검증하기 위한 모형선과 실제선박의 선도(모형선과 실선의 유사성을 증명할 수 있는 상세 자료를 말한다)
다. 재화중량톤수의 검증을 위한 선박의 경하중량(사람, 화물 등을 적재하지 않은 선박 자체의 중량) 및 배수량조사표
라. 수조시험의 방법 및 결과에 대한 상세 보고서(실제 해상시운전 조건 및 하기만재흘수선 조건에서 실시한 시험결과를 포함한다)
마. 기준선속의 계산 과정에 관한 서류(거칠기 계수, 반류환산계수 등과 같이 경험치를 바탕으로 하는 추정 근거를 포함한다)
바. 수조시험을 생략하는 경우 그 사유를 적은 서류[동형선(同形船)의 선도와 수조시험 결과, 선박명세서의 비교자료와 수조시험을 생략한 사유에 대한 기술적 정당성을 입증하는 자료를 포함한다]
사. 전력조사표

3. 검사사항 및 검사방법

「해양환경관리법」 제54조의2제1항・제3항 및 「선박오염방지규칙」 제46조의

2제3항에 따른 에너지효율검사의 검사사항 및 검사방법은 다음과 같다.

i) 「해양환경관리법」 제41조의2제1항에 따른 선박(규칙 제46조의2제3항제1호)

가. 선박에너지효율설계지수의 검증

1) 선박의 설계단계에서 선박의 에너지효율 관련 기록부를 예비검증할 것

2) 해상 시운전단계에서 선박의 에너지효율 관련 기록부를 최종검증할 것

3) 그 밖에 해양수산부장관이 정하여 고시(「선박의 에너지효율검사 등에 관한 기준」)하는 검사방법을 준수할 것

나. 선박에너지효율설계지수 허용값 만족 여부

다. 선박에너지효율관리계획서의 비치 여부

ii) 「해양환경관리법」 제41조의3제1항 및 제41조의5제1항에 따른 선박: 선박에너지효율관리계획서의 비치 여부(규칙 제46조의2제3항제2호)

Ⅶ. 해양오염방지검사증서등 미교부 선박의 항해 위반

> 제127조(벌칙) 다음 각 호의 어느 하나에 해당하는 자는 3년 이하의 징역 또는 3천만원 이하의 벌금에 처한다.
>
> 3. 제57조제1항 내지 제3항의 규정을 위반하여 선박을 항해에 사용한 자

「해양환경관리법」 제127조제3호에서는 이 법 제57조제1항 내지 제3항에 따라 검사대상선박이 "해양오염방지검사증서등"(해양오염방지검사증서·임시해양오염방지검사증서·방오시스템검사증서·에너지효율검사증서 및 협약검사증서)을 교부받지 아니하고 항해(국제항해를 포함한다)에 사용하거나 해당 증서에 기재된 조건에 적합하지 아니한 방법으로 그 선박을 항해(국제항해를 포함한다)에 사용할 경우 이를 처벌하도록 규정하고 있다.

다만, 이 법 제57조제1항 및 제3항의 단서 규정에 따라 해양오염방지선박검사・에너지효율검사 또는 「선박안전법」 제7조 내지 제12조(건조・정기・중간・임시・임사항해・국제협약검사)의 규정에 따른 선박검사를 받기 위하여 항해하는 경우에는 그러하지 아니하도록 하고 있으며, 또한 이 법 제57조제4항에서는 교부받은 해양오염방지검사증서등은 그 선박 안에 비치할 것을 요구하고 있다.

Ⅷ. 부적합 선박에 조치된 명령 또는 처분 불이행 위반

제129조(벌칙) ② 다음 각 호의 어느 하나에 해당하는 자는 1년 이하의 징역 또는 500만원 이하의 벌금에 처한다.

9. 제58조 또는 제59조의 규정에 따른 명령 또는 처분을 이행하지 아니한 자

「해양환경관리법」 제129조제2항제9호에서는 이 법 제58조제1항・제2항 및 제59조제1항에 따라 해양오염방지를 위한 부적합 선박에 조치된 개선명령 또는 항해정지처분을 이행하지 않을 경우 이를 처벌하도록 규정하고 있다. 이에 따라 여기에서는 이 법에 따라 조치되는 개선명령 및 항해정지처분 사항에 대해 살펴보고자 한다.

ⅰ) 「해양환경관리법」 제58조제1항에 따라 해양오염방지 설비등, 방오시스템 또는 연료유의 황함유량 등이 해당 규정[76]의 설치기준, 기술기준 또

76) 「해양환경관리법」 제25조(폐기물오염방지 설비의 설치 등) ①해양수산부령으로 정하는 선박의 소유자는 그 선박 안에서 발생하는 해양수산부령으로 정하는 폐기물을 저장・처리하기 위한 설비(이하 "폐기물오염방지 설비"라 한다)를 해양수산부령으로 정하는 기준에 따라 설치하여야 한다.

는 황함유량 기준 등에 적합하지 아니하다고 인정되는 경우 조치된 개선명령(해양오염방지 설비등, 방오시스템 또는 연료유의 교체・개조・변경・수리 등)

ii) 「해양환경관리법」 제58조제2항에 따라 이 법 제59조제1항에 따른 개선

「해양환경관리법」 제26조(기름오염방지 설비의 설치 등) ①선박의 소유자는 선박 안에서 발생하는 기름의 배출을 방지하기 위한 설비(이하 "기름오염방지 설비"라 한다)를 해당 선박에 설치하거나 폐유저장을 위한 용기를 비치하여야 한다. 이 경우 그 대상선박과 설치기준 등은 해양수산부령으로 정한다.

② 선박의 소유자는 선박의 충돌・좌초 또는 그 밖의 해양사고가 발생하는 경우 기름의 배출을 방지할 수 있는 선체구조 등을 갖추어야 한다. 이 경우 그 대상선박, 선체구조기준 그 밖에 필요한 사항은 해양수산부령으로 정한다.

「해양환경관리법」 제27조(유해액체물질오염방지 설비의 설치 등) ①유해액체물질을 산적하여 운반하는 선박으로서 해양수산부령이 정하는 선박의 소유자는 유해액체물질을 그 선박 안에서 저장・처리할 수 있는 설비 또는 유해액체물질에 의한 해양오염을 방지하기 위한 설비(이하 "유해액체물질오염방지 설비"라 한다)를 해양수산부령이 정하는 기준에 따라 설치하여야 한다.

② 유해액체물질을 산적하여 운반하는 선박으로서 해양수산부령이 정하는 선박의 소유자는 선박의 충돌・좌초 그 밖의 해양사고가 발생하는 경우 유해액체물질의 배출을 방지하기 위하여 그 선박의 화물창을 해양수산부령이 정하는 기준에 따라 설치・유지하여야 한다.

「해양환경관리법」 제40조(유해방오도료의 사용금지 등) ② 누구든지 선박 또는 해양시설 등에 방오도료 또는 이를 사용한 설비 등(이하 "방오시스템"이라 한다)을 사용하거나 설치하려고 하는 경우에는 해양수산부령이 정하는 기준 및 방법에 따라야 한다.

「해양환경관리법」 제41조(대기오염물질의 배출방지를 위한 설비의 설치 등) ① 선박의 소유자는 해양수산부령이 정하는 바에 따라 그 선박에 대기오염물질의 배출을 방지하거나 감축하기 위한 설비(이하 "대기오염방지 설비"라 한다)를 설치하여야 한다.

「해양환경관리법」 제44조(연료유의 황함유량 기준 등) ① 선박의 소유자는 배출규제해역과 그 밖의 해역으로 구분하여 대통령령으로 정하는 황함유량 기준을 초과하는 연료유를 사용해서는 아니 된다. 다만, 다음 각 호의 어느 하나에 해당하는 경우에는 그러하지 아니하다.

1. 해양수산부령으로 정하는 기준에 적합한 배기가스정화장치를 설치・가동하여 해양수산부령으로 정하는 황산화물 배출제한 기준량 이하로 황산화물 배출량을 감축하는 경우
2. 이 항 각 호 외의 부분 본문에 따른 황함유량 기준을 충족하는 연료유를 공급받기 위하여 노력하였음에도 불구하고 해당 선박이 운항하는 해역의 인근 항만에서 황함유량 기준을 충족하는 연료유를 공급받을 수 없는 경우로서 해양수산부령으로 정하는 바에 따라 해양수산부장관의 인정을 받은 경우

명령 중 해양오염방지 설비등 및 방오시스템의 중대한 결함으로 인한 교체 등의 명령을 이행하지 아니하고 선박을 계속하여 사용하려고 하거나 사용한 경우 조치된 항해정지처분

iii) 「해양환경관리법」 제58조제3항에 따라 다음의 경우와 같은 수정・교체・개조・비치 등의 개선명령

가. 선박에너지효율이 제41조의2에 따른 선박에너지효율설계지수의 계산방법 및 허용값, 추진기관의 최소 출력기준에 적합하지 아니하다고 인정되는 경우

나. 선박에너지효율이 제41조의5에 따른 선박에너지효율지수 및 제41조의6에 따른 선박운항탄소집약도지수의 계산방법 및 허용값에 적합하지 아니하다고 인정되는 경우

다. 선박에너지효율관리계획서를 비치하지 아니한 경우

iv) 「해양환경관리법」 제59조제1항에 따라 우리나라의 항만・항구 또는 연안에 있는 외국선박에 설치된 해양오염방지 설비등과 방오시스템, 외국선박이 사용하는 연료유의 황함유량 또는 선박에너지효율이 해양오염방지에 관한 국제협약에 따른 기술상의 기준 또는 황함유량 기준에 적합하지 아니하다고 인정되는 경우 조치된 개선명령(해양오염방지 설비등과 방오시스템, 연료유 또는 선박에너지효율 관련 설비 등의 교체・개조・변경・수리・개선 등과 같은 항만국통제)

제4장

Investigation Guide of Marine Environmental Offenses

해양오염방제 조치 및 해양환경관리업 위반사범

제1절 해양오염방제를 위한 조치 위반행위

Ⅰ. 오염물질이 배출되는 경우의 신고의무 위반

> 제129조(벌칙) ① 다음 각 호의 어느 하나에 해당하는 자는 1년 이하의 징역 또는 1천만원 이하의 벌금에 처한다.
>
> 10. 제63조제1항제1호 또는 제2호에 해당하는 자로서 신고를 하지 아니하거나 거짓으로 신고한 자

「해양환경관리법」 제129조제1항제10호에서는 이 법 제63조제1항제1호 또는 제2호에 따라 배출기준을 초과하는 오염물질이 해양에 배출되거나 배출될 우려가 있다고 예상되는 경우 이에 대해 조치를 취하여야 하는 자가 신고하지 않거나 거짓으로 신고할시 처벌하도록 규정하고 있다. 이에 따라 여기에서는 오염물질이 배출되는 경우의 처벌대상이 되는 신고의무자, 배출시 신고기준 및 신고방법 등에 살펴보고자 한다.

1. 오염물질이 배출되는 경우의 신고의무자

「해양환경관리법」 제63조제1항에서는 배출기준을 초과하는 오염물질이 해양에 배출되거나 배출될 우려가 있다고 예상되는 경우 다음의 어느 하나에 해당하는 자는 지체 없이 해양경찰청장 또는 해양경찰서장에게 이를 신고하도록 정하고 있으나, 이 중 iii)에 해당하는 자는 이 법 제129조제1항제10호의 벌칙 적용대상에서 제외하고 있다.

i) 배출되거나 배출될 우려가 있는 오염물질이 적재된 선박의 선장 또는 해양시설의 관리자. 이 경우 해당 선박 또는 해양시설에서 오염물질의 배출원인이 되는 행위를 한 자가 신고하는 경우에는 그러하지 아니하다(제1호).

ii) 오염물질의 배출원인이 되는 행위를 한 자(제2호)

iii) 배출된 오염물질을 발견한 자(제3호)

그 밖에 「해양환경관리법 시행규칙」 제29조제1항 및 「선박오염방지규칙」 제51조제1항에 따른 신고사항을 해양경찰청장 또는 해양경찰서장 외의 자가 신고를 받은 경우에는 지체 없이 제29조제2항 및 제51조제2항에 따라 그 내용을 (해당 해역을 관할하는) 해양경찰청장 또는 해양경찰서장에게 알려야 한다.

2. 오염물질의 배출시 신고기준

「해양환경관리법」 제63조제1항에 따라 오염물질이 기준을 초과하여 해양에 배출되거나 배출될 우려가 있다고 예상되는 경우 신고의무를 가지는 신고기준은 같은 법 시행령 제47조(별표 6)에서 다음과 같이 정하고 있다.(〈표 4-1〉)

〈표 4-1〉 오염물질 배출 시 신고기준

오염물질 배출 시 신고기준(제47조 관련)			
종류		양농도	확산범위
폐기물	수은 및 그 화합물, 폴리염화비페닐, 카드뮴 및 그 화합물, 6가크롬화합물, 유기할로겐화합물	10kg 이상	
	시안화합물, 유기인화합물, 납 및 그 화합물, 비소 및 그 화합물, 구리 및 그 화합물, 크롬 및 그 화합물, 아연 및 그 화합물, 불화물, 페놀류, 트리클로로에틸렌, 테트라클로로에틸렌	100kg 이상	
	유기실리콘 화합물, 폐합성수지, 폐합성고분자 화합물, 폐산, 폐알칼리	200kg 이상	
	동·식물성 고형물, 분뇨, 오니류	200kg 이상	
	그 밖의 폐기물	1,000kg 이상	
기름		배출된 기름 중 유분이 100만분의 1,000 이상이고 유분총량이 100L 이상	배출된 기름이 1만㎡ 이상으로 확산되어 있거나 확산될 우려가 있는 경우
유해액체물질	알라클로르, 알칸, 그 밖에 해양수산부령으로 정하는 X류 물질	10L 이상	
	아세톤 시아노히드린, 아크릴산, 그 밖에 해양수산부령으로 정하는 Y류 물질	100L 이상	
	아세트산, 아세트산 무수물, 그 밖에 해양수산부령으로 정하는 Z류 물질	200L 이상	
	평가는 되었으나 유해액체물질목록에 등록되지 아니한 잠정평가물질	10L 이상	

3. 오염물질의 배출신고 방법

「해양환경관리법」 제63조에 따라 선박・해양시설로부터의 오염물질 배출을 신고하려는 자는 같은 법 시행규칙 제29조제1항 및 「선박오염방지규칙」 제51조제1항에서 규정하고 있는 방법(서면・구술・전화 또는 무선통신 등)으로 신속하게 하도록 하고 있으며, 그 신고사항은 다음과 같다.

i) 해양시설로부터의 오염물질 배출신고 사항(「해양환경관리법 시행규칙」 제29조제1항)
  가. 해양 오염사고의 발생일시・장소 및 원인
  나. 배출된 오염물질의 종류, 추정량 및 확산상황과 응급조치상황
  다. 사고선박 또는 시설의 명칭, 종류 및 규모
  라. 해면상태 및 기상상태

ii) 선박으로부터의 오염물질 배출신고 사항(「선박오염방지규칙」 제51조제1항)
  가. 해양 오염사고의 발생일시・장소 및 원인
  나. 배출된 오염물질의 추정량 및 확산상황과 응급조치상황
  다. 사고선박 또는 시설의 명칭, 종류 및 규모
  라. 해면상태 및 기상상태

Ⅱ. 오염물질이 배출되는 경우의 방제조치 및 자재·약제 사용기준 위반

제127조(벌칙) 다음 각 호의 어느 하나에 해당하는 자는 3년 이하의 징역 또는 3천만원 이하의 벌금에 처한다.
4. 제64조제1항 또는 제3항의 규정에 따른 방제조치를 하지 아니하거나 조치명령을 위반한 자

제128조(벌칙) 다음 각 호의 어느 하나에 해당하는 자는 2년 이하의 징역 또는 2천만원 이하의 벌금에 처한다.

17의2. 제110조의2제1항에 따라 형식승인대상 외 자재·약제에 대한 성능인증을 받지 아니하거나 성능인증이 취소되었음에도 성능인증을 받은 것으로 표시하여 형식승인대상 외 자재·약제를 제작·제조 및 수입하여 판매한 자

제129조(벌칙) ② 다음 각 호의 어느 하나에 해당하는 자는 1년 이하의 징역 또는 500만원 이하의 벌금에 처한다.

9의2. 제64조제6항을 위반하여 제110조제4항·제6항 및 제7항에 따른 형식승인, 검정, 인정을 받지 아니하거나 제110조의2제3항에 따른 검정을 받지 아니한 자재·약제를 방제조치에 사용한 자

「해양환경관리법」 제127조제4호에서는 이 법 제63조제1항제1호 및 제2호에 해당하는 방제의무자가 배출된 오염물질에 대한 방제조치 의무를 하지 아니하거나, 제64조제3항에 따라 방제의무자가 자발적으로 방제조치를 행하지 아니하는 때에 해양경찰청장이 그 자에게 시한을 정하여 취한 방제조치 명령을 수행하지 않을 시에는 처벌하도록 규정하고 있다.

그리고 「해양환경관리법」 제128조제17호의2 및 제129조제2항제9호의2에서는 오염물질의 방제조치에 사용되는 자재 및 약제는 이 법 제110조제4항·제6항·제7항에 따라 제작·제조 및 수입된 것으로 방제조치에 사용하도록 하고 있으나 이를 위반한 경우 처벌대상이 된다.

이에 따라 여기에서는 방제의무자가 배출된 오염물질에 대해 조치하여야 하는 유효적절한 방제조치 방법 및 방제조치와 이에 사용되는 자재·약제의 승인요건 등에 대해 살펴보고자 한다.

1. 방제조치 사항

「해양환경관리법」 제64조제1항에 따라 방제의무자가 오염물질이 배출되는 경우의 방제조치 (i) 오염물질의 배출방지, ii) 배출된 오염물질의 확산방지 및 제거, iii) 배출된 오염물질의 수거 및 처리) 사항은 같은 법 시행령 제48조제1항에서 정하고 있는 다음의 조치로서 이는 오염물질의 배출방지와 배출된 오염물질의 확산방지 및 제거를 위한 응급조치를 한 후 현장에서 할 수 있는 최대한의 유효적절한 조치를 하도록 하고 있다.

i) 오염물질의 확산방지울타리의 설치 및 그 밖에 확산방지를 위하여 필요한 조치(시행령 제48조제1항제1호)

ii) 선박 또는 시설의 손상부위의 긴급수리, 선체의 예인・인양조치 등 오염물질의 배출 방지조치(시행령 제48조제1항제2호)

iii) 해당 선박 또는 시설에 적재된 오염물질을 다른 선박・시설 또는 화물창으로 옮겨 싣는 조치(시행령 제48조제1항제3호)

iv) 배출된 오염물질의 회수조치(시행령 제48조제1항제4호)

v) 해양오염방제를 위한 자재 및 약제의 사용에 따른 오염물질의 제거조치(시행령 제48조제1항제5호)

vi) 수거된 오염물질로 인한 2차오염 방지조치(시행령 제48조제1항제6호)

vii) 수거된 오염물질과 방제를 위하여 사용된 자재 및 약제 중 재사용이 불가능한 물질의 안전처리조치(시행령 제48조제1항제7호)

2. 자재 및 약제의 사용요건 등

「해양환경관리법」 제64조제6항에 따라 오염물질의 방제조치에 사용되는 자재 및 약제는 이 법 제110조제4항・제6항 및 제7항에 따른 형식승인・검정 및 인정을 받거나 이 법 제110조의2제3항에 따른 검정을 받은 것으로 하고 있으며, 예외적으로 이 법 제64조제6항 단서에 따라 오염물질의 방제조치에 사용되는 자재로서 긴급방제조치에 필요하고 해양환경에 영향을 미치지 아니한다고 해양경찰청장이 인정하는 경우에는 별도의 사용요건을 두지 않고 있다.

3. 자재 및 약제의 형식승인 등

「해양환경관리법」 제110조제4항에 따라 오염물질의 방제・방지에 사용하는 자재・약제를 제작・제조하거나 수입하려는 자는 같은 법 시행규칙 제66조에서 정하는 바에 따라 해양경찰청장의 형식승인을 받아야 하며, 또한 형식승인을 받고자 하는 자는 이 법 제110조제5항에 따라 형식승인을 받기 전에 미리 해양경찰청장으로부터 자재・약제에 대한 성능시험[77),78)]을 받도록 하고 있다.

다만, 이 법 제110조제4항 단서에서는 시험・연구 또는 개발을 목적으로 제작・제조하거나 수입하는 오염물질의 방제・방지에 사용하는 자재・약제에

---

77) 「해양환경관리법 시행규칙」 제69조(성능시험) ① 법 제110조제5항에 따라 해양환경측정기기 또는 자재・약제의 성능시험을 받으려는 자는 해양환경측정기기의 경우에는 별지 제61호서식의 해양환경측정기기 성능시험신청서에 사양서, 구조도면 및 작동설명서를 첨부하여 성능시험용 해양환경측정기기와 함께 해양수산부장관에게, 자재・약제의 경우에는 별지 제62호서식의 자재・약제 성능시험신청서에 사양서, 재질 및 성능에 관한 설명서를 첨부하여 성능시험용 자재・약제와 함께 해양경찰청장에게 각각 제출하여야 한다.
② 해양수산부장관 또는 해양경찰청장은 제1항에 따른 신청이 있으면 해당 해양환경측정기기 또는 자재・약제가 해양수산부장관 또는 해양경찰청장이 정하여 고시(「해양오염방제 자재・약제의 성능시험기준 및 검정기준에 관한 규칙」)하는 성능시험기준에 적합한 경우에는 별지 제63호서식의 해양환경측정기기 성능시험성적서 또는 별지 제64호서식의 자재・약제 성능시험성적서를 신청인에게 발급하여야 한다.

78) 「해양오염방제 자재・약제의 성능시험기준 및 검정기준에 관한 규칙」 제4조(성능시험의 방법 및 기준) 시행규칙 제69조에 따른 해양오염방제 자재・약제의 종류별 성능시험 방법 및 판정기준은 별표 1과 같다. 다만, 인용된 시험방법이 폐지 또는 변경된 경우에는 다음 각 호의 어느 하나의 기준을 적용할 수 있다.
1. 한국산업표준(KS)에서 정한 기준
2. 국제표준화기구(ISO)에서 정한 기준
3. 미국재료시험협회(ASTM)에서 정한 기준
4. 해양환경공정시험기준에서 정한 기준

대하여 해양경찰청장의 확인을 받은 경우에는 형식승인을 면제하고 있다. 이와 관련해서 같은 법 시행규칙 제66조에서 규정하고 있는 형식승인을 받아야 하는 자재・약제의 종류, 형식승인 신청(변경)서류 및 형식승인을 면제 받으려는 자가 제출하여야 하는 서류 등에 대해 살펴보면 다음과 같다.

i) 자재・약제의 종류(규칙 제66조제1항)[79]

가. 해양유류오염확산차단장치(오일펜스, Oil Fence)

나. 유처리제 / 다. 유흡착재 / 라. 유겔화제 / 마. 생물정화제제(生物淨化製劑)

ii) 형식승인을 받으려는 자 또는 형식승인을 받은 이후에 그 자재・약제의 규격 등을 변경(해당 자재・약제의 성능에 직접적인 영향을 미치지 아니하는 사항을 변경하려는 경우에 한정한다)하려는 자는 별지 제58호서식의 해양오염방제 자재・약제 형식승인(변경・면제) 신청서에 다음의 구분에 따른 첨부 서류를 해양경찰청장에게 제출(규칙 제66조제2항)

가. 형식승인의 신청: 사용재료 및 사용방법에 관한 설명서

나. 형식승인 변경의 신청: 형식승인증서 원본, 변경내용을 증명할 수 있는 서류

iii) 자재・약제의 형식승인을 면제 받으려는 자는 별지 제58호서식의 해양오염방제 자재・약제 형식승인(변경・면제) 신청서에 다음 각 호의 서

79) 「해양오염방제 자재・약제의 성능시험기준 및 검정기준에 관한 규칙」 제2조(정의) 이 규칙에서 사용하는 용어의 뜻은 다음과 같다.

1. "오일펜스"란 유출된 기름을 포위, 포집, 차단 및 유도하기 위해 사용되는 방제자재를 말한다.
2. "유처리제"란 유출된 기름을 미세한 기름방울로 분산시켜 물속에서 신속하게 묽게 한 다음 자연 발생 미생물에 의해 분해되도록 하는 방제약제를 말한다.
3. "유흡착재"란 유출된 기름을 흡착하여 처리하는 방제자재를 말한다.
4. "유겔화제"란 유출된 기름을 응고시켜 처리하는 방제약제를 말한다.
5. "생물정화제제(生物淨化製劑)"란 유출된 기름의 생물분해를 촉진시켜 제거하는 방제약제를 말한다.

류를 첨부하여 해양경찰청장에게 제출(규칙 제66조제3항)

가. 사용재료 및 사용방법에 관한 설명서

나. 시험・연구 또는 개발 계획서

그 밖에 해양경찰청장은 이 법 제110조제4항에 따라 자재・약제의 형식승인을 한 경우에는 「해양환경관리법 시행규칙」 제67조제1항에 따른 별지 제60호 서식의 자재・약제 형식승인증서를 신청인에게 발급하고 있으며, 형식승인을 받은 자는 이 규칙 제68조(별표 24)에서 정하고 있는 다음과 같은 형식승인(수입신고)표(이 법 제67조제1항에 따른 형식승인증서 내용을 표시)를 붙이도록 하고 있다.(〈표 4-2〉)

〈표 4-2〉 형식승인(수입신고)표

형식승인(수입신고)표(제68조 관련)	
제작회사:	기기형식:
형식승인번호:	형식승인일:
기기고유번호:	수입신고일:
「해양환경관리법」 제110조제1항 및 같은 법 시행규칙 제68조에 따라 형식승인을 받은 제품임을 증명합니다.	
비고 1. 표지의 재질은 알미늄판 등으로 하며, 크기는 가로 90㎜ × 세로 40㎜로 한다. 2. 글자의 표기는 지워지지 아니하는 인쇄 또는 각인으로 한다.	

4. 자재 및 약제의 검정 등

「해양환경관리법」 제110조제4항의 규정에 따른 형식승인을 얻은 자가 자재・약제를 제작・제조하거나 수입한 때에는 이 법 제110조제6항에 따라 해양경찰청장의 검정을 받아야 하며, 이 경우 검정에 합격한 자재・약제에 대하여는 해양오염방지선박검사 중 최초로 실시하는 검사에 합격한 것으로 보고 있다.

이와 관련해서 같은 법 시행규칙 제70조에 따라 자재・약제의 검정을 받으려는 자는 별지 제65호서식의 검정신청서를 해양경찰청장에게 제출하여야 하며, 또한 해양경찰청장은 자재・약제를 검정한 결과가 「해양오염방제 자재・약제의 성능시험기준 및 검정기준에 관한 규칙」에 따른 검정기준에 적합하다고 인정하면 별지 제66호서식의 검정합격증명서를 신청인에게 발급하고 해당 자재・약제에는 같은 법 시행규칙 제70조제3항(별표 25) 및 「해양오염방제 자재・약제의 성능시험기준 및 검정기준에 관한 규칙」 제5조제3항과 관련한 다음의 별표 4에 따른 국가통합인증마크를 표시하도록 하고 있다.(〈표 4-3〉)

〈표 4-3〉 해양오염방제 자재·약제의 검정 합격 국가통합인증마크 표시

해양오염방제 자재 · 약제의 검정 합격 국가통합인증마크 표시(제5조 관련)

구 분	국가통합인증마크 표시
유처리제 유흡착재 유겔화제 생물정화제제	KCE 처000001 해양경찰청 KOREA COAST GUARD
	KCE 처000001 대 행 기 관
오일펜스	KCE 해양경찰
	KCE 대행기관

비고

1. 유처리제, 유흡착재, 유겔화제, 생물정화제제에 사용되는 검정합격 인증마크는 가로 6cm, 세로 2m 크기의 금색(KS A 0062에 따른 10YR 6/4 색채) 바탕의 스티커로 재질로 한다.
2. 일련번호는 1자리 한글과 6자리 숫자를 혼합하여 사용한다. 이때 사용하는 한글은 다음과 같다.
   가. 유처리제 - 처

나. 유흡착재 - 흡
다. 유겔화제 - 겔
라. 생물정화제제 - 생
3. 오일펜스에 사용되는 검정합격 인증마크는 가로 10cm, 세로 5cm 크기의 검정색 도장을 사용한다.
4. 국가통합인증마크의 도안은「해양환경관리법 시행규칙」별표 25에 따른다.
5. 업무대행자의 경우 대행기관명을 표시한다.

5. 자재 및 약제의 인정 등

「해양환경관리법」제64조제6항 및 제110조제7항의 규정에 따라 협약당사국에서 선박에 자재·약제를 비치·보관한 자는 해양경찰청장의 인정을 받아야 하며, 이 경우 인정을 받은 물품에 대하여는 이 법 제110조제4항 및 제5항까지의 규정에 따른 형식승인·성능시험 및 검정을 받은 것으로 보고 있다.

또한 같은 법 시행규칙 제71조제1항에서는 해양경찰청장이 이 법 제110조제7항에 따른 다음의 어느 하나에 해당하는 경우에는 해당하는 자재·약제에 대하여 형식승인·성능시험·검정을 받은 것으로 인정할 수 있도록 하고 있다.

i) 협약당사국이 형식승인을 한 자재·약제로서 외국에서 도입·건조 또는 수리된 선박에 갖추어둔 자재·약제(시행규칙 제71조제1항제1호)
ii) 선박에 갖추어둔 자재·약제로서 국내에서 생산되지 아니하지만 협약당사국이 형식승인을 한 것 중 해양경찰청장이 정하여 고시하는 자재·약제(시행규칙 제71조제1항제2호)

이와 관련해서 같은 법 시행규칙 제71조제1항에 따라 자재·약제에 대한 인정을 받으려는 자는 제71조제2항에 따른 별지 제67호서식의 자재·약제의 형식승인·성능시험·검정인정 신청서에 위의 i)~ii) 어느 하나에 해당됨을 증명하는 서류를 첨부하여 해양경찰청장에게 제출하도록 하고 있으며, 해양경찰청장은 형식승인 등을 받은 것으로 인정한 경우에는 제71조제3항에서 정하고 있는 별지 제68호서식의 자재・약제의 형식승인・성능시험・검정 인정서를 신청인에게 발급하고 있다.

6. 형식승인대상 외 자재・약제의 검정 등

「해양환경관리법」 제64조제6항 및 제110조의2제1항의 규정에 따라 이 법 제110조제4항 및 같은 법 시행규칙 제66조제1항에 따른 형식승인을 받아야 하는 자재・약제를 제외한 오염물질의 방제・방지에 사용하는 자재・약제(이하 "형식승인대상 외 자재・약제"라 한다)를 제작・제조하거나 수입하려는 자는 같은 법 시행규칙 제72조의2[80])에서 정하는 절차와 방법에 따라 해양경찰청장으

80) 「해양환경관리법 시행규칙」 제72조의2(형식승인대상 외 자재・약제의 성능인증) ① 해양경찰청장은 법 제110조의2제1항에 따라 형식승인대상 자재・약제를 제외한 자재・약제(이하 "형식승인대상 외 자재・약제"라 한다)에 대하여 제72조의3에 따른 기술전문위원회가 심의한 성능시험기준을 적용하여 성능인증을 할 수 있다.
② 법 제110조의2제1항에 따라 형식승인대상 외 자재・약제에 대하여 성능인증을 받으려는 자는 별지 제58호의2서식의 형식승인대상 외 자재・약제 성능인증신청서에 다음 각 호의 서류를 첨부하여 해양경찰청장에게 제출하여야 한다.
1. 사양서
2. 사용재료 및 사용방법에 관한 설명서
3. 수입신고서 사본(수입하는 경우로 한정한다)
③ 해양경찰청장은 제2항에 따른 신청을 받으면 신청일부터 15일 이내에 기술전문위원회에 성능인증을 위한 성능시험기준을 마련하여 심의의뢰 여부를 결정하고, 그 결과를 신청인에게 통지하여야 한다. 이 경우 해양경찰청장은 신청인에게 기술전문위원회의 심의여부의 결정에 필요한 자료를 요구할 수 있다.
④ 해양경찰청장은 제3항에 따라 결정된 성능인증을 위한 성능시험기준(제72조의6에 따른 검정을 위한 검정기준을 포함한다)을 신청인에게 통보하고 지체 없이 이를 고시(「형식승인대상외 방제자재・약제의 성능인증 심의 규정」)하여야 한다.
⑤ 제4항에 따라 성능시험기준을 통보받은 신청인은 제72조의5에 따라 성능시험을 하고, 같은 조 제2항에 따른 형식승인대상 외 자재・약제 성능시험성적서를 해양경찰청장에게 제출하여야 한다.
⑥ 해양경찰청장은 형식승인대상 외 자재・약제 성능시험성적서를 확인하고 그 성능이 인증되면 별지 제60호의2서식의 형식승인대상 외 자재・약제 성능인증서를 신청인에게 발급하

로부터 성능인증을 받을 수 있다. 그리고 이 성능인증을 받으려는 자는 이 법 제110조의2제2항에 따라 미리 해양경찰청장으로부터 형식승인대상 외 자재·약제에 대하여 같은 법 시행규칙 제72조의5[81]에서 정하는 바에 따라 성능시험을 받아야 한다.

이에 따라 성능인증을 받은 자가 인증받은 형식승인대상 외 자재·약제를 제작·제조 및 수입하는 때에는 이 법 제110조의2제3항에 따른 해양경찰청장의 검정을 받아야 한다.

이와 관련해서 이 법 제110조의2제1항에 따라 성능인증을 받은 자가 제110조의2제3항에 따라 검정을 받으려면 같은 법 시행규칙 제72조의6에서 정하는 바와 같이 별지 제65호의2서식의 형식승인대상 외 자재·약제 검정신청서를 해양경찰청장에게 제출하여야 하며, 해양경찰청장은 형식승인대상 외 자재·약제를 검정한 결과가 같은 법 시행규칙 제72조의2제4항에 따른 검정기준(「형식승인 대상외 방제자재·약제의 성능인증 심의 규정」)에 적합하다고 인정하면 같은 법 시행규칙 제72조의6제2항에서 정하는 별지 제66호의2서식의 형식승인대상 외 자재·약제 검정합격증명서를 신청인에게 발급하고 해당 자재·약제에 다음과 같은 별표 25의2에 따른 성능인증 표시를 하여야 한다.(〈표 4-4〉)

고, 인증되지 아니한 경우에는 그 사유를 밝혀 신청인에게 통지하여야 한다.

⑦ 해양경찰청장은 제6항에 따라 성능인증서를 발급한 때에는 그 형식승인대상 외 자재·약제의 종류, 제작사, 형식 및 성능인증번호 등을 관보에 게재하여야 한다. 인증한 내용을 변경하거나 취소한 때에도 또한 같다.

81) 「해양환경관리법 시행규칙」 제72조의5(형식승인대상 외 자재·약제의 성능시험) ① 법 제110조의2제2항에 따라 형식승인대상 외 자재·약제의 성능인증을 위한 성능시험을 받으려는 자는 별지 제62호의2서식의 형식승인대상 외 자재·약제 성능시험신청서에 사양서, 구조도면 및 사용설명서를 첨부하여 성능시험용 자재·약제와 함께 대행기관의 장에게 제출하여야 한다.

② 대행기관의 장은 제72조의2제4항의 성능시험기준에 따른 성능시험을 하고 별지 제64호의2서식의 형식승인대상 외 자재·약제 성능시험성적서를 신청인에게 발급하여야 한다.

〈표 4-4〉 형식승인대상 외 자재·약제의 성능인증 표시

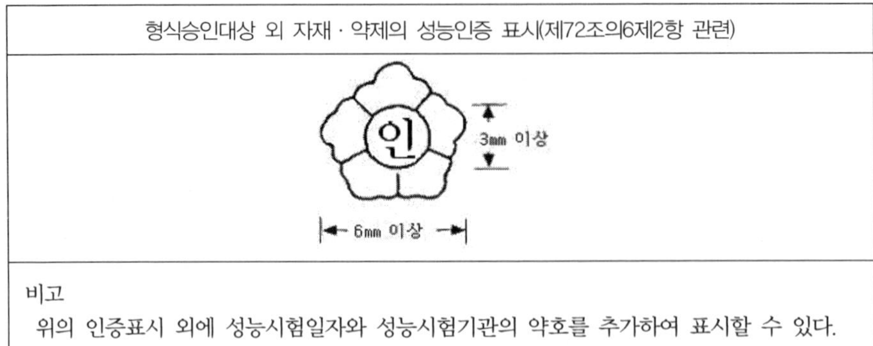

형식승인대상 외 자재 · 약제의 성능인증 표시(제72조의6제2항 관련)
인 / 3㎜ 이상 / 6㎜ 이상
비고 위의 인증표시 외에 성능시험일자와 성능시험기관의 약호를 추가하여 표시할 수 있다.

Ⅲ. 오염물질이 배출될 우려가 있는 경우의 조치 의무위반

제127조(벌칙) 다음 각 호의 어느 하나에 해당하는 자는 3년 이하의 징역 또는 3천만원 이하의 벌금에 처한다.

5. 제65조의 규정에 따른 오염물질의 배출방지를 위한 조치를 하지 아니하거나 조치명령을 위반한 자

「해양환경관리법」 제127조제5호에서는 이 법 제65조제1항에 따라 선박의 소유자 또는 선장, 해양시설의 소유자가 선박 또는 해양시설의 좌초・충돌・침몰・화재 등의 사고로 인하여 선박 또는 해양시설로부터 오염물질이 배출될 우려가 있는 경우에 오염물질의 배출방지를 위한 조치를 하지 아니하거나, 이 법 제64조제3항 및 제65조제2항에 따라 선박의 소유자 또는 선장, 해양시설의 소유자가 자발적으로 방제조치를 행하지 아니하는 때에 해양경찰청장이 그 자에게 시한을 정하여 취한 방제조치 명령을 수행하지 않을 시에는 처벌하도록 규정하고 있다.

이에 따라 여기에서는 선박의 소유자 또는 선장, 해양시설의 소유자가 이 법

제65조제1항에 따라 오염물질의 배출방지를 위해 취하여야 하는 각각의 조치사항은 다음과 같다.

1. 해양시설로부터 오염물질의 배출방지를 위한 조치사항

해양시설로부터 오염물질의 배출방지를 위해 해양시설의 소유자가 취하여야 하는 조치사항은 「해양환경관리법 시행규칙」 제31조에서 다음과 같이 규정하고 있다.

i) 파손·화재 등의 사고인 경우에는 오염물질을 다른 선박이나 해양시설로 옮겨 싣는 조치 또는 손상부위의 긴급수리, 침수 또는 배출방지를 위하여 필요한 조치(제1호)
ii) 침몰이 예상되는 경우에는 오염물질의 배출 우려가 있는 모든 부위를 막는 조치(제2호)
iii) 불을 끄는 중에 생긴 오염물질의 경우에는 다른 선박이나 해양시설로 옮겨 싣는 조치 또는 배출방지를 위하여 필요한 조치(제3호)
iv) i)부터 iii)까지의 규정에 따른 조치에도 불구하고 오염물질이 배출될 우려가 있는 경우 배출 또는 확산방지를 위하여 필요한 조치(제4호)

2. 선박으로부터 오염물질의 배출방지를 위한 조치사항

선박으로부터 오염물질의 배출방지를 위해 선박의 소유자 또는 선장이 취하여야 하는 조치사항은 「선박오염방지규칙」 제52조에서 다음과 같이 규정하고 있다.

i) 좌초, 충돌, 파손, 침몰, 화재 등의 사고로 오염물질을 다른 선박이나 해양시설로 옮겨 싣는 조치가 필요하다고 인정되는 경우에 옮겨 싣는 조치(제1호)

ii) ⅰ)의 사고에 따른 선체 손상부위의 긴급수리, 선체의 예인·인양조치, 침수 또는 배출방지를 위하여 필요한 조치(제2호)

iii) 침몰이 예상되는 경우에는 침몰된 후에 오염물질의 배출 우려가 있는 모든 부위를 막는 조치(제3호)

iv) 화재의 경우에는 진화작업으로 기관실 또는 화물창 등에 고인 폐수 등의 오염물질을 다른 선박이나 해양시설로 옮겨 싣는 조치 또는 배출방지를 위하여 필요한 조치(제4호)

v) ⅰ)부터 iv)까지의 규정에 따른 조치에도 불구하고 오염물질이 배출될 우려가 있는 경우 배출감소 또는 확산방지를 위하여 필요한 조치(제5호)

vi) 그 밖에 오염물질의 배출방지를 위하여 필요한 조치(제6호)

Ⅳ. 자재 및 약제의 비치의무 등 위반

제129조(벌칙) ② 다음 각 호의 어느 하나에 해당하는 자는 1년 이하의 징역 또는 500만원 이하의 벌금에 처한다.

10. 제66조제1항을 위반하여 자재·약제를 보관시설 또는 선박 및 해양시설에 비치·보관하지 아니한 자

「해양환경관리법」 제129조제2항제10호에서는 이 법 제66조제1항에 따라 항만관리청 및 선박·해양시설의 소유자가 오염물질의 방제·방지에 사용되는 자재 및 약제를 보관시설 또는 해당 선박 및 해양시설에 비치·보관하도록 하는 의무사항을 위반을 경우 처벌하도록 하고 있다.

이에 따라 여기에서는 선박의 소유자 또는 선장, 해양시설의 소유자가 이 법 제66조제1항에 따라 비치·보관하여야 하는 자재 및 약제의 종류·수량·비치방법과 보관시설의 기준 등에 필요한 사항을 살펴보면 다음과 같다.

1. 해양시설의 자재·약제 비치기준 등

「해양환경관리법」 제66조제1항·제3항 및 같은 법 시행규칙 제32조에서는 오염물질의 방제·방지를 위한 자재 및 약제를 갖추어두어야 하는 해양시설을 정하고 있으며 다음과 같다.

i) 오염물질을 300킬로리터 이상 저장할 수 있는 시설(시행규칙 제32조제1항제1호)

ii) 총톤수 100톤 이상의 유조선을 계류하기 위한 계류시설(시행규칙 제32조제1항제2호)

그리고 이 법 제66조제3항[82]에 따라 해양시설 안에 갖추어두어야 하는 자재·약제의 비치기준은 같은 법 시행규칙 제32조제2항(별표 11)과 관련한 것으로 다음과 같다.(〈표 4-5〉)

〈표 4-5〉 해양시설의 자재·약제 비치기준

해양시설의 자재·약제 비치기준(제32조제2항 관련)

비치대상	구분	종류	비치량
1. 제32조제1항제1호의 저장시설	가. 5만kl 이상의 기름을 저장할 수 있는 시설	해양유류오염확산차단장치 B형 또는 C형	기름의 양이 5만kl 이상 10만kl 미만인 경우에는 660m, 10만kl 이상 20만kl 미만인 경우에는 840m, 20만kl 이상인 경우에는 1,000m
		유처리제·유흡착재	다음의 산식에 의한

82) 「해양환경관리법」 제66조(자재 및 약제의 비치 등) ③ 제1항에 따라 비치·보관하여야 하는 자재 및 약제의 종류·수량·비치방법과 보관시설의 기준 등에 필요한 사항은 해양수산부령으로 정한다.

비치대상	구분	종류	비치량
		또는 유겔화제	양 20X+50Y+15Z=U
	나. 5만kl 미만 300kl 이상의 기름을 저장할 수 있는 시설	해양유류오염확산차단장치 A형 또는 B형	기름의 양이 300kl이상 1천kl미만인 경우에는 200m, 1천kl이상 1만kl미만인 경우에는 320m, 1만kl이상 5만kl미만인 경우에는 460m
		유처리제ㆍ유흡착재 또는 유겔화제	다음의 산식에 의한 양 20X+50Y+15Z=U
2. 제32조제1항제2호의 계류시설	가. 총톤수 10만톤 이상의 유조선을 계류하는 시설	해양유류오염확산차단장치 B형 또는 C형	계류할 수 있는 최대 선박길이의 1.5배의 길이
		유처리제ㆍ유흡착재 또는 유겔화제	다음의 산식에 의한 양 20X+50Y+15Z=U
	나. 총톤수 10만톤 미만 100톤 이상 유조선을 계류하는 시설	해양유류오염확산차단장치 A형 또는 B형	계류할 수 있는 최대 선박길이의 1.5배의 길이
		유처리제ㆍ유흡착재 또는 유겔화제	다음의 산식에 의한 양 20X+50Y+15Z=U

비고

1. 해양유류오염확산차단장치의 종류는 다음과 같다.

유형	수면 위(cm)	수면 아래(cm)
A형	20 이상 30 미만	30 이상 40 미만
B형	30 이상 60 미만	40 이상 90 미만
C형	60 이상	90 이상

2. X, Y, Z, U 및 W는 각각 다음과 같다.
   X: 유처리제의 양(kl)
   Y: 유흡착재의 양(t)
   Z: 유겔화제의 양[액상(kl), 분말(t)]

비치대상	구분	종류	비치량

U:

가. 제1호의 경우에는 해당 시설에 갖추어 둘 수 있는 기름의 양에 따라 다음 표에서 정하는 값

총톤수	300이상 1천미만	1천이상 5천미만	5천이상 1만미만	1만이상 5만미만	5만이상 10만 미만	10만 이상 20만 미만	20만 이상
U	10	15	20	25	30	40	50

나. 제2호의 경우에는 해당 계류시설에 계류할 수 있는 최대선박의 총톤수에 따라 가목의 표에 의하여 정하는 값

W: 제2호의 경우에는 해당 계류시설에 계류할 수 있는 최대선박의 총톤수에 따라 가목의 표에 의하여 정하는 값

3. 제32조제1항제1호의 저장시설의 설치자가 같은 항 제2호의 계류시설의 관리자인 경우에는 이 표의 제1호 또는 제2호의 비치기준 중 큰 쪽의 것을 적용한다.

다만, 같은 법 시행규칙 제32조제2항 단서에 따라 유처리제・유흡착재 또는 유겔화제(기름을 굳게 하는 물질)의 경우에는 해당 해양시설에 기준량의 10퍼센트 이상을 갖추어두고, 나머지는 같은 법 시행규칙 제33조에 따른 보관시설에 보관할 수 있도록 허용하고 있다. 이 경우 같은 법 시행규칙 제32조제3항에서는 보관시설에 유처리제 등을 보관할 시에는 그 사실을 증명하는 서류를 해당 해양시설에 갖추도록 하고 있다.

그 밖에 같은 법 시행규칙 제32조제4항에서는 이 법 제67조제1항에 따라 방제선 또는 방제장비(이하 "방제선등"이라 한다)를 배치・설치하거나 제67조제2항에 따라 위탁하여 배치・설치한 경우에는 이 법 제66조에 따른 자재・약제 등을 갖추어둔 것으로 보고 있다.[83)]

83) 「해양환경관리법」 제67조(방제선 등의 배치 등) ①다음 각 호의 어느 하나에 해당하는 선박 또는 해양시설의 소유자는 기름의 해양유출사고에 대비하여 대통령령으로 정하는 기준에 따라 방제선 또는 방제장비(이하 "방제선등"이라 한다)를 해양수산부령으로 정하는 해역 안에 배치 또는 설치하여야 한다.

1. 총톤수 500톤 이상의 유조선
2. 총톤수 1만톤 이상의 선박(유조선을 제외한 선박에 한한다)

2. 보관시설의 자재·약제 비치기준 등

앞서 언급한「해양환경관리법」제66조제3항 및 같은 법 시행규칙 제33조제1항에 따른 보관시설의 범위는 다음과 같다.

i) 해양시설의 소유자가 해양시설에 갖추어두어야 할 자재·약제를 보관하기 위하여 해당 항만에 설치한 시설(공동으로 설치한 것을 포함한다)(시행규칙 제33조제1항제1호)

ii) 항만관리청이 항만시설, 어항시설의 방제를 위한 자재·약제를 보관하기 위하여「항만법」제3조제1항에 따른 항만 및「어촌·어항법」제2조제3호에 따른 어항에 설치한 시설(시행규칙 제33조제1항제2호)

iii) 해양환경공단이 법 제97조[84]에 따른 사업을 위하여 해양오염방제에 필

---

3. 신고된 해양시설로서 저장용량 1만 킬로리터 이상의 기름저장시설

② 제1항의 규정에 따라 방제선 등을 배치하거나 설치하여야 하는 자(이하 "배치의무자"라 한다)는 대통령령이 정하는 바에 따라 방제선 등을 공동으로 배치·설치하거나 이를 제96조제1항의 규정에 따른 해양환경공단에게 위탁할 수 있다.

84)「해양환경관리법」제97조(사업) ①공단은 다음 각 호의 사업을 수행한다.
1. 해양환경의 보전·관리에 관한 사업
2. 해양환경개선을 위한 다음 각 목의 사업
 가. 오염물질의 수거·처리를 위한 사업
 나. 오염물질 저장시설의 설치·운영 및 수탁관리
 다. 오염물질의 배출방지를 위한 선박의 인양·예인
 라. 해양환경 관련 시험·조사·연구·설계·개발 및 공사감리
3. 해양오염방제에 필요한 다음 각 목의 사업
 가. 해양오염방제업무 및 방제선 등의 배치·설치(위탁·대행받은 경우를 포함한다)
 나. 해양오염방제에 필요한 자재·약제의 비치 및 보관시설의 설치 등(위탁·대행받은 경우를 포함한다)
 다. 그 밖에 해양오염방제와 관련한 것으로서 대통령령으로 정하는 사업
4. 제1호 내지 제3호의 사업에 부대되는 사업 중 정관으로 정하는 사업
5. 해양환경 관련 국제협력 및 기술용역사업
6. 해양환경에 대한 교육·훈련 및 홍보
7. 제1호 내지 제6호와 관련하여 국가 또는 지방자치단체로부터 위탁받은 사업
8. 그 밖에 공단의 설립목적을 달성하기 위하여 필요한 사업으로서 대통령령이 정하는 사업

요한 자재・약제를 보관할 목적으로 해당 항만에 설치한 시설(시행규칙 제33조제1항제3호)

그리고 「해양환경관리법 시행규칙」 제33조제2항에서는 이 법 제66조제3항에 따라 항만관리청이 보관시설에 갖추어두어야 할 자재・약제의 비치기준(별표 12)과 같은 법 시행규칙 제33조제1항의 보관시설의 시설기준 및 운영기준(별표 13)에 대해 다음과 같이 각각 규정하고 있다.(〈표 4-6〉~〈표 4-7〉)

〈표 4-6〉 항만관리청의 보관시설의 자재·약제 비치기준

항만관리청의 보관시설의 자재 · 약제 비치기준(제33조제2항 관련)		
자재 비치기준 / 설치 항만	해양유류오염확산 차단장치(m)	유흡착재 (kg)
최고위험도 항만(광양, 대산, 울산)	1,000	2,000
고위험도 항만(부산, 인천, 군산)	800	1,000
중위험도 항만(평택・당진, 포항, 태안, 목포, 고현, 마산, 옥포, 제주, 동해・묵호, 옥계, 보령, 삼천포, 호산, 장항, 여수, 진해, 완도, 통영, 서귀포, 속초, 장승포, 삼척, 하동)	500	500
저위험도 항만(경인, 서울, 급유선 입출항 연안항 및 국가어항)	200	200
비고 1. 최고위험도 항만 및 고위험도 항만에서는 해양유류오염확산차단장치 B형과 C형을 혼합하여 비치하여야 한다. 2. 삭제 〈2011.9.29〉		

〈표 4-7〉 보관시설의 시설기준 및 운영기준

보관시설의 시설기준 및 운영기준(제33조제2항 관련)

② 공단은 제1항의 규정에 따른 사업을 수행함에 있어 해양환경의 보전・관리를 위하여 필요한 경우에는 대통령령이 정하는 시설을 설치하거나 설치된 시설을 타인에게 양도할 수 있다.

1. 보관시설의 시설기준
   가. 보관된 자재·약제를 비·바람 등으로부터 충분히 보호할 수 있는 구조물이어야 하며 그 바닥은 방수시공된 것일 것
   나. 자재·약제가 변질되거나 손상되지 아니하도록 충분한 환기장치와 쥐에 의한 피해예방장치를 갖추고 있을 것
   다. 조명시설 및 소방시설을 갖추고 있을 것
   라. 자재·약제를 반출하는데 지장이 없도록 충분한 반출통로가 확보되어 있을 것
   마. 자재·약제의 운송을 위한 차량 및 선박을 확보하고 있을 것
2. 보관시설의 운영기준
   가. 보관시설마다 최소한 1명 이상의 관리요원이 지정되어 있고 관리요원과 항상 비상연락을 할 수 있는 체제를 유지할 것
   나. 방제활동을 위한 통신망 확보 등 관할 해역관리청 및 해양경찰서와 긴밀한 협조체제를 유지하고 있을 것
   다. 다음 사항이 기록된 보관시설관리규정을 비치하고 있을 것
      1) 관리책임자 및 관리요원의 비상연락망
      2) 자재·약제의 관리요령 및 사용방법
      3) 보관시설의 정기적인 점검사항
      4) 자재·약제의 긴급반출·이송요령
      5) 그 밖의 비상시의 조치사항

비고
인근 항만의 보관시설에서 해당 항만까지 3시간 이내에 방제 자재·약제를 동원할 수 있는 경우에는 통합하여 보관시설을 설치·운영할 수 있다.

3. 선박에 비치할 자재·약제 비치기준 등

「해양환경관리법」 제66조제1항 및 「선박오염방지규칙 」 제53조제1항에서는 오염물질의 방제·방지를 위한 자재 및 약제를 갖추어두어야 하는 선박의 규모 및 용도에 대해 다음과 같이 구분해서 정하고 있다.

i) 총톤수 100톤 이상의 유조선(규칙 제53조제1항제1호)
ii) 추진기관이 설치된 총톤수 1만톤 이상의 선박(유조선은 제외한다)(규칙 제53조제1항제2호)

그리고 이 법 제66조제3항에 따라 선박 안에 갖추어야 하는 자재・약제의 비치기준은 「선박오염방지규칙」 제53조제2항(별표 30)에서 다음과 같이 규정하고 있다.(<표 4-8>)

<표 4-8> 선박의 자재약제 비치기준

<table>
<tr><th colspan="3">선박의 자재 · 약제 비치기준(제53조제2항 관련)</th></tr>
<tr><th>구분</th><th>종류</th><th>비치량</th></tr>
<tr><td rowspan="2">1. 총톤수 1만톤 이상의 유조선</td><td>해양유류오염확산차단장치 B형 또는 C형</td><td>선박길이의 1.5배 또는 200m 중 큰 쪽의 길이</td></tr>
<tr><td>유처리제・유흡착재 또는 유겔화제</td><td>다음의 산식에 의한 양 40X+100Y+30Z=U</td></tr>
<tr><td rowspan="2">2. 「선박안전법 시행규칙」 제15조에 따른 연해구역안에서만 운항하는 총톤수 1만톤 미만 1천톤 이상의 유조선</td><td>해양유류오염확산차단장치 B형 또는 C형</td><td>선박길이의 2배 또는 150m 중 큰 쪽의 길이</td></tr>
<tr><td>유처리제・유흡착재 또는 유겔화제</td><td>다음의 산식에 의한 양 20X+50Y+15Z=U</td></tr>
<tr><td rowspan="2">3. 「선박안전법 시행규칙」 제15조에 따른 근해구역 또는 원양구역을 운항하는 총톤수 1만톤 미만 1천톤 이상의 유조선</td><td>해양유류오염확산차단장치 B형 또는 C형</td><td>선박길이의 1.5배 또는 100m 중 큰 쪽의 길이</td></tr>
<tr><td>유처리제・유흡착재 또는 유겔화제</td><td>다음의 산식에 의한 양 40X+100Y+30Z=U</td></tr>
<tr><td rowspan="2">4. 「선박안전법 시행규칙」 제15조에 따른 연해구역안에서만 운항하는 총톤수 1천톤 미만 100톤 이상의 유조선</td><td>해양유류오염확산차단장치 A형 또는 B형</td><td>선박길이의 2배 또는 100m 중 큰 쪽의 길이</td></tr>
<tr><td>유처리제・유흡착재 또는 유겔화제</td><td>다음의 산식에 의한 양 20X+50Y+15Z=U</td></tr>
<tr><td rowspan="2">5. 「선박안전법 시행규칙」 제15조에 따른 근해구역 또는 원양구역을 운항하는 총톤수 1천톤 미만 100톤 이상의 유조선</td><td>해양유류오염확산차단장치 A형 또는 B형</td><td>선박길이의 1.5배 또는 60m 중 큰 쪽의 길이</td></tr>
<tr><td>유처리제・유흡착재 또는 유겔화제</td><td>다음의 산식에 의한 양 40X+100Y+15Z=U</td></tr>
</table>

6. 추진기관이 설치된 총톤수 1만톤 이상의 선박(유조선은 제외한다)	해양유류오염확산차단장치 B형 또는 C형	선박길이의 1.5배의 길이
	유처리제·유흡착재 또는 유겔화제	다음의 산식에 의한 양 40X+100Y+30Z=W

비고

1. 해양유류오염확산차단장치의 종류는 다음과 같다.

유형	수면위(㎝)	수면아래(㎝)
A형	20 이상 30 미만	30 이상 40 미만
B형	30 이상 60 미만	40 이상 90 미만
C형	60 이상	90 이상

2. X, Y, Z, U 및 W는 각각 다음과 같다.

X: 유처리제의 양(kl)

Y: 유흡착재의 양(t)

Z: 유겔화제의 양[액상(kl), 분말(t)]

U: 해당 선박의 총톤수에 따라 다음 표에서 정하는 값

총톤수	100 이상 200 미만	200 이상 500 미만	500 이상 1천 미만	1천 이상 5천 미만	5천 이상 1만 미만	1만 이상 5만 미만	5만 이상 10만 미만	10만 이상
U	10	15	20	30	70	100	230	320

W: 해당 선박의 총톤수에 따라 다음 표에서 정하는 값

총톤수	1만 이상 2만 미만	2만 이상 5만 미만	5만 이상 10만 미만	10만 이상 20만 미만	20만 이상
W	30	45	60	80	100

다만, 「선박오염방지규칙」 제53조제2항 단서에 따라 유처리제·유흡착재 또는 유겔화제(기름을 굳게 하는 물질)의 경우에는 해당 선박에 기준량의 10퍼센트 이상을 갖추어두고 나머지는 「해양환경관리법 시행규칙」 제33조에 따른 보관시설에 보관할 수 있다. 이 경우 「선박오염방지규칙」 제53조제3항에서는 제

53조제2항 단서에 따라 보관시설에 유처리제 등을 보관하는 경우에는 그 사실을 증명하는 서류를 해당 선박에 보관하도록 하고 있다.

그 밖에 「선박오염방지규칙」 제53조제4항에서는 이 법 제67조제1항에 따라 방제선 등을 배치 · 설치하거나 제67조제2항에 따라 배치 · 설치를 위탁한 경우에는 법 제66조에 따른 자재 · 약제 등을 갖추어둔 것으로 보고 있으며, 「선박오염방지규칙」 제53조제5항에 따라 해역관리청 및 선박의 소유자가 이 법 제66조제3항에서 정하고 있는 보관시설에 갖추어두어야 하는 자재 · 약제의 최소 비치기준에 관하여는 「해양환경관리법 시행규칙」 제33조제2항 관련 별표 12를 준용하고 있다.

V. 방제선 등의 배치 등 위반

제128조(벌칙) 다음 각 호의 어느 하나에 해당하는 자는 2년 이하의 징역 또는 2천만원 이하의 벌금에 처한다.

8. 제67조제1항의 규정을 위반하여 방제선 등을 배치 또는 설치하지 아니한 자
9. 제67조제3항의 규정에 따른 선박입출항금지명령 또는 시설사용정지명령을 위반한 자

「해양환경관리법」 제128조제8호 · 제9호에서는 이 법 제67조제1항에 따라 선박 또는 해양시설의 소유자(방제선 등을 배치하거나 설치하여야 하는 자(이하 "배치의무자"라 한다))가 기름의 해양유출사고에 대비하여 방제선 또는 방제장비(이하 "방제선등"이라 한다)를 특정 해역 안에 배치 또는 설치하도록 하는 의무를 하지 아니하거나, 제67조제3항에 따라 해양경찰청장이 방제선 등을 배치 또는 설치하지 아니한 자에게 취한 선박입출항금지 또는 시설사용정지

명령을 수행하지 않을 시에는 처벌하도록 규정하고 있다.

이에 따라 여기에서는 방제선 등을 배치 또는 설치하여야 하는 적용대상 선박, 방제선 등의 배치 · 설치기준, 배치해역 등에 대해 살펴보고자 한다.

1. 방제선 등을 배치 · 설치하여야 하는 대상선박 및 배치 · 설치기준

「해양환경관리법」 제67조제1항에서는 오염물질의 방제 · 방지를 위한 자재 및 약제를 갖추어두어야 하는 선박 또는 해양시설의 규모 및 용도에 대해 다음과 같이 구분해서 정하고 있다.

i) 총톤수 500톤 이상의 유조선(법 제67조제1항제1호)
ii) 총톤수 1만톤 이상의 선박(유조선을 제외한 선박에 한한다)(법 제67조제1항제2호)
iii) 신고된 해양시설로서 저장용량 1만 킬로리터 이상의 기름저장시설(법 제67조제1항제3호)

그리고 이 법 제67조제2항의 규정에 따라 배치의무자는 방제선 등을 공동으로 배치 · 설치하거나 이를 제96조제1항의 규정에 따른 해양환경공단(이하 "공단"이라 한다)에게 위탁할 수 있도록 하고 있으며, 같은 법 시행령 제51조제1항(별표 8)에서는 선박 또는 해양시설의 소유자 및 공단은 방제선 등을 배치 · 설치(공동배치 · 설치를 포함)하는 경우 다음을 따르도록 규정하고 있다.(〈표 4-9〉)

〈표 4-9〉 방제선·방제장치의 배치·설치기준

방제선 · 방제장비의 배치 · 설치기준(제51조 관련)

1. 선박

유조선	유조선 외의 선박	기름회수능력(시간당)	배치방법
톤급별(총톤수)	톤급별(총톤수)		
500 이상 1,000 미만	1만 이상 3만 미만	35kl 이상	방제선 또는 방제장비
1,000 이상 5,000 미만	3만 이상 5만 미만	50kl 이상	방제선 또는 방제장비
5,000 이상 1만 미만	5만 이상	70kl 이상	방제선 또는 방제장비
1만 이상 5만 미만	-	100kl 이상	총톤수합계 50톤 이상의 방제선과 방제장비
5만 이상 10만 미만	-	170kl 이상	50톤급 이상의 방제선 1척을 포함하여 총톤수합계 75톤 이상의 방제선과 방제장비
10만 이상	-	290kl 이상	75톤급 이상의 방제선 1척을 포함하여 총톤수합계 100톤 이상의 방제선과 방제장비

2. 기름저장시설

저장용량(kℓ)	기름회수능력(시간당)	배치방법
1만 이상 5만 미만	80kl 이상	방제선 또는 방제장비
5만 이상 10만 미만	120kl 이상	방제선 또는 방제장비
10만 이상 50만 미만	170kl 이상	50톤급 이상의 방제선 1척을 포함하여 총톤수합계 75톤 이상의 방제선과 방제장비
50만 이상 100만 미만	250kl 이상	75톤급 이상의 방제선 1척을 포함하여 총톤수합계 100톤 이상의 방제선과 방제장비
100만 이상 250만 미만	330kl 이상	100톤급 이상의 방제선 1척을 포함하여 총톤수합계 125톤 이상의 방제선과 방제장비
250만 이상 500만 미만	420kl 이상	125톤급 이상의 방제선 1척을 포함하여 총톤수합계 150톤 이상의 방제선과 방제장비
500만 이상	720kl 이상	150톤급 이상의 방제선 1척을 포함하여 총톤수합계 200톤 이상의 방제선과 방제장비

3. 비고

가. 기름회수능력은 장비에 표시된 성능으로 하되, 표시된 성능의 적정 여부는 「선박안전법」 제60조제2항에 따른 선급법인(선급업무를 수행하는 외국의 법인 · 기관 · 단체를 포함한다) 또는 공인된 시험 · 연구기관에서 발급한 성능시험성적서에 따라 판단한다.

나. 방제선은 유회수기, 기름이송펌프 및 회수한 기름을 저장할 수 있는 장치(이하 "회수유 저장장치"라 한다)를 갖춘 선박을 말한다.

다. 선박 또는 기름저장시설의 소유자는 방제선을 배치하는 경우 해당 방제선의 기름회수능력 대비 100분의 160 이상의 저장능력을 보유한 회수유 저장장치를 방제선에 갖추어야 한다.

라. 다목에도 불구하고 선박 또는 기름저장시설의 소유자는 회수유 저장장치를 해당 방제선의 운항속도를 기준으로 3시간 이내에 도달할 수 있는 장소에 분산하여 갖추어 둘 수 있다. 이 경우 해당 방제선의 기름회수능력 대비 100분의 60 이상의 저장능력을 보유한 회수유 저장장치를 방제선에 갖추어야 한다.

마. 방제장비는 배출된 기름을 회수할 수 있는 모든 기계 · 장비 및 시설을 말한다.

바. 기름저장시설이 기름의 비축용 또는 비상용으로만 설치 · 사용되는 경우에는 방제장비만으로 기름회수능력을 갖출 수 있다.

사. 배치 · 설치 대상 기름저장시설 또는 선박을 2곳(또는 척) 이상 소유한 자가 같은 해역에 방제선 · 방제장비를 배치할 경우에는 각각에 적용되는 배치기준 중 기름회수능력이 가장 큰 기준을 적용한다.

아. 공동배치를 하려는 경우 갖추어야 할 기름회수능력은 다음 식에 따른다.

A+(B×0.5)

A : 공동배치대상 중 갖추어야 할 기름회수능력이 가장 큰 것

B : A를 제외한 공동배치대상이 각각 갖추어야 할 기름회수능력의 합계

자. 법 제67조제2항에 따라 방제선 등의 배치 · 설치를 위탁받은 공단이 방제선 등을 배치 · 설치하는 경우에는 배치의무자에게 적용되는 배치 · 설치기준(기름회수능력에 관한 기준을 말한다)에 따라 방제선 등을 배치 · 설치하여야 하고, 같은 법 제67조제1항 각 호 외의 부분에 따른 해역(이하 이 표에서 "해역"이라 한다)에서 둘 이상의 배치의무자로부터 방제선 등의 배치 · 설치를 위탁받은 경우에는 각각의 배치의무자에게 적용되는 배치 · 설치기준(기름회수능력에 관한 기준을 말한다) 중 가장 큰 기준의 2배 이상으로 방제선 등을 배치 · 설치하여야 한다. 다만, 공단의 이사장이 효율적인 방제를 위하여 필요하다고 인정하는 경우에는 방제선 등을 해역 간 또는 같은 해역에 재배치 · 재설치하거나 추가로 배치 · 설치할 수 있다.

2. 방제선 등의 배치해역

「해양환경관리법」 제67조제1항제3호에 따른 기름저장시설의 소유자는 같은 법 시행규칙 제34조제1항에 따라 해당 시설이 위치한 항만구역에 방제선 등을 설치하도록 하고 있으나, 비축용·비상용 기름저장시설의 소유자는 해당 시설에서 기름이 배출되는 경우 3시간 이내에 도달할 수 있는 곳에 배치할 수 있도록 하고 있다.

그리고 이 법 제67조제1항제1호 및 제2호에 따른 선박의 소유자가 방제선 등을 배치하여야 하는 해역은 「선박오염방지규칙」 제54조제1항에 따라 다음과 같으며, 다만, 다음의 해역에서 기름이 배출되는 경우 3시간 이내에 도달할 수 있는 곳에 배치할 수 있다.

i) 「해사안전법」 제10조[85]에 따른 교통안전 특정해역(규칙 제54조제1항제1호)

ii) 「항만법」 제2조제2호[86]에 따른 무역항 중 다음 각 목의 항만(규칙 제54조제1항제2호)

가. 인천항

나. 평택·당진항

다. 대산항

라. 군산항

---

85) 「해사안전법」 제10조(교통안전특정해역의 설정 등) ① 해양수산부장관은 다음 각 호의 어느 하나에 해당하는 해역으로서 대형 해양사고가 발생할 우려가 있는 해역(이하 "교통안전특정해역"이라 한다)을 설정할 수 있다.
1. 해상교통량이 아주 많은 해역
2. 거대선, 위험화물운반선, 고속여객선 등의 통항이 잦은 해역
② 해양수산부장관은 관계 행정기관의 장의 의견을 들어 해양수산부령으로 정하는 바에 따라 교통안전특정해역 안에서의 항로지정제도를 시행할 수 있다.
③ 교통안전특정해역의 범위는 대통령령으로 정한다.

86) 「항만법」 제2조(정의) 이 법에서 사용하는 용어의 뜻은 다음과 같다.
2. "무역항"이란 국민경제와 공공의 이해(利害)에 밀접한 관계가 있고, 주로 외항선이 입항·출항하는 항만으로서 제3조제1항에 따라 대통령령으로 정하는 항만을 말한다.

마. 목포항
바. 여수항
사. 광양항
아. 마산항
자. 부산항
차. 울산항
카. 포항항
타. 동해·묵호항
파. 제주항

제2절 해양환경관리업 등 운영 위반행위

Ⅰ. 해양환경관리업 미등록 사업행위 위반

제128조(벌칙) 다음 각 호의 어느 하나에 해당하는 자는 2년 이하의 징역 또는 2천만원 이하의 벌금에 처한다.

10. 제70조제1항의 규정에 따른 등록을 하지 아니하고 해양환경관리업을 한 자

「해양환경관리법」 제128조제10호에서는 이 법 제70조제1항에 따라 해양환경관리업을 영위하려는 자가 해양경찰청장에게 사전 등록을 하지 아니하고 이 업을 할 경우 이를 처벌하도록 하고 있다.

이에 따라 여기에서는 해양환경관리업의 종류 및 이 업의 등록에 있어 필요로 하는 여러 요건 등에 대해 살펴보고자 한다.

1. 해양환경관리업 대상업종 및 등록제출 서류

「해양환경관리법」 제70조제1항에서는 해양경찰청장에게 등록하여야 하는 해양환경관리업의 대상업종은 다음과 같다.

i) 해양오염방제업: 오염물질의 방제에 필요한 설비 및 장비를 갖추고 해양에 배출되거나 배출될 우려가 있는 오염물질을 방제하는 사업(제2호)

ii) 유창청소업(油艙淸掃業): 선박의 유창을 청소하거나 선박 또는 해양시설(그 해양시설이 기름 및 유해액체물질 저장시설인 경우에 한정한다)에서 발생하는 같은 법 시행규칙 제36조제2항에서 정하는 오염물질의 수거에 필요한 설비 및 장비를 갖추고 그 오염물질을 수거하는 사업(제3호)

여기에서 위의 ii)중 「해양환경관리법 시행규칙」 제36조제2항에서 정하는 오염물질은 ① 해양시설에서 발생하는 「해양환경관리법 시행규칙」 제21조제1항[87]에서 정하는 오염물질, ② 선박에서 발생하는 오염물질로서 「선박오염방지규칙」 제28조[88]에 따른 오염물질이 이에 해당한다.

87) 「해양환경관리법 시행규칙」 제21조(해양시설에서 발생하는 오염물질의 수거・처리) ① 해양시설에서 발생하는 오염물질로서 법 제37조제1항에 따라 수거・처리하게 해야 하는 물질은 다음 각 호와 같다.

1. 폐기물
2. 기름(해양시설의 소유자가 스스로의 설비나 장비를 이용하여 유분 성분이 100만분의 15 이하가 되도록 처리하는 경우는 제외한다)
3. 유해액체물질(해양시설의 소유자가 스스로의 설비나 장비를 이용하여 「물환경보전법 시행규칙」 별표 13 제1호가목2)에 따른 가지역에 적용하는 같은 표 제2호 항목별 배출허용기준 이하로 처리하는 경우는 제외한다) 또는 포장유해물질 잔류물

88) 「선박오염방지규칙」 제28조(선박에서의 오염물질의 수거・처리) ① 선박에서 발생하는 오염물질로서 법 제37조제1항에 따라 수거・처리하게 하여야 하는 물질은 다음 각 호와 같다.

2. 해양환경관리업의 등록절차

「해양환경관리법」 제70조제1항제2호 및 제3호에 따른 해양오염방제업 및 유창청소업을 등록하려는 자는 같은 법 시행령 제55조에서 정하는 바에 따라 해양경찰청장에게 등록하도록 하고 있으며, 이 경우 같은 법 시행규칙 제36조제1항[89]에서 정하는 등록신청서에 같은 법 시행령 제55조제1항에 따른 다음의 서류(전자문서를 포함)를 첨부하여 해양경찰청장에게 제출하여야 한다.

i) 정관(법인인 경우로 한정한다)(시행령 제55조제1항제1호)

ii) 선박·설비 및 장비의 명세서(시행령 제55조제1항제2호)

iii) 기술요원 보유현황 및 그 자격을 증명하는 서류(시행령 제55조제1항제3호)

그리고 같은 법 시행령 제55조제1항에 따른 신청을 받은 해양경찰청장은 「전자정부법」 제36조제1항[90]에 따른 행정정보의 공동이용을 통하여 다음의 서

〈개정 2011. 12. 23., 2018. 5. 1.〉

1. 기름, 유해액체물질 및 포장유해물질의 화물잔류물. 다만, 제9조 및 제10조에 따라 기름을 배출하거나 제11조에 따른 유해액체물질의 배출기준에 따라 배출하는 경우는 제외한다.
2. 포장유해물질과 그 포장용기
3. 다음 각 목의 플라스틱제품을 포함한 모든 플라스틱제품
   가. 합성로프
   나. 합성어망
   다. 플라스틱으로 만들어진 쓰레기봉투
   라. 독성 또는 중금속 잔류물을 포함할 수 있는 플라스틱제품의 소각재
4. 납, 카드뮴, 수은, 육가크롬 중 어느 하나 이상의 중금속이 0.01무게퍼센트(100ppm) 이상 포함된 쓰레기

89) 「해양환경관리법 시행규칙」 제36조(해양환경관리업의 등록) ① 영 제55조제1항에 따른 해양환경관리업(법 제70조제1항 각 호의 사업을 말한다. 이하 같다)의 등록신청서는 다음 각 호와 같다.

2. 법 제70조제1항제2호에 따른 해양오염방제업(이하 "해양오염방제업"이라 한다) 등록신청서: 별지 제22호서식
3. 법 제70조제1항제3호에 따른 유창청소업(이하 "유창청소업"이라 한다) 등록신청서: 별지 제23호서식

류를 확인해야 한다. 다만, 신청인이 위의 ii)에 해당하는 선박·설비 및 장비의 명세서 확인에 동의하지 않는 경우에는 다음의 해당 서류를 제출하도록 해야 한다.

i) 법인 등기사항증명서(법인인 경우로 한정한다)(시행령 제55조제2항제1호)
ii) 해당 사업에 종사하는 기술요원의 국민연금가입자 증명서 또는 건강보험자격득실 확인서(시행령 제55조제2항제2호)

위와 같은 절차에 따라 해양환경관리업을 등록한 자에게는 같은 법 시행규칙 제36조제5항[91]에 따른 해양환경관리업 등록증을 발급하여야 하나, 같은 법 시행령 제55조제3항의 어느 하나에 해당하는 경우는 제외하고 있다.

i) 「해양환경관리법」 제71조[92] 각 호의 어느 하나에 해당하는 경우(시행령

90) 「전자정부법」 제36조(행정정보의 효율적 관리 및 이용) ① 행정기관등의 장은 수집·보유하고 있는 행정정보를 필요로 하는 다른 행정기관등과 공동으로 이용하여야 하며, 다른 행정기관등으로부터 신뢰할 수 있는 행정정보를 제공받을 수 있는 경우에는 같은 내용의 정보를 따로 수집하여서는 아니 된다.
91) 「해양환경관리법 시행규칙」 제36조(해양환경관리업의 등록) ⑤ 영 제55조제4항에 따른 해양환경관리업 등록증은 다음 각 호와 같다.
2. 해양오염방제업 등록증 : 별지 제27호서식
3. 유창청소업 등록증 : 별지 제28호서식
92) 「해양환경관리법」 제71조(결격사유) 다음 각 호의 어느 하나에 해당하는 자는 해양환경관리업의 등록을 할 수 없다.
1. 피성년후견인
2. 삭제 〈2017. 10. 31.〉
3. 이 법을 위반하여 징역 이상의 형의 선고를 받고 그 형의 집행이 종료(집행이 종료된 것으로 보는 경우를 포함한다)되거나 집행을 받지 아니하기로 확정된 후 1년이 경과되지 아니한 자
4. 해양환경관리업의 등록이 취소(제1호에 해당하여 취소된 경우는 제외한다)된 후 1년이 경과되지 아니한 자
5. 임원 중에 제1호, 제3호 또는 제4호에 해당하는 자가 있는 법인

제55조제3항제1호)

ii) 「해양환경관리법 시행령」 제56조제1항[93]에 따른 자격을 갖춘 기술요원을 보유하지 못한 경우(시행령 제55조제3항제2호)

iii) 해양수산부령으로 정하는 선박·장비 및 설비 등을 갖추지 못한 경우(시행령 제55조제3항제3호)

iv) 그 밖에 법 및 이 영 또는 다른 법령에 따른 제한에 위반되는 경우(시행령 제55조제3항제4호)

3. 해양환경관리업의 등록요건

「해양환경관리법」 제70조제2항에 따라 해양환경관리업의 등록을 하려는 자는 같은 법 시행령 제56조에 따른 자격을 갖춘 기술요원을 보유하여야 하며, 또한 같은 법 시행규칙 제36조제3항에서 정하는 선박·장비 및 설비 등을 갖추도록 하고 있다.

먼저, 해양환경관리업의 등록을 하려는 자는 「해양환경관리법 시행령」 제56조제1항 및 제2항에 따라 다음의 자격을 모두 갖춘 기술요원을 1명 이상 보유하도록 하고 있으며, 또한 이 법 제70조제1항제2호 및 제3호에 따른 해양오염방제업 및 유창청소업을 겸업하는 경우에는 중복하여 보유하지 않을 수 있도록 하고 있다.

가. 다음의 어느 하나에 해당할 것

1) 「국가기술자격법」에 따른 해양환경기사, 수질환경산업기사, 폐기물처리산업기사 이상 또는 「선박직원법」 에 따른 5급 이상의 기관사 자격을 취

93) 「해양환경관리법 시행령」 제56조(해양환경관리업의 기술요원) ① 법 제70조제2항에서 "대통령령으로 정하는 자격을 갖춘 기술요원"이란 다음 각 호의 요건을 모두 갖춘 사람을 말한다.
1. 다음 각 목의 어느 하나에 해당할 것
가. 「국가기술자격법」에 따른 해양환경기사, 수질환경산업기사, 폐기물처리산업기사 이상 또는 「선박직원법」 에 따른 5급 이상의 기관사 자격을 취득했을 것
나. 해양오염방제업·유창청소업에서 3년 이상 근무한 경력이 있을 것

득했을 것

2) 해양오염방제업・유창청소업에서 3년 이상 근무한 경력이 있을 것

나. 「해양환경관리법」 제121조제3호[94),95)]에 따른 교육・훈련과정을 이수한 날부터 5년이 경과하지 않았을 것

다음으로 해양환경관리업의 등록을 하려는 자가 갖추어야 하는 선박・장비 및 설비 등의 등록기준은 「해양환경관리법」 제70조제2항 및 같은 법 시행규칙 제36조제3항(별표 14)에서 다음과 같이 규정하고 있다.(〈표 4-10〉)

〈표 4-10〉 해양환경관리업의 등록기준

<table>
<tr><td colspan="3">해양환경관리업의 등록기준(제36조제3항 관련)</td></tr>
<tr><td colspan="3">1. 삭제 〈2020. 12. 4.〉</td></tr>
<tr><td colspan="3">2. 해양오염방제업</td></tr>
<tr><th colspan="2">항목</th><th>기준</th></tr>
<tr><td rowspan="2">선
박</td><td>소유 여부</td><td>소유(다만, 유조부선은 임차한 경우 이를 갖춘 것으로 봄)</td></tr>
<tr><td>구분</td><td>가. 총톤수 20톤 이상의 유조선 1척 이상 또는 총톤수 100톤 이상의 방제선 1척 이상
나. 기름을 저장・운송할 수 있는 총톤수 50톤 이상의 유조부</td></tr>
</table>

94) 「해양환경관리법」 제121조(해양오염 방지 및 방제 교육・훈련) 해양수산부장관은 대통령령으로 정하는 바에 따라 해양오염 방지 및 방제에 관한 다음 각 호의 교육・훈련과정을 운영할 수 있다.
3. 제70조제2항에 따른 기술요원의 자격 관련 교육・훈련과정

95) 「해양환경관리법 시행령」 제92조(해양오염방지관리인 등에 대한 교육・훈련) ① 법 제121조 제1호부터 제3호까지의 규정에 따른 교육・훈련과정의 내용은 다음 각 호의 구분에 따른다.
1. 법 제32조제1항에 따른 선박 해양오염방지관리인의 자격 관련 교육・훈련과정: 선박에서의 오염물질 및 대기오염물질 배출방지 등 해양오염 방지 및 방제
2. 법 제36조제1항에 따른 해양시설 해양오염방지관리인의 자격 관련 교육・훈련과정: 해양시설에서의 오염물질 및 대기오염물질 배출방지 등 해양오염 방지 및 방제
3. 법 제70조제2항에 따른 기술요원의 자격 관련 교육・훈련과정: 해양오염 방지 및 방제
② 제1항에 따른 교육・훈련과정의 기간 및 절차 등에 관한 사항은 해양수산부령으로 정한다. 〈신설 2020. 12. 29.〉
③ 제1항에 따른 교육・훈련과정과 유사한 교육・훈련과정의 인정 등에 관한 사항은 해양수산부령으로 정한다. 〈개정 2008. 2. 29., 2013. 3. 23.〉

		선 또는 유조선 1척 이상 다. 총톤수 20톤 이상의 방제작업선 1척 이상
장비	유회수기	시간당 회수용량 합계 20㎥ 이상
	고압세척기	동작압력 150kg/㎠ 이상으로 1대 이상
	예열기	5kW 이상으로 2대 이상
	점도유 이송펌프	15kW 이상으로 1대 이상
자재	해양유류오염확산차단장치	B형 이상으로 300m 이상
	유흡착재	200kg 이상

비고
1. 해양오염방제업과 유창청소업을 겸업하는 경우 시설 · 장비와 영 별표 11의 기술능력기준은 중복하여 갖추지 아니할 수 있다
2. 해양오염방제업자가 차량을 이용하여 폐유를 수집 · 운반할 경우에는 「폐기물관리법」 제13조에 따른다.
3. 유조선이란 회수한 기름을 산적하여 운송 또는 저장하기 위하여 사용되는 자력으로 움직일 수 있는 기관이 설치된 선박을 말한다.
4. 방제선이란 유회수기 및 기름이송펌프 등 방제장비와 회수한 기름을 저장할 수 있는 시설을 갖추어 유출된 기름을 회수하거나 저장할 수 있는 선박을 말한다.
5. 유조부선이란 회수한 기름을 산적하여 운송 또는 저장하기 위하여 사용되는 다른 선박에 의하여 끌리거나 밀려서 항해하는 선박을 말한다.
6. 방제작업선이란 방제작업을 보조하기 위하여 사용되는 선박을 말한다.

3. 유창청소업

항목		기준
선박	소유여부	소유(다만, 유조부선은 임차한 경우 이를 갖춘 것으로 봄)
	구분	가. 총톤수 10톤 이상의 유조선 1척 이상 나. 기름을 저장 · 운송할 수 있는 총톤수 50톤 이상의 유조부선 또는 유조선 1척 이상
장비	가스검지기	1대 이상
	이동식 조명장치	폭발방지형으로 3대 이상
	승양기	양력 40kg 이상으로 1대 이상
	공기압축기	1대 이상
	에어펌프	1대 이상
	스팀 또는 에어터빈팬	2대 이상

비고
1. 해양오염방제업과 유창청소업을 겸업하는 경우 시설 · 장비와 영 별표 11의 기술능력기

준은 중복하여 갖추지 아니할 수 있다. 2. 유창청소업자가 차량을 이용하여 폐유를 수집 · 운반할 경우에는「폐기물관리법」 제13조에 따른다. 3. 유조선이란 수거한 기름을 산적하여 운송 또는 저장하기 위하여 사용되는 자력으로 움직일 수 있는 기관이 설치된 선박을 말한다. 4. 유조부선이란 수거한 기름을 산적하여 운송 또는 저장하기 위하여 사용되는 다른 선박에 의하여 끌리거나 밀려서 항해하는 선박을 말한다.
4. 삭제 〈2020. 12. 4.〉
5. 삭제 〈2020. 12. 4.〉

Ⅱ. 위탁폐기물 등의 처리명령 위반

제129조(벌칙) ② 다음 각 호의 어느 하나에 해당하는 자는 1년 이하의 징역 또는 500만원 이하의 벌금에 처한다.

11. 제73조의 규정에 따른 처리명령을 위반한 자

「해양환경관리법」 제129조제2항제11호에서는 이 법 제73조에 따라 해양환경관리업자(휴·폐업한 경우를 포함한다)가 처리를 위탁받은 폐기물 등 처리대상이 되는 오염물질을 이 법에 따라 처리하지 아니하고 방치하는 경우에 해양경찰청장은 해당 업자에게 적정한 처리명령을 내릴 수 있으며, 해당 업자가 이 명령을 따르지 않을 시에 처벌하도록 하고 있다.

이와 관련한 것으로 해양경찰서장이 이 법 제73조 및 같은 법 시행규칙 제42조에서 정하고 있는 처리명령은 다음과 같다.

i) 삭제 〈2020. 12. 4.〉(시행규칙 제42조제1호)

ii) 폐기물관리법」에 따른 처리(시행규칙 제42조제2호)

iii) 물환경보전법」에 따른 처리(시행규칙 제42조제3호)

iv) 그 밖에 환경 관계 법령에 따른 육상에서의 처리(시행규칙 제42조제4호)

Ⅲ. 해양환경관리업의 등록 취소 등에 따른 영업행위 위반

> 제128조(벌칙) 다음 각 호의 어느 하나에 해당하는 자는 2년 이하의 징역 또는 2천만원 이하의 벌금에 처한다.
> 11. 제75조의 규정에 따라 등록이 취소된 자가 영업을 하거나 또는 영업정지명령을 받은 자가 영업정지기간 중 영업을 한

「해양환경관리법」 제128조제11호에서는 이 법 제75조제1항·제2항에 따라 해양환경관리업 등록이 취소된 자가 영업을 하거나 또는 영업정지를 받은 자가 영업정지기간 중 영업을 할 경우 처벌하도록 하고 있다. 이에 따라 여기에서는 해양환경관리업의 등록취소 및 영업정지가 되는 경우에 대해 살펴보면 다음과 같다.

이 법 제75조제1항에 따라 해양경찰청장이 해양환경관리업자의 등록을 취소하거나 6개월 이내의 기간을 정하여 영업정지를 명할 수 있는 경우는 다음과 같으며, 아래의 ⅰ)~iv)까지의 어느 하나에 해당하는 경우에는 그 등록을 취소하도록 하고 있다.

ⅰ)「해양환경관리법」 제71조[96] 각 호의 어느 하나에 해당하는 때. 다만, 법

96)「해양환경관리법」 제71조(결격사유) 다음 각 호의 어느 하나에 해당하는 자는 해양환경관리업의 등록을 할 수 없다.
1. 피성년후견인
2. 삭제 〈2017. 10. 31.〉
3. 이 법을 위반하여 징역 이상의 형의 선고를 받고 그 형의 집행이 종료(집행이 종료된 것으로 보는 경우를 포함한다)되거나 집행을 받지 아니하기로 확정된 후 1년이 경과되지 아니한 자

인의 임원 중 제71조제1호, 제3호 또는 제4호에 해당하는 자가 있는 경우로서 6개월 이내에 그 임원을 바꾸어 임명한 때에는 그러하지 아니하다.(법 제75조제1항제1호)

ii) 거짓 그 밖의 부정한 방법으로 등록을 하거나 변경등록을 한 경우(법 제75조제1항제2호)

iii) 1년에 2회 이상 영업정지처분을 받은 경우(법 제75조제1항제3호)

iv) 영업정지기간 중에 영업을 한 경우(법 제75조제1항제4호)

v) 정당한 사유 없이 등록한 사항을 이행하지 아니한 경우(법 제75조제1항제5호)

vi) 「해양환경관리법」 제72조[97]의 규정에 따른 의무를 위반한 경우(법 제75조제1항제6호)

vii) 「해양환경관리법」 제73조의 규정에 따른 명령에 따르지 아니하거나 거부한 경우(법 제75조제1항제7호)

viii) 등록 후 1년 이내에 영업을 하지 아니하거나 정당한 사유 없이 1년 이상 계속하여 영업실적이 없는 경우(법 제75조제1항제8호)

---

4. 해양환경관리업의 등록이 취소(제1호에 해당하여 취소된 경우는 제외한다)된 후 1년이 경과되지 아니한 자

5. 임원 중에 제1호, 제3호 또는 제4호에 해당하는 자가 있는 법인

97) 「해양환경관리법」 제72조(해양환경관리업자의 의무) ① 해양환경관리업자는 오염물질의 방제 및 오염물질의 청소·수거 등에 관한 처리실적서를 작성하여 해양경찰청장에게 제출하여야 하며, 그 처리대장을 작성하고 해당 선박 또는 시설에 비치하여야 한다.

② 해양환경관리업자가 선박 또는 해양시설등으로부터 오염물질을 수거하는 때에는 해양수산부령으로 정하는 바에 따라 오염물질수거확인증을 작성하고 해당 오염물질의 위탁자에게 이를 교부하여야 한다.

③ 삭제 〈2019. 12. 3.〉

④ 제70조제1항제2호에 따라 해양오염방제업을 등록한 자는 제64조에 따라 방제의무자 등이 방제조치를 하는 데 적극 협조하여야 하며, 고의로 오염물질 방제업무를 지연하거나 방제의무자 등의 방제조치를 방해해서는 아니 된다.

⑤ 제1항 및 제2항에 따른 처리실적서·처리대장 및 오염물질수거확인증의 작성방법·보존기간 등에 관하여 필요한 사항은 해양수산부령으로 정한다.

그리고 이 법 제75조제2항 및 같은 법 시행규칙 제44조에서는 이 법 제75조 제1항의 규정에 따른 해양환경관리업자의 행정처분(등록취소 및 영업정지)에 대한 세부기준(별표 15)을 다음과 같이 정하고 있으며, 이는 그 위반행위의 유형과 정도 등을 참작하여 정하도록 하고 있다.(〈표 4-11〉)

〈표 4-11〉 해양환경관리업자에 대한 행정처분의 기준

해양환경관리업자에 대한 행정처분의 기준(제44조 관련)

1. 일반기준
   가. 위반행위가 둘 이상인 경우로서 그에 해당하는 각각의 처분기준이 다른 경우에는 그 중 무거운 처분기준에 따른다. 다만, 둘 이상의 처분기준이 모두 영업정지인 경우에는 각 처분기준을 합산한 기간을 넘지 아니하는 범위에서 무거운 처분기준의 2분의 1 범위에서 가중할 수 있고, 둘 이상의 처분 기준 중 경고(또는 시정명령)가 포함되어 있는 경우에는 경고를 함께 부과할 수 있다.
   나. 행정처분을 하기 위한 절차가 진행되는 기간 중에 반복하여 같은 사항을 위반한 경우에는 그 위반 횟수마다 행정처분기준의 2분의 1씩을 더하여 처분한다.
   다. 위반행위의 횟수에 따른 행정처분기준은 최근 1년간 같은 위반행위로 행정처분을 받은 경우에 적용한다. 이 경우 기간의 계산은 위반행위에 대하여 최초로 행정처분을 받은 날과 그 처분 후 다시 같은 위반행위를 하여 적발된 날을 기준으로 한다.
   라. 다목에 따라 가중된 행정처분을 하는 경우 가중처분의 적용 차수는 그 위반행위 전 부과처분 차수(다목에 따른 기간 내에 행정처분이 둘 이상 있었던 경우에는 높은 차수를 말한다)의 다음 차수로 한다.
   마. 처분권자는 위반행위의 동기 · 내용 · 횟수 및 위반의 정도 등을 고려하여 그 처분을 감경할 수 있다. 이 경우 그 처분이 영업정지인 경우에는 그 처분기준의 2분의 1의 범위에서 감경할 수 있고, 등록취소인 경우에는 6개월 이상의 영업정지처분으로 감경할 수 있다.
   바. 삭제 〈2020. 12. 4.〉
2. 개별기준

위반행위	근거법조문	행정처분기준			
		1차	2차	3차	4차
1) 법 제71조 각 호의 어느 하나에 해당하는 경우. 다만, 법인의 임원 중 법 제71조제1호, 제3호 또는 제4호에 해당하는 자가 있는 경우로	법 제75조 제1항제1호	등록 취소			

위반행위	근거법조문	행정처분기준 1차	2차	3차	4차
서 6개월 이내에 그 임원을 바꾸어 임명한 경우는 제외한다.					
2) 거짓 그 밖의 부정한 방법으로 등록하거나 변경등록을 한 경우	법 제75조 제1항제2호	등록 취소			
3) 1년에 2회 이상 영업정지처분을 받은 경우	법 제75조 제1항제3호	등록 취소			
4) 영업정지기간 중에 영업을 한 경우	법 제75조 제1항제4호	등록 취소			
5) 정당한 사유 없이 등록한 사항을 이행하지 않은 경우	법 제75조 제1항제5호				
가) 고의로 오염물질을 해양에 배출한 경우		등록 취소			
나) 과실로 오염물질이 해양에 배출되게 한 경우		경고	경고	등록 취소	
다) 오염물질의 처리방법을 위반하여 처리한 경우		경고	영업 정지 10일	영업 정지 1개월	등록 취소
라) 기술요원이 등록요건에 미달하게 된 경우		경고	경고	영업 정지 10일	영업 정지 20일
위반행위	근거법조문	행정처분기준 1차	2차	3차	4차
마) 선박이 등록요건에 미달하게 된 경우		경고	영업 정지 1개월	영업 정지 3개월	영업 정지 6개월
바) 설비 및 장비가 등록요건에 미달하게 된 경우		경고	영업 정지 10일	영업 정지 1개월	영업 정지 3개월
사) 설비 및 장비가 등록요건에 맞도록 유지되지 않은 경우		경고	경고	경고	영업 정지 6월
6) 법 제72조에 따른 의무를 위반한 경우	법 제75조	경고	영업	영업	등록

	제1항제6호		정지 10일	정지 1개월	취소
7) 법 제73조에 따른 명령에 따르지 않거나 거부한 경우	법 제75조 제1항제7호	경고	경고	영업 정지 10일	영업 정지 20일
8) 등록 후 1년 이내에 영업을 하지 않거나 정당한 사유 없이 1년 이상 계속하여 영업실적이 없는 경우	법 제75조 제1항제8호	경고	영업 정지 6개월	등록 취소	

제5장
Investigation Guide of Marine Environmental Offenses

해양오염영향조사 및 해역이용협의 관련 위반사범

제1절 해양오염영향조사 등 위반행위

Ⅰ. 해양오염영향조사 불이행 위반

> 제128조(벌칙) 다음 각 호의 어느 하나에 해당하는 자는 2년 이하의 징역 또는 2천만원 이하의 벌금에 처한다.
> 12. 제77조제1항의 규정에 따른 해양오염영향조사를 실시하지 아니한 자

「해양환경관리법」 제128조제12호에서는 이 법 제77조제1항에 따라 선박 또는 해양시설에서 일정 규모 이상의 오염물질이 해양에 배출되는 경우에는 그 선박 또는 해양시설의 소유자는 해양오염영향조사기관을 통하여 해양오염영향조사를 실시하도록 하고 있으나, 이를 이행하지 않은 경우 처벌하도록 하고 있다.

이에 따라 여기에서는 해양오염영향조사를 실시하여야 하는 경우, 해양오염영향조사기관 지정기준 등에 대해 살펴보면 다음과 같다.

1. 해양오염영향조사를 실시하여야 하는 경우

「해양환경관리법」 제77조제1항에서는 선박 또는 해양시설에서 일정한 규모 이상의 오염물질이 해양에 배출되는 경우에는 그 선박 또는 해양시설의 소유자는 해양오염영향조사기관을 통하여 해양오염영향조사를 실시하도록 하고 있으며, 이와 관련해서는 같은 시행령 제58조제1항(별표 12)에 따라 다음과 같이 그 규모를 정하고 있다.(〈표 5-1〉)

〈표 5-1〉 해양오염영향조사를 실시하여야 하는 경우

해양오염영향조사를 실시하여야 하는 경우(제58조제1항 관련)		
종류		배출량
폐기물	1. 수은 및 그 화합물, 폴리염화비페닐, 카드뮴 및 그 화합물, 6가크롬 화합물, 유기할로겐화합물	100kg 이상
	2. 시안화합물, 유기인화합물, 납 및 그 화합물, 비소 및 그 화합물, 구리 및 그 화합물, 크롬 및 그 화합물, 아연 및 그 화합물, 불화물, 페놀류, 트리클로로에틸렌, 테트라클로로에틸렌	10,000kg 이상
	3. 유기실리콘 화합물, 폐합성수지, 폐합성고분자 화합물, 폐산, 폐알칼리	20,000kg 이상
	4. 동식물성고형물, 분뇨, 오니류	20,000kg 이상
	5. 그 밖의 폐기물	30,000kg 이상
기름 중 지속성유(원유 · 연료유 · 중유 · 윤활유)와 폐유		유분총량이 100kl 이상
유해액체물질	1. 알라클로르, 알칸, 그 밖에 해양수산부령으로 정하는 X류 물질	10,000 L 이상
	2. 아세톤 시아노히드린, 아크릴산, 그 밖에 해양수산부령으로 정하는 Y류 물질	25,000 L 이상
	3. 아세트산, 아세트산 무수물, 그 밖에 해양수산부령으로 정하는 Z류 물질	25,000 L 이상
	4. 평가는 되었으나 유해액체물질목록에 등록되지 아니한 잠정평가물질	100,000 L 이상

2. 해양오염영향조사기관의 지정기준

「해양환경관리법」 제77조제2항 및 같은 법 시행령 제58조제2항에서는 에서는 해양오염영향조사기관의 지정기준(별표 13)은 다음과 같다.(〈표 5-2〉)

〈표 5-2〉 해양오염영향조사기관의 지정기준

해양오염영향조사기관의 지정기준(제58조제2항 관련)

1. 인력

자격 능력	대체 가능 인력	
	대체 경력	전공연구 분야
가. 해양기술사 또는 수질관리 기술사 중 1명 이상 보유	○ 전공연구분야의 박사학위 취득 후 그 분야에서 4년 이상 근무한 경력이 있는 자 ○ 해양환경기사, 수질환경기사 자격 취득 후 그 분야에서 8년 이상 근무한 경력이 있는 자	해양학 환경학 환경공학
나. 다음에 해당하는 자연환경 분야의 기술사 1명 이상 보유 1) 해양직무분야 중 해양수산양식 2) 환경직무분야 중 수질관리 3) 국토개발직무분야 중 지질 및 기반	○ 전공연구분야의 박사학위 취득 후 그 분야에서 4년 이상 근무한 경력이 있는 자 ○ 해양환경기사, 수질환경기사 자격 취득 후 그 분야에서 8년 이상 근무한 경력이 있는 자	해양학 수산학 환경학 환경공학
다. 다음에 해당하는 생활환경 분야의 기사 2명 이상 보유 1) 해양직무분야 중 해양환경·수산양식 2) 환경직무분야 중 수질환경	○ 전공연구분야의 석사학위 소지자	해양학 수산학 환경학
라. 다음에 해당하는 사회·경제환경분야의 기사 2명 이상 보유 1) 정보처리직무분야 중 정보처리	○ 전공연구분야의 석사학위 소지자	경제학 수산학 지리학

2) 안전관리직무분야 중 산업 위생관리		
2. 장비		
명칭		수량
가. 기름 및 다환방향족 탄화수소류 분석장비 1) 기체 크로마토 그래프-불꽃 이온화 집출기 2) 기체 크로마토 그래프-선택 질량 분석기 또는 기체 크로마토 그래프-질량 분석기 3) 고성능액체크로마토그래피(HPLC: High performance liquid chromatography) 4) 형광분광분석기(Spectrofluormeter)		각 1대 이상
나. 환경독성 및 해양생태 영향평가 분석장비 1) 광학현미경(배율 1000배 이상) 2) 현광현미경 3) 해부현미경 4) 방사능 측정 계수기 5) 분광분석기(Spectrotomometer) 또는 색깔 농도 비교 판독기(plate reader)		각 1대 이상
비고 : 장비를 갖춘 해양오염영향조사기관 또는 측정대행자와 해당 장비를 임차하기로 계약을 체결한 경우에는 장비를 갖춘 것으로 본다.		

3. 별도의 해양오염영향조사기관을 선정하여야 하는 경우

「해양환경관리법」 제77조제3항 및 같은 법 시행령 제58조제3항에서는 해양오염영향조사를 하여야 하는 자가 사고가 발생한 날부터 3개월 이내에 이를 행하지 아니하거나 다음과 같은 긴급히 조사를 할 필요가 있다고 인정되는 경우에는 별도의 조사기관을 선정하여 실시하게 하도록 하고 있다.

i) 「해양환경관리법 시행규칙」 제46조제1항에 따라 「해양환경관리법 시행령」 제58조제1항 관련 별표 12에 따른 배출량의 2배에 해당하는 오염물질이 대량으로 배출된 경우(시행령 제58조제3항제1호)

ii) 오염물질의 확산으로 양식시설 등의 대량 피해가 예상되는 경우(시행령 제58조제3항제2호)

또한 해양수산부장관은 이 법 제77조제4항의 규정에 따라 별도의 해양오염영향조사를 실시하게 하려는 경우에는 같은 법 시행규칙 제46조[98]에서 정하는 바에 따라 「해양수산발전 기본법」 제7조[99]에 따른 해양수산발전위원회의 심의를 거쳐야 한다.

4. 해양오염영향조사의 분야 및 항목

「해양환경관리법」 제78조에 따라 해양오염영향조사는 오염물질에 의하여 해로운 영향을 받게 되는 자연환경, 생활환경 및 사회・경제환경 분야 등에 대하여 실시하여야 하며, 해양오염영향조사의 분야별 세부항목은 같은 법 시행령 제59조(별표 14)에서 다음과 같이 정하고 있다.(〈표 5-3〉)

〈표 5-3〉 해양오염영향조사의 분야별 세부항목

해양오염영향조사의 분야별 세부항목(제59조 관련)		
분야	조사항목	비고
자연환경	1. 기상, 2. 해류・조류 3. 해저지질 4. 해양환경(수질・생물・퇴적물) 5. 해양생태계	
생활환경	1. 연안 및 해역이용 2. 수산물의 안정성 3. 공공시설의 오염피해	
사회・경제환경	1. 인구	

98) 「해양환경관리법 시행규칙」 제46조(해양오염영향조사) ① 영 제58조제3항제1호에서 "해양수산부령으로 정하는 규모"란 영 별표 12에 따른 배출량의 2배에 해당하는 양을 말한다.
② 해양수산부장관은 법 제77조제3항에 따라 별도의 해양오염영향조사를 실시하게 하려는 경우에는 같은 조 제4항에 따라 「해양수산발전 기본법」 제7조에 따른 해양수산발전위원회의 심의를 거쳐야 한다.

99) 「해양수산발전 기본법」 제7조(해양수산발전위원회) 기본계획, 해양개발등 및 해양환경에 관한 중요정책을 심의하기 위하여 해양수산부장관 소속하에 해양수산발전위원회(이하 "위원회"라 한다)를 둔다.

	2. 주거 3. 산업 4. 어업현장	

Ⅱ. 해양오염영향조사기관 및 평가대행자의 지정·등록취소에 따른 업무행위 위반

제128조(벌칙) 다음 각 호의 어느 하나에 해당하는 자는 2년 이하의 징역 또는 2천만원 이하의 벌금에 처한다.

13. 제82조제1항 및 제89조제1항의 규정에 따라 지정이 취소된 자가 업무를 하거나 또는 업무정지명령을 받은 자가 업무정지기간 중 업무를 한 자

1. 해양오염영향조사기관의 지정취소에 따른 업무행위 위반

「해양환경관리법」 제128조제13호에서는 이 법 제82조제1항에 따라 해양오염영향조사기관의 지정이 취소된 자가 업무를 하거나 또는 업무정지를 받은 자가 업무정지기간 중 관련 업무를 할 경우 처벌하도록 하고 있다. 이에 따라 여기에서는 해양오염영향조사기관의 지정취소 및 업무정지가 되는 경우에 대해 살펴보면 다음과 같다.

이 법 제82조제1항에 따라 해양수산부장관이 해양오염영향조사기관의 지정을 취소하거나 1년 이내의 기간을 정하여 업무정지를 명할 수 있는 경우는 다음과 같으며, 아래의 ⅰ)~ⅳ)까지의 어느 하나에 해당하는 경우에는 그 지정을 취소하도록 하고 있다.

ⅰ) 거짓 그 밖의 부정한 방법으로 지정을 받은 때(법 제82조제1항제1호)

ⅱ) 「해양환경관리법」 제77조제2항의 규정에 따른 지정기준에 미달하게 된

때(법 제82조제1항제2호)

iii) 「해양환경관리법」 제81조[100] 각 호의 어느 하나에 해당하는 때. 다만, 법인의 대표이사가 제81조제1호, 제3호 또는 제4호에 해당하는 경우로서 6개월 이내에 그 대표이사를 바꾸어 임명한 때에는 그러하지 아니하다(법 제82조제1항제3호).

iv) 1년에 2회 이상 업무정지처분을 받은 때(법 제82조제1항제4호)

v) 다른 사람에게 지정기관의 권한을 대여하거나 도급받은 해양오염영향조사를 일괄하여 하도급한 때(법 제82조제1항제5호)

vi) 고의 또는 중대한 과실로 해양오염영향조사를 부실하게 행한 때(법 제82조제1항제6호)

그리고 이 법 제82조제2항 및 같은 법 시행규칙 제47조에서는 이 법 제82조제1항의 규정에 따른 해양오염영향조사기관의 행정처분(등록취소 및 업무정지)에 대한 세부기준(별표 16)을 다음과 같이 정하고 있으며, 이는 그 위반행위의 유형과 정도 등을 참작하여 정하도록 하고 있다.(〈표 5-4〉)

100) 「해양환경관리법」 제81조(조사기관의 결격사유) 다음 각 호의 어느 하나에 해당하는 자는 해양오염영향조사기관으로 지정될 수 없다.

1. 피성년후견인
2. 삭제 〈2017. 10. 31.〉
3. 해양오염영향조사기관의 지정이 취소(제1호에 해당하여 취소된 경우는 제외한다)된 후 2년이 경과되지 아니한 자
4. 이 법 또는 「물환경보전법」·「대기환경보전법」을 위반하여 금고 이상의 형의 선고를 받고 그 형의 집행이 종료(집행이 종료된 것으로 보는 경우를 포함한다)되거나 집행을 받지 아니하기로 확정된 후 1년이 경과되지 아니한 자
5. 대표이사가 제1호, 제3호 또는 제4호에 해당하는 법인

〈표 5-4〉 해양오염영향조사기관에 대한 행정처분기준

해양오염영향조사기관에 대한 행정처분기준(제47조 관련)

1. 일반기준
   가. 위반행위가 둘 이상인 경우로서 그에 해당하는 각각의 처분기준이 다른 경우에는 그 중 무거운 처분기준에 따르며, 둘 이상의 처분기준이 같은 영업정지인 경우에는 무거운 처분기준의 2분의 1까지 늘릴 수 있다. 이 경우 각 처분기준을 합산한 기간을 넘을 수 없다.
   나. 가목의 경우 각각의 처분기준 중 경고가 포함되어 있는 경우에는 경고를 함께 부과할 수 있다.
   다. 위반행위의 횟수에 따른 행정처분기준은 최근 1년간 같은 위반행위로 행정처분을 받은 경우에 적용한다. 이 경우 기간의 계산은 위반행위에 대하여 최초로 행정처분을 받은 날과 그 처분 후 다시 같은 위반행위를 하여 적발된 날을 기준으로 한다.
   라. 다목에 따라 가중된 행정처분을 하는 경우 가중처분의 적용 차수는 그 위반행위 전 부과처분 차수(다목에 따른 기간 내에 행정처분이 둘 이상 있었던 경우에는 높은 차수를 말한다)의 다음 차수로 한다.
   마. 처분권자는 위반행위의 동기 · 내용 · 횟수 및 위반의 정도 등을 고려하여 그 처분을 줄일 수 있다. 이 경우 그 처분이 업무정지인 경우에는 그 처분기준의 2분의 1 범위에서 줄일 수 있고, 등록취소인 경우(법 제82조제1항제1호부터 제4호까지에 해당하는 경우는 제외한다)에는 6개월의 영업정지 처분으로 줄일 수 있다.

2. 개별기준

위반행위	근거 법조문	행정처분기준			
		1차	2차	3차	4차
가. 거짓 그 밖의 부정한 방법으로 지정을 받은 경우	법 제82조 제1항제1호	지정 취소			
나. 법 제77조제2항에 따른 지정기준에 미달하게 된 경우	법 제82조 제1항제2호	지정 취소			
다. 법 제81조 각 호의 어느 하나에 해당하는 경우. 다만, 법인의 대표이사가 법 제81조제1호, 제3호 또는 제4호에 해당하는 경우로서 6개월 이내에 그 대표이사를 바꾸어 임명한 경우는 제외한다.	법 제82조 제1항제3호	지정 취소			
라. 1년에 2회 이상 업무정지처분을 받은 경우	법 제82조 제1항제4호	지정 취소			
마. 다른 사람에게 지정기관의 권한	법 제82조	경고	업무	업무	지정

을 대여하거나 도급받은 해양오염영향조사를 일괄하여 하도급한 경우	제1항제5호		정지 1개월	정지 3개월	취소
바. 고의 또는 중대한 과실로 해양오염영향조사를 부실하게 행한 경우	법 제82조 제1항제6호	경고	업무 정지 1개월	업무 정지 3개월	지정 취소

2. 평가대행자의 등록취소에 따른 업무행위 위반

「해양환경관리법」 제128조제13호에서는 이 법 제89조제1항에 따라 평가대행자의 등록이 취소된 자가 영업을 하거나 또는 업무정지를 받은 자가 업무정지기간 중 업무를 할 경우 처벌하도록 하고 있다. 이에 따라 여기에서는 평가대행자의 등록취소 및 업무정지가 되는 경우에 대해 살펴보면 다음과 같다. 참고로 평가대행자의 등록 등과 관련한 내용은 제5장의 'Ⅱ. 미등록 평가대행자의 해역이용협의서등[101] 작성 위반'에서 자세히 다루고자 한다.

이 법 제89조제1항에 따라 해양수산부장관이 평가대행자의 등록을 취소하거나 6개월 이내의 기간을 정하여 업무정지를 명할 수 있는 경우는 다음과 같으며, 아래의 ⅰ), ⅲ)~ⅴ)까지 및 ⅶ)의 어느 하나에 해당하는 경우에는 그 지정을 취소하도록 하고 있다.

ⅰ) 거짓 그 밖의 부정한 방법으로 등록하거나 변경등록을 한 때(법 제89조제1항제1호)

ⅱ) 「해양환경관리법」 제86조제1항 전단에 따른 기술능력・시설 및 장비의

101) 「해양환경관리법」 제86조(평가대행자의 등록 등) ①제84조제5항에 따른 해역이용협의서 및 제85조제4항에 따른 해역이용영향평가서(이하 "해역이용협의서등"이라 한다)의 작성을 대행하는 사업을 영위하려는 자는 해양수산부령이 정하는 기술능력・시설 및 장비를 갖추어 대통령령이 정하는 바에 따라 해양수산부장관에게 등록하여야 한다. 이 경우 해역이용협의서등의 작성을 대행하는 사업의 등록을 한 자(이하 "평가대행자"라 한다)가 등록한 사항 중 해양수산부령이 정하는 중요 사항을 변경하려는 때에도 또한 같다.

요건에 미달하게 된 때(법 제89조제1항제2호)

iii) 「해양환경관리법」 제86조제1항 후단에 따른 변경등록을 하지 아니한 때 (법 제89조제1항제2호의2).

iv) 「해양환경관리법」 제87조(결격사유) 각 호의 어느 하나에 해당하는 때. 다만, 법인의 대표이사가 제87조제1호, 제3호 또는 제4호에 해당하는 경우로서 6개월 이내에 그 대표이사를 바꾸어 임명한 때에는 그러하지 아니하다.(법 제89조제1항제3호)

v) 등록 후 2년 이내에 해역이용협의등의 업무를 개시하지 아니하거나 계속하여 2년 이상 해역이용협의등의 업무실적이 없는 때(법 제89조제1항제4호)

vi) 최근 1년 이내에 2회의 업무정지처분을 받고 다시 업무정지처분에 해당하는 행위를 한 때(법 제89조제1항제5호)

vii) 업무정지처분 기간 중 해역이용협의등의 업무(계약 체결을 포함한다)를 한 때(법 제89조제1항제5호의2)

viii) 제88조[102]의 규정을 위반한 때(법 제89조제1항제6호)

ix) 해역이용협의서등을 거짓으로 작성하거나 고의 또는 중대한 과실로 해역이용협의서등을 부실하게 작성한 때(법 제89조제1항제7호)

그리고 이 법 제89조제2항 및 같은 법 시행규칙 제57조에서는 이 법 제89조

102) 「해양환경관리법」 제88조(해역이용사업자 등의 준수사항) 해역이용사업자, 평가대상사업자(이하 "해역이용사업자등"이라 한다) 및 평가대행자는 대통령령이 정하는 바에 따라 다음 각 호의 사항을 준수하여야 한다.
1. 다른 해역이용협의서등의 내용을 복제하지 아니할 것
2. 작성한 해역이용협의서등을 해양수산부령으로 정하는 기간 동안 보존할 것
3. 해역이용협의서등의 작성의 기초가 되는 자료를 거짓으로 작성하지 아니할 것
4. 등록증 또는 그 명의를 다른 사람에게 대여하지 아니할 것
5. 도급받은 해역이용협의 또는 해역이용영향평가(이하 "해역이용협의등"이라 한다)의 업무를 일괄하여 하도급하지 아니할 것

제1항의 규정에 따른 평가대행자의 행정처분(등록취소 및 업무정지)에 대한 세부기준(별표 21)을 다음과 같이 정하고 있으며, 이는 그 위반행위의 유형과 정도 등을 참작하여 정하도록 하고 있다.(〈표 5-5〉)

〈표 5-5〉 평가대행자에 대한 행정제재 처분의 기준

평가대행자에 대한 행정제재 처분의 기준(제57조 관련)

1. 일반기준

가. 위반행위가 둘 이상인 경우로서 그에 해당하는 각각의 처분기준이 다른 경우에는 그 중 무거운 처분기준에 따른다. 다만, 둘 이상의 처분기준이 동일한 업무정지인 경우에는, 각 처분기준을 합산한 기간을 넘지 아니하는 범위에서 무거운 처분기준의 2분의 1 범위에서 가중할 수 있고, 둘 이상의 처분 기준 중 경고(또는 시정명령)가 포함되어 있는 경우에는 경고를 함께 부과할 수 있다.

나. 위반행위의 횟수에 따른 행정처분의 기준은 최근 1년간 같은 위반행위로 행정처분을 받은 경우에 적용한다. 이 경우 기간의 계산은 위반행위에 대하여 행정처분을 받은 날과 그 처분 후 다시 같은 위반행위를 하여 적발된 날을 기준으로 한다.

다. 나목에 따라 가중된 행정처분을 하는 경우 가중처분의 적용 차수는 그 위반행위 전 행정처분 차수(나목에 따른 기간 내에 행정처분이 둘 이상 있었던 경우에는 높은 차수를 말한다)의 다음 차수로 한다.

라. 처분권자는 위반행위의 동기·내용·횟수 및 위반의 정도 등을 고려하여 그 처분을 감경할 수 있다. 이 경우 그 처분이 업무정지인 경우에는 그 처분기준의 2분의 1의 범위에서 감경할 수 있고, 등록취소인 경우에는 6개월의 영업정지 처분으로 감경(법 제86조제1항 및 제87조에 해당하는 경우는 제외)할 수 있다.

2. 개별기준

위반사항	근거법령	행정처분기준			
		1차	2차	3차	4차
가. 거짓 그 밖의 부정한 방법으로 등록하거나 변경등록을 한 경우	법 제89조 제1항제1호	등록취소			
나. 법 제86조제1항 전단에 따른 기술능력·시설 및 장비의 요건에 미달하게 된 경우	법 제89조 제1항제2호				
1) 등록요건의 기술능력에 속하는 기술인력이 부족한 경우		경고	등록취소		
2) 등록요건의 기술능력에 속하는 기		등록			

술인력이 전혀 없는 경우		취소			
3) 1개월 이상 사무실 또는 실험실이 없는 경우		경고	업무 정지 6개월	등록 취소	
4) 갖추어두어야 하는 장비가 부족한 경우		경고	업무 정지 3개월	업무 정지 6개월	등록 취소
5) 갖추어두어야 하는 장비가 전혀 없는 경우		경고	업무 정지 6개월	등록 취소	
다. 법 제86조제1항에 후단에 따른 변경등록을 하지 않은 경우	법 제89조 제1항제2호 의2	경고	업무 정지 6개월	등록 취소	
라. 법 제87조 각 호의 어느 하나에 해당하는 경우. 다만, 법인의 대표이사가 법 제87조제1호, 제3호 또는 제4호에 해당하는 경우로서 6개월 이내에 그 대표이사를 바꾸어 임명한 경우는 제외한다.	법 제89조 제1항제3호	등록 취소			
마. 등록 후 2년 이내에 해역이용협의등의 업무를 개시하지 않거나 계속하여 2년 이상 해역이용협의등의 업무실적이 없는 경우	법 제89조 제1항제4호	등록 취소			
바. 최근 1년 이내에 2회의 업무정지처분을 받고 다시 업무정지처분에 해당하는 행위를 한 경우	법 제89조 제1항제5호	등록 취소			
사. 업무정지처분 기간 중 해역이용협의등의 업무(계약 체결을 포함한다)를 한 경우	법 제89조 제1항 제5호의2	등록 취소			
아. 법 제88조에 위반한 경우	법 제89조 제1항제6호				
1) 다른 해역이용협의서등의 내용을 복제한 경우		업무 정지	등록 취소		

		6개월			
2) 작성한 해역이용협의서등을 해양수산부령이 정하는 기간 동안 보존하지 아니한 경우		경고	업무정지 3개월	업무정지 6개월	등록취소
3) 해역이용협의서등의 작성의 기초가 되는 자료를 허위로 작성 한 경우		업무정지 6개월	등록취소		
4) 등록증 또는 그 명의를 다른 사람에게 대여한 경우		경고	업무정지 6개월	등록취소	
5) 도급받은 해역이용협의등의 업무를 일괄하여 하도급한 경우		경고	업무정지 6개월	등록취소	
자. 해역이용협의서등을 거짓으로 작성하거나 고의 또는 중대한 과실로 해역이용협의서등을 부실하게 작성한 경우	법 제89조 제1항제7호	업무정지 6개월	등록취소		

비고
1. 자목 중 해역이용협의서등을 거짓으로 작성한 경우란 다음 각 목의 경우를 말한다.
  가. 환경현황을 조사하지 아니하거나 일부만 조사하고도 환경현황을 적정하게 조사한 것으로 해역이용협의서등에 게재한 경우
  나. 고의로 해역이용협의서등을 사실과 다르게 작성하여 환경영향이 적은 것으로 인지되도록 한 경우
2. 자목 중 고의 또는 중대한 과실로 해역이용협서등을 부실하게 작성한 경우란 다음 각 목의 어느 하나에 해당하는 경우로서 해역이용협의서등의 신뢰를 떨어뜨리거나, 해역이용협의서등의 검토·협의기관이 해역이용협의서등을 적절하게 검토하기 어렵게 하여 통상적인 보완으로는 그 미비사항을 해소하기 어려운 경우를 말한다.
  가. 지역 주민과 관계 기관의 의견제출 현황과 그 반영여부 등을 누락한 경우
  나. 해역이용협의서등의 검토의견을 반영하지 않으면서 그 사실과 이유를 누락한 경우
  다. 관련 전문가의 통상적인 주의로 확인할 수 있는 다음의 지역이나 주요 보호대상물 등을 누락한 경우
    1) 관계 법령에 따라 지정된 습지보호지역, 해양보호구역, 수산자원보호구역 등
    2) 해역이용협의서등에서 인용하고 있는 문헌 등에 제시되어 있는 법적 보호 동식물, 어업권 등

제2절 해역이용협의 관련 위반행위

Ⅰ. 해역이용협의서 및 해역이용영향평가서의 작성·절차 위반

제128조(벌칙) 다음 각 호의 어느 하나에 해당하는 자는 2년 이하의 징역 또는 2천만원 이하의 벌금에 처한다.
14. 제84조제4항에 따른 해역이용협의서 또는 제85조제2항에 따른 해역이용영향평가서를 거짓으로 작성한 자

제129조(벌칙) ① 다음 각 호의 어느 하나에 해당하는 자는 1년 이하의 징역 또는 1천만원 이하의 벌금에 처한다.
11. 제84조 및 제85조의 규정에 따른 협의절차 및 재협의 절차가 완료되기 전에 공사를 시행한 자

「해양환경관리법」 제128조제14호에서는 이 법 제84조제1항에 따라 해양환경에 미치는 특정사업에 대해 면허·허가 또는 지정 등(이하 "면허 등"이라 한다)을 하고자 하는 행정기관의 장(이하 "처분기관"이라 한다)은 면허 등을 하기 전에 미리 해양수산부장관과 「해양환경 보전 및 활용에 관한 법률」 제20조[103]에 따른 해역이용의 적정성 및 해양환경에 미치는 영향에 관하여 협의(이하 "해역이용협의"라 한다)를 하도록 하고 있다.

103) 「해양환경 보전 및 활용에 관한 법률」 제20조(해역이용영향평가 등) 해양환경에 영향을 미치는 개발·이용행위가 환경적으로 지속가능하게 행해질 수 있도록 해양을 개발·이용하려는 자는 해양수산부장관과 해역이용의 적정성 등에 관하여 협의하여야 하며, 해양수산부장관은 해양의 개발·이용행위가 해양환경에 미치는 영향에 대한 평가를 할 수 있다.

이 경우, 처분기관은 이 법 제84조제3항에 따라 해역이용협의서를 제출하여야 하는 것에 대신해서 이 법 제84조제4항에서와 같이 해역이용협의의 대상이 되는 면허 등의 대상사업(이하 "면허대상사업"이라 한다)을 하고자 하는 자(이하 "해역이용사업자"라 한다)에게 별도의 해역이용협의서를 제출받아 이를 이 법 제84조제3항에 따른 해역이용협의서에 갈음하여 제출하는 것을 허용하고 있다. 이 때 해역이용사업자가 처분기관에 제출한 해역이용협의서의 작성이 거짓일 경우 처벌의 대상이 된다.

그리고 「해양환경관리법」 제128조제14호에서는 이 법 제85조제1항에 따라 처분기관은 제84조에 따른 해양수산부장관과 해역이용협의를 함에 있어서 해당 면허대상사업 중 특정한 행위가 일정 규모 이상에 해당하는 때에는 그 행위로 인하여 해양환경에 미치는 영향에 대한 평가(이하 "해역이용영향평가"라 한다)를 해양수산부장관에게 요청하도록 하고 있다.

이 경우, 처분기관은 이 법 제85조제2항에 따라 해역이용영향평가를 해양수산부장관에게 요청하는 때에는 해역이용영향평가의 대상이 되는 면허대상사업을 하려는 자(이하 "평가대상사업자"라 한다)가 작성한 해역이용영향평가서를 함께 제출하여야 한다. 이 때 평가대상사업자가 처분기관에 제출한 해역이용영향평가서의 작성이 거짓일 경우 이 또한 처벌의 대상이 된다.

그 밖에 「해양환경관리법」 제129조제1항제11호에서는 이 법 제84조에 따른 해역이용협의 및 제85조에 따른 해역이용영향평가(재협의)와 관련한 절차가 완료되기 전에 면허대상사업에 대한 공사를 시행한 경우 처벌도록 규정하고 있다.

이에 따라, 여기에서는 해역이용협의를 필요로 하는 면허 등 및 대상사업의 범위, 해역이용협의서에 포함되어야 하는 내용, 해역이용협의서의 작성절차·방법, 해역이용영향평가 요청행위의 규모 및 제외사업의 범위, 해역이용영향평가서의 작성절차·방법 등에 대해 살펴보고자 한다.

1. 해역이용협의를 필요로 하는 면허 등 및 대상사업의 범위

「해양환경관리법」 제84조제1항에서는 다음의 어느 하나에 해당하는 면허 등을 하고자 하는 처분기관은 면허 등을 하기 전에 같은 법 시행령 제61조에 따라 해역이용협의를 하여야 하며, 이 경우 이 법 제85조제1항의 규정에 따른 해역이용영향평가대상사업은 해역이용협의를 행한 것으로 보고 있다.

i) 「공유수면 관리 및 매립에 관한 법률」 제8조에 따른 공유수면의 점용·사용허가(제5호 및 제6호에 따른 바다골재채취의 허가 및 바다골재채취단지의 지정에 따른 공유수면의 점용·사용허가는 제외한다) 및 같은 법 제28조에 따른 공유수면의 매립면허(법 제84조제1항제1호)

ii) 삭제 〈2010. 4. 15.〉(법 제84조제1항제2호)

iii) 「양식산업발전법」 제10조에 따른 양식업 면허. 다만, 대통령령이 정하는 해역에서의 어업의 면허에 한정하여 적용한다(법 제84조제1항제3호).

iv) 「골재채취법」 제21조의2의 규정에 따른 바다골재채취예정지의 지정(법 제84조제1항제4호)

v) 「골재채취법」 제22조의 규정에 따른 바다골재채취의 허가(법 제84조제1항제5호)

vi) 「골재채취법」 제34조의 규정에 따른 바다골재채취단지의 지정(법 제84조제1항제6호)

또한 「해양환경관리법」 제84조제2항에서는 제84조제1항제1호를 적용함에 있어서 다른 법률에서 「공유수면 관리 및 매립에 관한 법률」에 따른 공유수면의 점용·사용허가 또는 매립면허를 받은 것으로 보도록 규정하고 있는 경우에도 해역이용협의 절차를 거치도록 하고 있다. 다만, 다음의 어느 하나에 해당하는 사업과 관련된 경우에는 해역이용협의를 하지 않아도 된다.

i)「재난 및 안전관리기본법」 제37조의 규정에 따른 응급조치를 위한 사업(법 제84조제2항제1호)

ii) 국방부장관이 군사상의 기밀보호가 필요하거나 군사작전의 긴급한 수행을 위하여 필요하다고 인정하여 해양수산부장관과 협의한 것으로서 해양수산부장관이 정하여 고시하는 사업(법 제84조제2항제2호)

한편,「해양환경관리법」 제84조제1항에 따른 해역이용협의 대상사업은 같은 법 시행령 제61조에서 i) 해양환경에 미치는 영향이 큰 사업으로서 신중한 검토 및 협의가 필요한 사업(이하 "일반해역이용협의사업"이라 한다), ii) 해양환경에 미치는 영향이 경미한 소규모 사업(이하 "간이해역이용협의사업"이라 한다)으로 구분하고 있으며, 이에 따른 일반해역이용협의와 간이해역이용협의를 실시하여야 하는 대상사업의 범위(별표 15)는 다음과 같다.(〈표 5-6〉)

〈표 5-6〉 일반 및 간이해역이용협의 대상사업의 범위

일반 및 간이해역이용협의 대상사업의 범위(제61조제2항 관련)

1. 일반해역이용협의 대상사업

구분	대상사업
공유 수면의 점용· 사용	가.「항만법」 제2조제5호 및「신항만건설촉진법」 제2조제2호가목에 따른 항만시설 중 다음에 해당하는 시설을 설치하는 사업 1) 계류시설·외곽시설·임항교통시설로서 길이 150m 이상 또는 면적 3천㎡ 이상을 점용·사용하는 경우 2) 기능시설로서 공유수면 3천㎡ 이상을 점용·사용하는 경우 3) 항만 및 신항만에서의 준설사업 중 준설면적이 5만㎡ 이상 또는 준설량이 10만㎥ 이상인 경우. 다만, 항로 등의 유지준설 또는 오염물질 제거를 위하여 필요한 경우는 제외한다. 4) 그 밖의 항만시설로서 공유수면 5만㎡ 이상을 점용·사용하는 경우 나.「어촌·어항법」 제2조제5호 또는 제6호에 따른 어항시설 또는 어항개발사업 중 다음에 해당하는 시설을 설치하는 사업 1) 외곽시설 또는 계류시설로서 길이 150m 이상 또는 면적 3천㎡ 이상을 점용·사용하는 경우

2) 기능시설로서 공유수면 3천㎡ 이상을 점용 · 사용하는 경우

3) 어항에서의 준설사업 중 준설면적이 5만㎡ 이상 또는 준설량이 10만㎥ 이상인 경우. 다만, 어항 등의 유지준설 또는 오염물질 제거를 위하여 필요한 경우는 제외한다.

4) 그 밖의 어항시설로서 공유수면 5만㎡ 이상을 점용 · 사용하는 경우

다. 「공유수면 관리 및 매립에 관한 법률」 제8조제1항제1호에 따라 공유수면에 부두, 방파제, 교량, 수문, 신·재생에너지 설비, 건축물, 그 밖의 인공구조물을 신축·개축·증축 또는 변경하거나 제거하는 행위(「전원개발촉진법」 및 관계 법령에 따른 전원개발사업 중 해상풍력 발전소를 설치하는 행위 또는 「전기사업법」 및 관계 법령에 따른 전기설비 중 해상풍력 발전소를 설치하는 행위의 경우에는 발전시설 용량이 5만㎾ 미만인 해상풍력 발전소를 설치하는 행위로 한정한다)로서 길이 150m 이상 또는 면적 3천㎡ 이상을 점용·사용하는 경우

라. 「공유수면 관리 및 매립에 관한 법률」 제8조제1항제2호에 따라 공유수면에 접속한 토지를 수면 이하로 굴착하는 행위로서 굴착면적이 2만㎡ 이상 또는 굴착량이 5만㎥ 이상인 경우

마. 「공유수면 관리 및 매립에 관한 법률」 제8조제1항제3호에 따라 공유수면의 바닥을 준설하거나 굴착하는 행위로서 그 면적이 5만㎡ 이상 10만㎡ 미만 또는 그 양이 10만㎥ 이상 20만㎥ 미만인 경우(「수산업법」 제7조제1항제2호에 따른 마을어업 또는「양식산업발전법」 제10조제1항제5호에 따른 협동양식업의 면허를 받은 어장의 유지를 위한 경우에는 그 면적이 10만㎡ 이상 또는 그 양이 20만㎥ 이상인 경우). 다만, 항로 등의 유지준설 또는 오염물질 제거를 위하여 필요한 경우에는 제외한다.

바. 「공유수면 관리 및 매립에 관한 법률」 제8조제1항제4호에 따라 포락지 · 간석지의 토지조성사업

사. 「공유수면 관리 및 매립에 관한 법률」 제8조제1항제5호에 따라 바닷물 또는 오수를 끌어들이거나 내보내는 행위로서 관의 지름이 400㎜ 이상인 경우. 다만, 「양식산업발전법」 제43조제1항제1호에 따른 육상해수양식업 및 「수산종자산업육성법」 제21조제1항에 따른 수산종자생산업에 해당하는 경우는 제외한다.

아. 「공유수면 관리 및 매립에 관한 법률」 제8조제1항제6호에 따라 공유수면에서 흙이나 모래 또는 돌을 채취하는 행위로서 영해에서 채취량이 20만㎥ 미만 또는 배타적 경제수역에서 채취량이 40만㎡ 미만인 경우

자. 「공유수면 관리 및 매립에 관한 법률」 제8조제1항제7호에 따라 공유수면에서 식물을 재배하거나 베어내는 행위로서 그 면적이 5만㎡ 이상인 경우

차. 「공유수면 관리 및 매립에 관한 법률」 제8조제1항제8호에 따라 흙 또는 돌을 버리는 등 공유수면의 수심(水深)에 영향을 미치는 행위로서 영해에서 투기량이 20만㎥ 미만 또는 배타적 경제수역에서 투기량이 40만㎥ 미

	만인 경우(「해양폐기물 및 해양오염퇴적물 관리법」 제7조제2항에 따라 폐기물을 배출할 수 있는 해역에 버리는 경우는 제외한다) 카. 「광업법」에 따라 광물을 채취하는 경우로서 영해에서 채취면적이 10만㎡ 미만이거나 또는 채취량이 20만㎥ 미만인 경우 또는 배타적 경제수역에서 채취면적이 20만㎡ 미만이거나 또는 채취량이 40만㎥ 미만인 경우
바다 골재의 채취	가. 「골재채취법」 제22조에 따라 바다골재를 채취하는 경우로서 영해 안에서 채취량이 20만㎥ 미만인 경우 또는 배타적경제수역(EEZ)에서 채취량이 40만㎥ 미만인 경우. 다만, 나목의 대상사업에 해당되어 해역이용협의를 받은 경우는 제외한다. 나. 「골재채취법」 제21조의2에 따른 바다골재채취예정지의 지정
공유 수면의 매립	가. 「공유수면 관리 및 매립에 관한 법률」 제28조에 따른 공유수면의 매립. 다만 「공유수면 관리 및 매립에 관한 법률」 제2조에서 규정한 바다 · 바닷가에서의 매립으로 한정한다. 나. 다음 각 호의 처분행위가 「공유수면 관리 및 매립에 관한 법률」 제28조의 공유수면 매립면허를 받은 것으로 보는 경우. 다만, 「공유수면 관리 및 매립에 관한 법률」 제2조에서 규정한 바다 · 바닷가에서의 매립으로 한정한다. 1) 「산업입지 및 개발에 관한 법률」 제17조부터 제19조까지의 규정에 따른 실시계획의 승인 2) 「유통단지개발촉진법」 제11조제1항에 따른 유통단지개발실시계획의 승인 3) 「지역균형개발 및 지방중소기업 육성에 관한 법률」 제17조에 따른 실시계획의 승인 4) 「소하천정비법」 제8조제1항에 따른 소하천정비시행계획의 수립 또는 같은 법 제10조에 따른 소하천공사의 허가 5) 「항만법」 제9조제3항에 따른 항만공사의 시행에 관한 사항 또는 허가에 관한 사항의 고시 6) 「신항만건설촉진법」 제8조에 따른 실시계획의 승인 7) 「어촌 · 어항법」 제7조제5항에 따라 어촌종합개발사업계획의 수립 · 변경에 관한 사항을 고시한 경우 8) 「주택법」 제16조에 따른 주택건설사업계획의 승인 9) 「택지개발촉진법」 제9조에 따른 택지개발사업실시계획의 승인 10) 「한국수자원공사법」 제10조에 따른 사업실시계획의 승인 11) 「한국토지공사법」 제18조에 따른 토지개발사업실시계획의 승인 12) 「화물유통촉진법」 제28조에 따른 공사시행의 인가 13) 「항공법」 제95조제1항 및 제3항에 따른 실시계획의 수립 또는 승인 14) 「수도권신공항건설 촉진법」 제7조에 따른 실시계획의 승인 15) 「국토의 계획 및 이용에 관한 법률」 제88조에 따른 도시계획시설사업 실시계획의 작성 또는 인가

	16) 「댐건설 · 관리 및 주변지역지원 등에 관한 법률」 제12조제2항 또는 제4항에 따른 실시계획의 승인 또는 변경승인 17) 「도로법」 제25조에 따른 도로구역의 결정 또는 변경 18) 「도시개발법」 제17조에 따른 실시계획의 작성 또는 인가 19) 「제주특별자치도 설치 및 국제자유도시 조성을 위한 특별법」 제229조에 따른 개발사업의 시행승인 20) 「하천법」 제27조에 따른 하천정비시행계획의 수립 · 고시 또는 같은 법 제30조제6항에 따른 하천공사실시계획의 인가 21) 「기업도시개발 특별법」 제12조제1항에 따른 실시계획의 승인 또는 변경승인 22) 「항만공사법」 제22조에 따른 항만시설공사 또는 신항만건설사업의 실시계획의 승인 23) 「유통산업발전법」 제30조제1항에 공동집배송센터 지정 동의 24) 「산업집적활성화 및 공장설립에 관한 법률」 제13조제1항에 따른 공장설립등의 승인 25) 「집단에너지사업법」 제22조제1항에 따라 공사계획의 승인 또는 변경승인 26) 「송유관안전관리법」 제3조에 따른 공사계획의 인가 또는 변경인가 27) 「전원개발촉진법」 제5조에 따른 실시계획의 승인 또는 변경승인 28) 「한국가스공사법」 제16조의2에 따른 실시계획의 승인 29) 「수도법」 제17조제1항에 따른 일반수도사업의 인가 30) 「하수도법」 제11조제3항에 따른 공공하수도 설치 인가 또는 같은 법 제16조제1항에 따른 허가 31) 「환경관리공단법」 제16조의2에 따른 실시계획의 승인 32) 「폐기물처리시설 설치촉진 및 주변지역지원 등에 관한 법률」 제11조의3 제2항에 따른 폐기물처리시설 설치계획의 승인 33) 「자연공원법」 제12조부터 제15조까지 규정에 따른 공원계획의 결정 · 변경 또는 같은 법 제23조에 따른 행위허가 34) 「지역특화발전특구에 대한 규제특례법」에 따른 특구토지이용계획이 포함된 특구계획의 승인 35) 「경제자유구역의 지정 및 운영에 관한 법률」 제9조에 따른 실시계획의 승인 또는 변경승인 36) 「자전거이용 활성화에 관한 법률」 제7조제2항에 따른 자전거도로의 노선 지정 · 고시 37) 「지방소도읍 육성 지원법」 제8조에 따른 개발사업의 시행승인 38) 「관광진흥법」 제54조제1항에 따른 조성계획의 승인 39) 「청소년활동진흥법」 제48조제1항 및 제2항에 따른 조성계획 수립 또는 승인 40) 「산업단지 인 · 허가 절차 간소화를 위한 특례법」 제8조에 따른 산업단지계획의 수립

2. 간이해역이용협의 대상사업
   가. 제1호의 공유수면의 점용 · 사용의 대상사업란 중 가목부터 마목까지 및 사목에 해당하는 사업범위 미만의 사업
   나. 제1호의 공유수면의 점용 · 사용의 대상사업란 중 사목 단서에 해당하는 경우
   다. 「공유수면 관리 및 매립에 관한 법률」 제8조제1항제11호에 따라 공유수면을 점용 · 사용하는 경우
   라. 법 제15조에 따른 특별관리해역에서 「수산업법」 제7조에 따른 어업의 면허를 하는 경우
   마. 「재난구호 및 재난복구 비용 부담기준 등에 관한 규정」 제3조제7호에 따른 개선복구사업
3. 제2호에도 불구하고 다음 각 호의 어느 하나에 해당하는 경우에는 일반해역이용협의의 절차를 거쳐야 한다.
   가. 해당 사업의 특성 및 주변의 환경적 여건을 고려할 때 수산자원과 해양환경에 중대한 영향을 미칠 것으로 해양수산부장관이 인정하는 경우
   나. 「재난 구호 및 재난복구 비용 부담기준 등에 관한 규정」 제3조제7호에 따른 개선복구사업이 다음 요건에 모두 해당하는 경우
      1) 개선복구사업의 사업규모가 개선복구사업의 원인이 된 피해를 입기 전의 시설(시설의 일부만 피해를 입고 개선복구사업의 대상이 되는 경우에는 그 시설의 일부를 말한다) 규모보다 15퍼센트 이상 증가하거나 개선복구사업의 원인이 된 피해를 입기 전에 점용 · 사용하였던 공유수면(점용 · 사용하였던 공유수면의 일부만 피해를 입고 개선복구사업의 대상이 되는 경우에는 그 공유수면의 일부를 말한다) 면적보다 15퍼센트 이상 증가할 것
      2) 제1호에 따른 일반해역이용협의 대상사업에 해당할 것
4. 제1호부터 제3호까지의 규정에도 불구하고 다음 각 목의 어느 하나에 해당하는 사업은 해역이용협의 대상사업에서 제외한다.
   가. 「재난구호 및 재난복구 비용 부담기준 등에 관한 규정」 제3조제6호에 따른 기능복원사업
   나. 해양유류오염확산차단장치(oil fence), 수질오염 방지막 등 해양환경의 보전을 위한 시설물의 설치 사업
   다. 부유식(*浮游式*) 등부표(*燈浮標*), 원기둥 부표 등 해상교통의 안전을 위한 시설물의 설치 사업
   라. 「공유수면의 관리 및 매립에 관한 법률」 제2조제1호나목에 따른 바닷가나 백사장에서의 차양막 등 이동시설물의 설치 사업

이상의 내용과는 달리 처분기관이 「해양환경관리법」 제84조에 따른 해역이용협의를 할 경우 이에 해당하는 사업이 「해양환경관리법 시행규칙」 제48조제1항에 따라 「환경영향평가법」 제22조[104]에 따른 환경영향평가대상사업에 해당

104) 「환경영향평가법」 제22조(환경영향평가의 대상) ① 다음 각 호의 어느 하나에 해당하는 사업(이하 "환경영향평가 대상사업"이라 한다)을 하려는 자(이하 이 장에서 "사업자"라 한다)는 환경영향평가를 실시하여야 한다.
   1. 도시의 개발사업

하는 경우에는 「환경영향평가법」 제27조제2항[105]에 따른 협의를 요청하기 전에 협의하도록 하고 있다.

2. 해역이용협의서에 포함되어야 하는 내용 및 작성절차・방법

「해양환경관리법」 제84조제3항 및 같은 법 시행규칙 제48조제2항에 따른 해역이용협의서에는 다음과 같은 내용(별표 17)이 포함되어야 하나, 이에도 불구하고 같은 법 시행규칙 제48조제3항에서는 이 법 제84조제1항제3호에 따른 어업의 면허, 「수산업법」 제14조에 따른 어업면허의 유효기간 연장 및 「공유수면 관리 및 매립에 관한 법률」 제8조제4항에 따른 공유수면의 점용・사용의 허가기간 변경에 관한 해역이용협의서 및 해역이용협의의 내용은 별지 제46호의2

---

2. 산업입지 및 산업단지의 조성사업
3. 에너지 개발사업
4. 항만의 건설사업
5. 도로의 건설사업
6. 수자원의 개발사업
7. 철도(도시철도를 포함한다)의 건설사업
8. 공항의 건설사업
9. 하천의 이용 및 개발 사업
10. 개간 및 공유수면의 매립사업
11. 관광단지의 개발사업
12. 산지의 개발사업
13. 특정 지역의 개발사업
14. 체육시설의 설치사업
15. 폐기물 처리시설의 설치사업
16. 국방・군사 시설의 설치사업
17. 토석・모래・자갈・광물 등의 채취사업
18. 환경에 영향을 미치는 시설로서 대통령령으로 정하는 시설의 설치사업

② 환경영향평가 대상사업의 구체적인 종류, 범위 등은 대통령령으로 정한다.

105) 「환경영향평가법」 제27조(환경영향평가서의 작성 및 협의 요청 등) ② 승인등을 받지 아니하여도 되는 사업자는 제1항에 따라 환경부장관에게 협의를 요청할 경우 환경영향평가서를 작성하여야 하며, 승인등을 받아야 하는 사업자는 환경영향평가서를 작성하여 승인기관의 장에게 제출하여야 한다.

서식을 따르도록 하고 있다.([그림 5-1])

[그림 5-1] 해역이용협의서

[별지 제46호의2서식] 〈개정 2015.1.8.〉 (앞쪽)

해역이용협의서	□ 어업면허 신청 □ 어업면허 유효기간 연장신청 □ 공유수면 점용 · 사용 허가기간 변경신청	처리기간 뒤쪽참조

신청인	①성 명		②전화번호	
	③주 소			

해역이용협의에 관한 사항(※ ⑧협의의견 회신일은 면허 · 승인기관이 작성하며, 어업면허 신규 신청인 경우에는 변경내용 중 변경 전 란만 작성합니다)

④면허 · 승인기관			
⑤허가(승인)번호		⑥허가(승인) 연 월 일	
⑦해 역 이 용 협 의 기 관		⑧협의 의견 회 신 일	
⑨신 청 해 역			

변경내용		변경 전	변경 후
	⑩면 적	㎡	㎡
	⑪목 적		
	⑫기 간	. . . ~ . . .	. . . ~ . . .

「해양환경관리법」 제84조제3항 및 같은 법 시행규칙 제48조제3항에 따라 위와 같이 제출합니다.

년 월 일

신청인 (서명 또는 인)

(처분기관의 장) 귀하

첨부서류	수수료 없음

1. 어업면허 신청
   가. 사업계획서
   나. 해면의 위치 · 면적과 이를 표시한 도면(축척 5만분의 1의 해도)
   다. 신청해역과 그 인근해역의 이용상황조사서 및 도면
2. 어업면허 유효기간 연장신청: 신청해역이 표시된 도면(축척 5만분의 1의 해도)
3. 공유수면 점용 · 사용 허가기간 변경신청: 신청해역이 표시된 도면(축척 5만분의 1의 해도)

210mm×297mm

(일반용지 60g/㎡(재활용품))

이 신청서는 아래와 같이 처리됩니다. (뒤쪽)

신청인	처리기관 지방해양수산청, 시 · 도, 시 · 군 · 구
신청서작성 →	접수
	↓ 첨부서류 확인 및 검토 / ↓ 협의기관 협의
	↓ 검토 • 협의기관협의결과 • 타 당 성 여부 등
	↓ 허가(협의 · 승인) 또는 불허
통보 ←	↓ 관계기관통보
처리기간	
- 해양환경관리법 제84조제1항에 따른 해역이용협의를 요청받은 경우에 협의기관의 의견 통보기간은 요청받은 날부터 30일까지입니다.	

이 경우 이 법 제84조제5항에 따라 해역이용사업자는 처분기관에 제출하는 해역이용협의서의 작성을 이 법 제86조제1항에서 정하고 있는 평가대행자로 하여금 대행하게 할 수 있으며, 해역이용협의서의 구체적인 작성방법은 「해양환경관리법 시행규칙」 제48조제4항에 따른 「해역이용협의서 작성 등에 관한 규정」을 따르도록 하고 있다.(〈표 5-7〉)

〈표 5-7〉 해역이용협의서에 포함되어야 하는 내용

해역이용협의서에 포함되어야 하는 내용(제48조제2항 관련)

구분	포함되어야 하는 내용
1. 「공유수면 관리 및 매립에 관한 법률」에 따른 공유수면의 매립면허	가. 매립사업계획서 나. 매립장소의 위치 · 면적과 이를 표시한 도면(축척 5만분의 1의 해도) 다. 매립계획평면도 라. 매립해역과 그 인근해역의 이용상황조사서 및 도면 마. 매립해역의 해양환경 개황 - 해양생태계, 해양물리(조석 · 조류 · 해수교환정도 등), 해양화학, 해양퇴적물 등 바. 매립으로 인하여 해역의 환경 및 이용에 미치게 될 영향과 대책
2. 「공유수면 관리 및 매립에 관한 법률」에 따른 공유수면의 점용 및 사용허가	가. 점용 및 사용에 관한 사업계획서 나. 점용 및 사용 장소의 위치 · 면적과 이를 표시한 도면(축척 5만분의 1의 해도) 다. 점용 및 사용계획 평면도 라. 점용 및 사용해역과 그 인근해역의 이용상황조사서 및 도면 마. 점용 및 사용해역의 해양환경 개황 - 해양생태계, 해양물리(조석 · 조류 · 해수교환정도 등), 해양화학, 해양퇴적물 등 바. 점용 및 사용으로 인하여 해역의 환경 및 이용에 미치게 될 영향과 대책
3. 「수산업법」에 따른 어업면허	가. 사업계획서 나. 해면의 위치 · 면적과 이를 표시한 도면(축척 5만분의 1의 해도) 다. 신청해역과 그 인근해역의 이용상황조사서 및 도면
4. 「골재채취법」에 따른 바다골재채취허가, 예정지의 지정, 단지의 지정	가. 바다골재채취에 관한 사업계획서 나. 바다골재채취 장소의 위치 · 면적과 이를 표시한 도면(축척 5만분의 1의 해도) 다. 바다골재채취 해역과 그 인근해역의 이용상황조사서 및 도면 라. 바다골재채취 해역의 해양환경 개황 - 해양생태계, 해양물리(조석 · 조류 등), 부존량 및 해저지

구분	포함되어야 하는 내용
	형, 해양화학, 해양퇴적물 등 마. 바다골재채취로 인하여 해역의 환경 및 이용에 미치게 될 영향과 대책
비고: 1. 영 제61조제1항에 따른 간이해역이용협의사업에 대해서는 위 별표 내용 중 해양환경 개황 등 일부내용을 생략하거나 간소화할 수 있다. 2. 간이해역이용협의사업 중 다음 각 목의 사업에 대해서는 다음의 구분에 따라 그 내용을 생략하여 작성할 수 있다. 가. 「공유수면 관리 및 매립에 관한 법률」에 따른 공유수면의 점용・사용기간 변경: 제2호가목부터 다목까지, 마목 및 바목 나. 「수산업법」에 따른 어업면허의 유효기간 연장: 제3호 가목 및 나목	

3. 해역이용영향평가 요청행위 및 제외사업의 범위

「해양환경관리법」 제85조제1항에 따른 처분기관은 이 법 제84조에 따라 해양수산부장관과 해역이용협의를 함에 있어서 해당 면허대상사업 중 다음의 어느 하나에 해당하는 행위가 같은 법 시행령 제63조제1항(별표 16)과 같이 일정규모 이상에 해당하는 때에는 해역이용영향평가를 해양수산부장관에게 요청하도록 하고 있다.

i) 「공유수면 관리 및 매립에 관한 법률」 제8조제1항제3호에 따른 공유수면의 바닥을 준설하거나 굴착하는 행위(법 제85조제1항제1호)

ii) 「공유수면 관리 및 매립에 관한 법률」 제8조제1항제6호에 따른 공유수면에서 흙이나 모래 또는 돌을 채취하는 행위(법 제85조제1항제2호)

iii) 「공유수면 관리 및 매립에 관한 법률」 제8조제1항제8호에 따른 흙・돌을 공유수면에 버리는 등 공유수면의 수심에 영향을 미치는 행위(법 제85조제1항제3호).

iv) 「해저광물자원 개발법」 제2조제1호에 따른 해저광물을 채취하는 행위(법 제85조제1항제4호)

v) 「광업법」 제3조제1호에 따른 광물을 공유수면에서 채취하는 행위(법 제85조제1항제5호)

vi) 「해양심층수의 개발 및 관리에 관한 법률」 제2조제1호에 따른 해양심층수를 이용·개발하는 행위(법 제85조제1항제6호)

vii) 「골재채취법」 제22조에 따른 골재채취 중 바다골재채취(법 제85조제1항제7호)

viii) 「골재채취법」 제34조에 따른 바다골재채취단지의 지정(법 제85조제1항제8호)

ix) 「전원개발촉진법」 및 관계 법령에 따른 전원개발사업 중 해상풍력 발전소 또는 「전기사업법」 및 관계 법령에 따른 전기설비 중 해상풍력 발전소를 설치하는 행위(법 제85조제1항제8호의2)

x) 그 밖에 해양환경에 영향을 미치는 행위로서 「해양환경관리법 시행령」 제63조제3항[106]으로 정하는 행위(법 제85조제1항제9호)

반면, 「해양환경관리법」 제85조제1항 각 호 외의 부분 단서 및 같은 법 시행령 제63조제2항에서는 「환경영향평가법」 제22조에 따른 환경영향평가 대상사업 중 「환경영향평가법 시행령」 별표 3에 따른 환경영향평가대상사업(이하 "환경영향평가대상사업"이라 한다)은 해역이용영향평가를 제외하고 있다. 다만, 「해양환경관리법 시행령」 제63조제2항 단서에 따라 환경영향평가대상사업 중 「공유수면 관리 및 매립에 관한 법률」 제2조에 따른 바다·바닷가(「하천법」 제2조제1호에 따른 하천을 포함하는 경우는 제외한다)에서 이루어지는 다음의 사업은 해역이용영향평가를 요청하도록 하고 있다.

i) 「광업법」에 따른 광물의 채취(제63조제2항제1호)

---

106) 「해양환경관리법 시행령」 제63조(해역이용영향평가) ③ 법 제85조제1항제9호에서 "대통령령으로 정하는 행위"란 「공유수면 관리 및 매립에 관한 법률」 제8조제1항제11호(11. 제1호부터 제10호까지에서 규정한 사항 외에 공유수면을 점용·사용하는 행위)에 따라 해양자원을 이용·개발하는 행위를 말한다.

ii) 「골재채취법」 제22조에 따른 골재채취(제63조제2항제2호)

iii) 「골재채취법」 제34조에 따른 골재채취단지의 지정(제63조제2항제3호)

iv) 「해저광물자원 개발법」에 따른 해저광물 개발을 목적으로 하는 해저광업(제63조제2항제4호)

이와 관련한 것으로 「해양환경관리법 시행령」 제63조제1항과 관련한 해역이용영향평가 대상사업(별표 16)은 다음과 같다.(〈표 5-8〉)

〈표 5-8〉 해역이용영향평가 대상사업

해역이용영향평가 대상사업(제63조제1항 관련)	
대상사업	규모
1. 「공유수면 관리 및 매립에 관한 법률」 제8조제1항제3호에 따른 공유수면의 바닥을 준설하거나 굴착하는 행위(항로 등의 유지를 위한 준설 또는 오염물질 제거를 위하여 필요한 경우에는 제외한다)	면적: 10만m^2 이상 물량: 20만m^3 이상
2. 「공유수면 관리 및 매립에 관한 법률」 제8조제1항제6호에 따른 공유수면에서 흙이나 모래 또는 돌을 채취하는 행위	영해: 채취량 20만m^3 이상 배타적 경제수역: 채취량 40만m^3 이상
3. 「공유수면 관리 및 매립에 관한 법률」 제8조제1항제8호에 따른 흙·돌을 공유수면에 버리는 등 공유수면의 수심에 영향을 미치는 행위(「해양폐기물 및 해양오염퇴적물 관리법」 제7조제2항에 따라 폐기물을 배출할 수 있는 해역에 버리는 경우는 제외한다)	영해: 물량 20만m^3 이상 배타적 경제수역: 물량 40만m^3 이상
4. 「해저광물자원 개발법」 제2조제1호에 따른 해저광물을 채취하는 행위	모든 해저광물 채취 행위
5. 「광업법」 제3조제1호에 따른 광물을 공유수면에서 채취하는 행위	영해: 채취면적 10만m^2 이상이거나 채취량 20만m^3 이상 배타적 경제수역: 채취면적 20만m^2 이상이거나 채취량 40만m^3 이상

6. 「해양심층수의 개발 및 관리에 관한 법률」 제2조제1호에 따른 해양심층수를 이용·개발하는 행위	1일 취수량: 5만㎥ 이상
7. 「골재채취법」 제22조에 따른 골재채취 중 바다골재채취(제8호의 대상사업에 해당하여 평가를 받은 경우는 제외한다)	영해: 채취량 20만㎥ 이상 배타적 경제수역: 채취량 40만㎥ 이상
8. 「골재채취법」 제34조에 따른 바다골재채취단지의 지정	모든 바다골재채취단지 지정
8의2. 「전원개발촉진법」 및 관계 법령에 따른 전원개발사업 중 해상풍력 발전소를 설치하는 행위 또는 「전기사업법」 및 관계 법령에 따른 전기설비 중 해상풍력 발전소를 설치하는 행위	발전시설 용량: 5만㎾ 이상
9. 「공유수면 관리 및 매립에 관한 법률」 제8조제1항제11호에 따라 해양자원을 이용·개발하는 행위	영해: 이용·개발면적 10만㎡ 이상이거나 이용·개발량 20만㎥ 이상 배타적 경제수역: 이용·개발면적 20만㎡ 이상이거나 이용·개발량 40만㎥ 이상

비고

1. 대상사업의 범위 중 사업의 규모는 허가 또는 지정 등을 받으려는 사업의 규모를 말한다.
2. 다른 법령에 따라 허가 또는 지정 등을 받은 것으로 의제(擬制)되는 사업으로서 해역이용영향평가 대상사업의 범위에 해당하는 경우에는 해역이용영향평가를 실시하여야 하는 사업으로 본다.
3. 하나의 사업이 둘 이상의 해역이용영향평가 대상사업 범위에 해당하는 경우 평가서 제출시기는 가장 먼저 허가 또는 지정 등을 받으려는 시기로 한다.
4. 다음 각 목의 어느 하나에 해당하는 사업에 대해서는 그 사업 전체에 대하여 해역이용영향평가를 실시하여야 한다.
   가. 같은 사업자가 같은 영향권역에서 같은 종류의 사업을 시행하는 경우 각 사업 규모의 합이 해역이용영향평가 대상규모에 이른 경우
   나. 사업의 허가 또는 지정 등의 당시에 해역이용영향평가 대상규모 미만이어서 평가를 실시하지 않은 사업이 같은 영향권역에서 사업계획의 변경 등으로 사업규모가 해역이용영향평가 대상규모에 이르거나, 그 사업이 끝나지 않은 시점에서 신규로 허가 등이 된 사업규모와의 합이 해역이용영향평가 대상규모에 이른 경우
5. 같은 영향권역에서 「골재채취법」 제22조에 따른 골재채취 중 바다골재채취사업을 2인 이상이 시행할 때에는 사업규모의 합이 해역이용영향평가 대상규모에 이르면 해역이용영향평가를 공동으로 실시하여야 한다.

4. 해역이용영향평가서 작성절차 및 방법

「해양환경관리법」 제85조제3항에서는 평가대상사업자가 해역이용영향평가서를 작성하는 경우에는 같은 법 시행규칙 제50조[107] · 제51조[108] · 제52조[109]

107) 「해양환경관리법 시행규칙」 제50조(평가서 초안의 제출 및 주민공람) ① 법 제85조제2항에 따른 평가대상사업자(이하 "평가대상사업자"라 한다)는 제49조제1항제1호부터 제3호까지 및 제5호의 내용이 포함된 평가서 초안을 작성하여야 한다.
② 평가대상사업자는 제1항에 따라 작성된 평가서 초안을 처분기관에 제출하여야 한다. 이 경우 해양수산부장관이 정하여 고시하는 전자문서 양식에 따라 작성한 요약서를 함께 제출하여야 한다.
③ 처분기관은 제2항에 따라 제출된 평가서 초안에 대하여 주민공람을 실시하여야 한다. 이 경우 사업의 개요, 공람장소와 기간, 의견의 제출시기 및 방법, 제51조에 따른 설명회등의 시기 · 장소 등을 전국을 보급지역으로 하는 하나 이상의 일간신문 및 대상지역을 주된 보급지역으로 하는 하나 이상의 일간신문과 인터넷 홈페이지에 각각 1회 이상 공고하여야 한다.
④ 처분기관은 제3항에 따른 공람의 장소에 평가서 초안과 별지 제47호서식의 해역이용영향평가서 초안 공람부 및 별지 제48호서식의 주민의견 제출서를 각각 갖추어두어야 하며, 공람기간은 20일 이상으로 하여야 한다.
⑤ 처분기관은 다음 각 호의 어느 하나에 해당하는 사유가 있는 경우에는 주민공람의 대상이 되는 평가서 초안의 일부를 공개하지 아니할 수 있다. 이 경우 평가서에 그 사유를 적어야 한다.
1. 군사상의 기밀보호 등 국가안보를 위하여 필요한 경우
2. 법령에 따라 공개가 제한되어 있는 경우

108) 「해양환경관리법 시행규칙」 제51조(설명회등) ① 평가대상사업자는 제50조의 주민공람이 끝난 후 평가대상사업의 시행으로 인하여 영향을 받게 되는 지역의 주민 등 이해관계자를 대상으로 설명회 또는 공청회(이하 이 조에서 "설명회등"이라 한다)를 개최하여야 한다. 다만, 다음 각 호의 어느 하나에 해당하는 경우에는 공청회를 개최하여야 한다.
1. 제50조에 따른 주민공람의 기회에 공청회의 개최가 필요하다는 의견을 제출한 주민이 30명 이상인 때
2. 제50조에 따른 주민공람의 기회에 공청회의 개최가 필요하다는 의견을 제출한 주민이 5명 이상 30명 미만인 경우로서 평가서 초안에 대한 의견을 제출한 주민이 주민총수의 100분의 50 이상인 때
3. 법 제85조제1항제7호 및 제8호의 사업의 경우
② 평가대상사업자는 제1항에 따른 설명회등을 개최하려는 경우에는 사업의 개요, 설명회등의 일시 및 장소 등을 설명회등의 개최일로부터 14일 전까지 전국을 보급지역으로 하는 하나 이상의 일간신문 및 대상지역을 주된 보급지역으로 하는 일간신문과 인터넷 홈페이지에 각각 1회 이상 공고하여야 한다.

에서 정하는 바에 따라 설명회 또는 공청회 등을 개최하고, 이해관계자의 의견 수렴 등 필요한 절차를 거치도록 하고 있다. 이 경우 이 법 제85조제4항에 따라 평가대상사업자가 해역이용영향평가서를 작성하는 경우에는 이 법 제86조제1항의 규정에 따른 평가대행자로 하여금 대행하게 할 수 있도록 하고 있다.

이와 관련한 것으로 해역이용영향평가서의 내용・작성방법 등에 관하여 필요한 사항은 「해양환경관리법 시행규칙」 제49조제2항에 따른 「해역이용영향평가서 작성 등에 관한 규정」을 따른다.

---

③ 평가대상사업자는 제2항에 따라 공고한 설명회등이 평가대상사업자의 귀책사유 없이 2회 이상 개최되지 못하거나 개최되었더라도 정상적으로 진행되지 못한 경우에는 설명회등을 생략할 수 있다. 이 경우 평가대상사업자는 다음 각 호의 조치를 하여야 한다.

1. 설명회를 생략한 경우: 평가대상사업자 및 처분기관의 인터넷 홈페이지를 통한 설명회 생략 사유의 설명 및 사업설명 자료 등의 게시
2. 공청회를 생략한 경우: 평가대상사업자 및 처분기관의 인터넷 홈페이지를 통한 공청회 생략 사유의 설명 및 사업설명 자료와 의견 제출의 방법・시기 등에 관한 사항 게시

109) 「해양환경관리법 시행규칙」 제52조(공청회 개최 및 보고) ① 해역이용영향평가 대상지역의 주민 등 이해관계자는 공청회에서 의견을 진술할 전문가를 추천할 수 있으며, 평가대상사업자는 그 전문가로 하여금 공청회에서 의견을 진술할 수 있도록 하여야 한다.

② 제1항에도 불구하고 대상지역의 주민 등 이해관계자가 전문가를 추천하지 못하는 경우에는 평가대상사업자는 사업대상지 관할 시장・군수・구청장(2개 이상의 시・군・구에 걸쳐 영향이 있다고 판단될 경우에는 광역시장 또는 도지사)에게 의견을 진술할 전문가의 추천을 의뢰할 수 있다.

③ 평가대상사업자가 공청회를 개최하려는 경우에는 해당 시장・군수・구청장은 대상지역의 주민 등 이해관계자를 대상으로 공청회 개최사실을 통지하는 등 공청회 개최에 적극 협조하여야 한다.

④ 평가대상사업자는 제51조에 따라 공청회를 개최하였을 경우에는 공청회가 끝난 후 7일 이내에 별지 제49호서식에 따라 공청회 개최결과를 시장・군수・구청장 및 처분기관에 알려야 한다.

Ⅱ. 미등록 평가대행자의 해역이용협의서등 작성 위반

제128조(벌칙) 다음 각 호의 어느 하나에 해당하는 자는 2년 이하의 징역 또는 2천만원 이하의 벌금에 처한다.

15. 제86조제1항 전단에 따른 평가대행자의 등록을 하지 아니하고 해역이용협의서등의 작성을 대행한 자

「해양환경관리법」 제128조제15호에서는 이 법 제86조제1항 전단에 따라 이 법 제84조제5항에 따른 해역이용협의서 및 제85조제4항에 따른 해역이용영향평가서(이하 "해역이용협의서등"이라 한다)의 작성을 대행하는 사업을 영위하려는 자(이하 "평가대행자"라 한다)가 해양수산부장관에게 사전 등록을 하지 아니하고 이 해역이용협의서등의 작성을 대행할 경우 처벌하도록 하고 있다. 이에 따라 여기에서는 평가대행자의 등록신청, 등록요건 등에 대해 살펴보면 다음과 같다.

1. 등록신청에 따른 제출서류 및 등록 결격사유

「해양환경관리법」 제86조제1항에 따라 평가대행자로 등록하려는 자는 같은 법 시행령 제65조제1항에 따른 해역이용영향평가 대행자 등록(변경등록)신청서에 다음의 서류를 첨부하여 해양수산부장관에게 제출하여야 한다.

i) 시설 및 장비명세서 1부. 다만, 다른 사람의 시설 및 장비를 사용하기로 계약한 경우에는 그 계약서 사본 1부(제65조제1항제2호)

ii) 기술능력의 보유현황 및 그 자격을 증명하는 서류(국가기술자격증으로 확인할 수 없는 경우에 한정한다) 각각 1부(제65조제1항제3호)

이에 따라, 등록신청을 받은 해양수산부장관은 같은 법 시행령 제65조제2항에서 규정하고 있는 바와 같이 「전자정부법」 제36조제1항에 따른 행정정보의 공동이용을 통하여 다음의 행정정보를 확인하여야 한다.

i) 법인인 경우에는 법인 등기사항증명서(시행령 제65조제2항제1호)

ii) 개인인 경우에는 사업자등록증(시행령 제65조제2항제2호)

iii) 기술능력을 증명하는 국가기술자격증(시행령 제65조제2항제3호)

다만, 신청인이 「해양환경관리법 시행령」 제65조제2항제2호 및 제3호에 따른 개인 사업자등록증, 국가기술자격증 확인에 동의하지 아니하는 경우 해당 서류의 사본을 각각 첨부하도록 하고 있다.

그리고 해양수산부장관은 이상의 내용에 따라 평가대행자 등록신청이 된 경우 「해양환경관리법 시행령」 제65조제3항에 따른 다음의 어느 하나에 해당하는 경우를 제외하고는 등록을 해 주어야 한다.

i) 「해양환경관리법」 제87조[110] 각 호의 어느 하나에 해당하는 경우(제1호)

ii) 「해양환경관리법 시행규칙」 제54조에서 정하는 인력・시설・장비 등의 등록기준을 갖추지 못한 경우(제2호)

---

110) 「해양환경관리법」 제87조(결격사유) 다음 각 호의 어느 하나에 해당하는 자는 평가대행자로 등록할 수 없다.

1. 피성년후견인
2. 삭제 〈2017. 10. 31.〉
3. 평가대행자의 등록이 취소(제1호에 해당하여 취소된 경우는 제외한다)된 후 2년이 경과되지 아니한 자
4. 이 법을 위반하여 징역 이상의 실형의 선고를 받고 그 형의 집행이 종료(집행이 종료된 것으로 보는 경우를 포함한다)되거나 집행을 받지 아니하기로 확정된 후 1년이 경과되지 아니한 자
5. 대표이사가 제1호, 제3호 또는 제4호에 해당하는 법인

iii) 그 밖에 법 및 이 영 또는 다른 법령에 따른 제한에 위반되는 경우(제3호)

2. 등록요건 및 등록증의 발급 등

「해양환경관리법」 제86조제1항 전단에 따른 해역이용영향평가대행자의 (이하 "평가대행자"라 한다) 등록요건은 같은 법 시행규칙 제54조제1항(별표 20)에서 다음과 같이 규정하고 있다.(〈표 5-9〉)[111]

〈표 5-9〉 해역이용영향평가대행자의 등록요건

해역이용영향평가대행자의 등록요건(제54조제1항 관련)

1. 일반기준
   가. 1명이 2종 이상의 자격을 가지고 있는 경우에는 1종의 자격만 기술자격을 갖춘 것으로 본다.
   나. 평가대행자의 기술인력으로 등록한 자는 해당 평가대행자 외의 다른 기관에 취업하고 있지 아니한 자이어야 한다.
2. 등록기준
   가. 기술능력

분야	기술자격 및 필요인원	대체 가능 기술자격	
		대체 자격	관련 전공
총괄	해양기술사, 수질관리기술사, 항만 및 해안기술사 중 1명 이상 보유	1) 관련 전공 박사학위의 취득 후 그 분야에 4년 이상 근무한 자로서 환경평가실무에 1년 이상 종사한 자 2) 관련 전공 석사학위의 취득 후 그 분야에 8년 이상 근무한 자로서 환경평가실무에 3년 이상 종사한 자 3) 관련 분야의 기사자격을 취득한 후 그 분야에 8년 이상 근무한 자로서 환경평가실무에	해양수산 및 환경 관련 전공

111) 「해양환경관리법」 제84조제1항 후단에 따라 제85조제1항의 규정에 따른 해역이용영향평가 대상사업은 해역이용협의를 행한 것으로 보고 있다.

		3년 이상 종사한 자 4) 해양 또는 환경관련 국·공립연구기관, 정부 또는 지방자치단체의 출연연구기관 또는 「고등교육법」에 따른 대학에서 관련 분야에 10년 이상 근무한 자로서 환경평가실무에 3년 이상 종사한 자 5) 해양 또는 환경관련 공무원으로 10년 이상 근무한 자로서 환경평가실무에 5년 이상 종사한 자	
	해양환경기사, 해양자원개발기사, 해양공학기사, 해양생산관리기사 중 1명 이상 보유	1) 관련 전공의 석사학위 이상 소지자 2) 해양 또는 환경 관련 국·공립연구기관, 정부 또는 지방자치단체의 출연연구기관 또는 「고등교육법」에 따른 대학에서 관련 분야에 5년 이상 종사한 자 3) 해양 또는 환경 관련 공무원으로 환경평가실무에 3년 이상 종사한 자 4) 관련 분야의 산업기사자격을 취득한 후 그 분야에 5년 이상 종사한 자	해양수산 및 환경 관련 전공
자연 환경	해양기술사 1명 이상 보유	1) 관련 전공 박사학위의 취득 후 그 분야에 4년 이상 종사한 자 2) 관련 전공 석사학위의 취득 후 그 분야에 8년 이상 종사한 자 3) 관련 분야의 기사자격을 취득한 후 그 분야에 8년 이상 종사한 자 4) 해양 또는 환경 관련 국·공립연구기관, 정부 또는 지방자치단체의 출연연구기관 또	해양학 해양공학 해양물리 해양화학 해양지질 해양생물 지형학

		는 「고등교육법」에 따른 대학에서 관련 분야에 10년 이상 근무한 자로서 환경평가실무에 3년 이상 종사한 자 5) 해양 또는 환경 관련 공무원으로 10년 이상 근무한 자로서 환경평가실무에 5년 이상 종사한 자	
	해양환경기사, 해양자원개발기사, 해양공학기사, 해양생산관리기사 중 2명 이상 보유	1) 관련 전공의 석사학위 이상 소지자 2) 해양 또는 환경 관련 국·공립연구기관, 정부 또는 지방자치단체의 출연연구기관 또는 「고등교육법」에 따른 대학에서 관련 분야에 5년 이상 종사한 자 3) 해양 또는 환경 관련 공무원으로 환경평가실무에 3년 이상 종사한 자 4) 관련 분야의 산업기사자격을 취득한 후 그 분야에 5년 이상 종사한 자	해양학 해양공학 해양물리 해양화학 해양지질 해양생물 지형학
사회·경제 환경	해양환경기사, 해양자원개발기사, 해양공학기사, 해양생산관리기사, 교통기사 중 1명 이상 보유	1) 관련 전공의 석사학위 이상 소지자 2) 해양 또는 환경 관련 국·공립연구기관, 정부 또는 지방자치단체의 출연연구기관 또는 「고등교육법」에 따른 대학에서 관련 분야에 5년 이상 종사한 자 3) 해양 또는 환경 관련 공무원으로 환경평가실무에 3년 이상 종사한 자 4) 관련 분야의 산업기사자격을 취득한 후 그 분야에 5년 이상 종사한 자	해양학 해양공학 환경학 환경공학 경제학 해상교통학 양식학

비고

1) 분야별 같은 자격의 기사는 1명으로 한다.
2) 관련 전공은 이수학과(유사 학과를 포함한다)를 기준으로 판단하되, 연구실적 및 논문 등을 참조할 수 있다.
3) 위 표에서 "관련 분야"란 같은 표의 기술자격 및 필요인원란에 규정된 분야를 말한다
4) 환경평가실무는 「환경영향평가법」 제2조제4호에 따른 환경영향평가등, 같은 법 제36조에 따른 사후환경영향조사 및 법 제84조제1항에 따른 해역이용협의, 법 제85조제1항에 따른 해역이용영향평가 및 법 제95조제1항에 따른 해양환경영향조사 등에 관한 업무를 말한다.

나. 시설 및 장비

법 제10조에 따른 해양환경공정시험기준에 따라 법 제8조제1항에 따른 해양환경기준의 항목을 측정 · 분석할 수 있는 장비 및 실험실을 갖추고, 법 제13조에 따른 측정 · 분석능력인증을 받아야 한다. 다만, 법 제13조에 따른 측정 · 분석능력인증을 받은 기관과 측정 업무 전반에 대한 측정대행계약을 체결한 경우에는 해당 장비 및 실험실을 갖춘 것으로 본다.

「해양환경관리법」 제86조에 따라 평가대행자로 등록하려는 자는 같은 법 시생규칙 제54조제3항에 따른 별지 제51호서식의 해역이용영향평가대행자 등록신청서를 지방해양수산청장에게 제출하여야 하고, 이 경우 지방해양수산청장은 제54조제3항[112)]에 따른 신청이 앞서 언급한 제54조제1항과 관련한 별표 20에 따른 등록요건에 적합하면 같은 법 시행규칙 제55조제1항에서 정하고 있는 별지 제52호서식의 해역이용영향평가대행자 등록증을 발급하여야 한다. 참고로 지방해양수산청장은 같은 법 시행규칙 제55조제2항에 따라 해역이용영향평가대행자 등록현황을 매년 3월말까지 공고하여야 한다.

112) 「해양환경관리법 시행규칙」 제54조(평가대행자의 등록요건) ③ 법 제86조에 따라 평가대행자로 등록하거나 변경등록하려는 자는 별지 제51호서식의 해역이용영향평가대행자 등록(변경등록)신청서를 지방해양수산청장에게 제출하되, 변경등록의 경우에는 변경내용을 증명하는 서류와 해역이용영향평가대행자 등록증을 첨부하여야 한다.

Ⅲ. 해역이용사업자 등의 준수사항 불이행 위반

제129조(벌칙) ① 다음 각 호의 어느 하나에 해당하는 자는 1년 이하의 징역 또는 1천만원 이하의 벌금에 처한다.

12. 제88조제1호부터 제3호까지의 규정을 위반하여 다른 해역이용협의서등의 내용을 복제 또는 법령이 정하는 기간 동안 보관하지 아니하거나 이를 거짓으로 작성한 자

「해양환경관리법」 제129조제1항제12호에서는 이 법 제88조에 따른 해역이용사업자, 평가대상사업자(이하 "해역이용사업자등"이라 한다) 및 평가대행자가 지켜야 하는 준수사항 중 같은 조 제1호부터 제3호까지의 규정을 이행하지 않을 경우 처벌하도록 하고 있다.

이와 관련해서 이 법 제88조에서 규정하고 있는 해역이용사업자등의 준수사항에 대해 살펴보면 다음과 같다.

i) 다른 해역이용협의서등의 내용을 복제하지 아니할 것(제1호)

ii) 작성한 해역이용협의서등을 같은 법 시행규칙 제56조[113]에서 정하는 기간 동안 보존할 것(제2호)

iii) 해역이용협의서등의 작성의 기초가 되는 자료를 거짓으로 작성하지 아니할 것(제3호)

iv) 등록증 또는 그 명의를 다른 사람에게 대여하지 아니할 것(제4호)

v) 도급받은 해역이용협의 또는 해역이용영향평가(이하 "해역이용협의등"이라 한다)의 업무를 일괄하여 하도급하지 아니할 것(제5호)

113) 「해양환경관리법 시행규칙」 제56조(해역이용영향평가서 등의 보존기간) 법 제88조제2호에서 "해양수산부령이 정하는 기간"이란 해당사업 또는 시설의 준공일부터 5년을 말한다.

Ⅳ. 해역이용협의 등에 대한 의견 이행조치 명령 불이행 위반

> 제126조(벌칙) 다음 각 호의 어느 하나에 해당하는 자는 5년 이하의 징역 또는 5천만원 이하의 벌금에 처한다.
> 2. 제93조제2항의 규정에 따른 명령에 위반한 자

「해양환경관리법」 제126조제2호에서는 이 법 제93조제2항에 따라 처분기관이 해역이용사업자등을 상대로 제84조제1항의 규정에 따른 해양수산부장관의 해역이용협의 등에 대한 의견 이행 여부를 확인한 후 해역이용사업자등이 이를 이행하지 아니하는 때에 내려진 조치 명령을 위반할 시 처벌하도록 하고 있다. 이와 관련해서 같은 법 시행령 제69조에서 규정하고 있는 처분기관의 협의내용 이행 여부 확인 등과 관련한 사후관리에 대해 살펴보면 다음과 같다.

ⅰ) 처분기관은 법 제93조제2항에 따라 협의내용의 이행 여부 등 사후관리 결과를 다음 해 1월 31일까지 해양수산부장관에게 알려야 한다(제1항).

ⅱ) 처분기관은 해역이용사업자등이 해역이용협의등의 내용 및 해역이용협의 등에 대한 의견을 이행하지 아니하면 그 이행을 위하여 필요한 조치를 명하여야 한다(제2항).

ⅲ) 처분기관은 해역이용사업자등이 ⅱ)에 따른 조치명령을 이행하지 아니할 경우에는 2차 조치명령을 하고 2차 조치명령 시한까지 이행하지 아니할 때에는 조치명령 이행 시까지 해당 사업에 대한 중지를 명하여야 한다(제3항).

ⅳ) 처분기관이 ⅱ) 및 ⅲ)에 따른 조치 또는 명령을 한 경우에는 지체 없이 그 내용을 해양수산부장관에게 알려야 한다(제4항).

ⅴ) 해양수산부장관과 처분기관은 이 법 제93조제2항에 따른 이행 여부의

확인을 위하여 해역이용사업자등에게 협의내용의 이행에 관련된 자료를 제출하게 할 수 있다(제5항).

V. 해양환경영향조사 결과의 거짓 작성 위반

제128조(벌칙) 다음 각 호의 어느 하나에 해당하는 자는 2년 이하의 징역 또는 2천만원 이하의 벌금에 처한다.

16. 제95조제1항의 규정에 따른 해양환경영향조사의 결과를 거짓으로 작성한 자

「해양환경관리법」 제128조제16호에서는 이 법 제95조제1항에 따라 해역이용사업자등은 면허 등을 받은 후 행하는 사업으로 인하여 발생될 수 있는 해양환경에 대한 영향의 조사(이하 "해양환경영향조사"라 한다)를 실시하고 그 결과를 처분기관 및 해양수산부장관에게 통보하도록 하고 있다. 이 경우 해역이용사업자등은 평가대행자에게 해양환경영향조사의 업무를 대행하게 할 수 있으며, 이 때 해역이용사업자가 처분기관에 제출한 해양환경영향조사의 작성이 거짓일 경우 처벌의 대상이 된다.

이에 따라, 여기에서는 해양환경영향조사와 관련한 행정조치 사항, 대상사업·조사항목 및 기간 등에 대해 살펴보고자 한다.

1. 해양환경영향조사 결과에 따른 행정조치 사항

「해양환경관리법」 제95조제2항에서는 해양수산부장관에게 이 법 제95조제1항에 따라 통보된 해양환경영향조사 결과 해양환경에 피해가 발생하는 것으로 인정되는 때에는 처분기관으로 하여금 공법[114] 변경, 사업규모 축소 등 같은

법 시행규칙 제60조[115]에서 정하는 바에 따라 해양환경의 피해를 저감하기 위한 조치를 하도록 하고 있으며, 이 경우 처분기관은 조치결과를 해양수산부장관에게 통보하여야 한다.

2. 해양환경영향조사 대상사업별 조사기간 및 조사주기

해역이용사업자등이 「해양환경관리법」 제95조제4항에 따른 해양환경영향을 조사하여야 하는 대상사업별 조사기간 및 조사주기는 같은 법 시행령 제71조제1항(별표 17)에서 다음과 같이 정하고 있다.(〈표 5-10〉)

〈표 5-10〉 해양환경영향조사 대상사업별 조사기간 및 조사주기

해양환경영향조사 대상사업별 조사기간 및 조사주기(제71조제1항 관련)		
대상사업	조사기간	조사주기
1. 별표 15 제1호에 따른 일반해역이용협의 대상사업(공유수면의 매립 대상사업으로서 매립면적이 1만5천㎡ 미만인 경우에는 제외한다)	사업시작부터 사업완료까지	사업시행 중 반기별 1회
2. 별표 16에 따른 해역이용영향평가 대상사업	사업시작부터 사업완료 후 3	사업시행 중 분기별 1회, 사업

114) 여기에서의 공법은 工法(work/construction method)을 의미한다.

115) 「해양환경관리법」 제60조(해양환경영향조사 결과의 통보 및 조치) ① 해역이용사업자등은 법 제95조제1항에 따라 해양환경영향 조사기간이 만료된 날부터 30일 이내에 별지 제54호서식에 따라 그 조사결과를 지방해양수산청장 및 처분기관에 각각 통보하여야 한다. 다만, 조사기간이 1년 이상인 경우에는 매 연도별 조사결과를 다음해 1월 31일까지 통보하여야 한다.

② 지방해양수산청장은 제1항에 따라 통보된 해양환경영향조사결과 해양환경에 피해가 발생하는 것으로 인정된 때에는 법 제95조제2항에 따라 처분기관으로 하여금 다음 각 호의 조치를 하도록 하여야 한다.

1. 공법 변경
2. 사업규모의 축소
3. 그 밖에 주변환경의 피해를 줄이기 위한 조치

③ 법 제95조제2항에 따른 조치결과의 통보는 별지 제54호의2서식에 따른다.

	년까지	완료 후 반기별 1회
비고 1. 「환경영향평가법」에 따라 사후환경영향조사를 실시하는 사업에 대해서는 해양환경영향조사를 생략할 수 있다. 2. 해양수산부장관은 다음 각 목의 어느 하나에 해당하여 법 제91조제1항에 따른 처분기관의 장과 협의한 경우에는 위 표의 조사기간을 단축하거나 연장할 수 있다. 가. 특별한 주변 환경 여건 등을 고려하여 법 제91조제1항에 따른 해역이용협의 등의 의견 통보 시 해양환경영향조사기간을 조정한 경우 나. 법 제95조제1항에 따라 통보된 해양환경영향조사 결과 대상사업의 착공으로 인한 해양환경영향이 적어 더 이상의 해양환경영향조사가 불필요하다고 인정되는 경우 다. 해역이용협의 또는 해역이용영향평가 당시 예측하지 못한 해양환경영향이 발생한 경우		

그리고 이와 관련해서 해양환경영향조사를 하여야 하는 항목은 같은 법 시행령 제71조제2항에 따른 것으로 하고 있다.

i) 해양환경기준이 정하여진 항목(제1호)

ii) 해양환경기준이 정하여지지 아니한 항목으로서 이 법 제91조제1항[116]에 따른 해역이용협의서 또는 해역이용영향평가서의 의견 통보 시 해양수산부장관이 제시한 항목(제2호)

참고로 위의 ii)에 따른 「해양환경관리법」 제91조제1항은 처분기관으로부터 해역이용협의등의 요청을 받은 때에는 제출받은 해역이용협의서등을 검토한 후 해양수산부장관은 같은 법 시행령 제67조제1항[117]에서 정하는 바에 따라

116) 「해양환경관리법」 제91조(의견통보 등) ①해양수산부장관은 처분기관으로부터 해역이용협의등의 요청을 받은 때에는 제출받은 해역이용협의서등을 검토한 후 대통령령으로

117) 「해양환경관리법 시행령」 제67조(의견통보 등) ① 해양수산부장관은 법 제91조제1항에 따라 해역이용협의나 해역이용영향평가(이하 "해역이용협의등"이라 한다)를 처분기관으로부터 요청받으면 해양수산부령으로 정하는 기간 이내에 검토의견을 알려야 한다. 이 경우 해역이용협의서 또는 해역이용영향평가서의 검토 등에 필요한 사항은 해양수산부장관이 정한다.

그 의견을 통보하도록 하고 있다. 이 경우 해양수산부장관은 같은 법 시행규칙 제58조[118]에서 정하는 기간내에 검토의견을 알려야 하며, 해역이용협의서 또는 해역이용영향평가서의 검토 등에 필요한 사항은 「해역이용영향평가서 작성 등에 관한 규정」에서 정하고 있다.

118) 「해양환경관리법 시행규칙」 제58조(의견통보기간) ① 영 제67조제1항 전단에서 "해양수산부령으로 정하는 기간"이란 다음 각 호의 구분에 따른 기간을 말한다.

1. 법 제84조제1항에 따른 해역이용협의를 요청받은 경우의 의견통보기간 : 요청받은 날부터 30일(「재난 및 안전관리기본법」 제3조제1호가목에 따른 자연재난의 복구를 위한 해역이용협의의 경우에는 15일)까지
2. 법 제85조제1항에 따른 해역이용영향평가를 요청받은 경우의 의견통보기간 : 요청받은 날부터 45일까지

② 법 제84조제4항에 따른 해역이용사업자와 평가대상사업자(이하 "해역이용사업자등" 이라 한다)가 해역이용협의 또는 해역이용영향평가협의(이하 "해역이용협의등"이라 한다)의 서류를 보완하는데 필요한 기간은 제1항의 기간에 넣어 계산하지 아니한다.

제6장

Investigation Guide of Marine Environmental Offenses

보칙 규정 관련 위반사범

제1절 해양환경관리법상 보칙 규정 위반사범

법령의 총칙과 실체 규정에 규정하기에는 적합하지 않은 절차적·기술적·보충적인 사항에 대한 규정을 '보칙 규정'이라 한다. 일반적으로 보칙에서 정하는 내용으로는 관계 행정기관의 협조, 출입검사·보고, 비밀누설금지, 국고보조, 신고포상금, 청문, 권한의 위임 및 위탁, 행정쟁송, 손실보상, 손해배상, 유사명칭의 사용금지, 벌칙 적용에서의 공무원의제 등이 있다.

이러한 보칙 규정은 법령을 장으로 구분하여 규정하는 경우에는 실체 규정과 벌칙 규정 사이에 보칙이라는 제목으로 장을 만들어 규정하고, 장의 구분이 없는 비교적 간단한 법령에서는 실체 규정과 벌칙 규정과의 사이에 규정하며, 구성에 있어서의 유의사항은 다음과 같다.[119)]

i) 어떤 사항이 보칙에 규정되려면 실체 규정에 대한 절차적 사항이나 보충적 사항의 성격을 띠고 있어야 한다. 그 자체가 정책의 핵심수단 가운데 하나가 되는 경우에는 보칙에 규정하는 것이 부적절하고 실체 규정에 두어야 한다.

ii) 보칙의 내용을 어떤 순서로 규정해야 할 것인지에 관해서 일반적인 원칙

119) 법제처, 『법령 입안·심사 기준』, 2022, 462~463면.

이 있는 것은 아니나, 보칙 내용의 중요도, 실체 규정의 조문 순서 등을 고려하여 순서를 정하도록 한다. 다만, 청문, 권한의 위임·위탁, 벌칙 적용 시의 공무원 의제 규정은 보칙의 맨 끝에 위의순서대로 두는 것이 일반적이다.

iii) 여러 개의 장에 걸쳐서 공통적으로 규정되는 사항은 각각의 장에서 규정하는 것보다는보칙 장(章)에 두는 것이 입법경제상 효과적이다.

이와 관련해서 「해양환경관리법」에서는 별도의 보칙 규정으로 다음과 같은 총 20개의 조문을 두고 있으며, 이 중 ⅰ) 제110조(해양환경측정기기 등의 형식승인 등), ⅱ) 제110조의2(성능인증), ⅲ) 제111조(선박해체의 신고 등), ⅳ) 제115조(출입검사·보고 등), ⅴ) 제117조(정선·검색·나포·입출항금지 등), ⅵ) 제118조(비밀누설금지 등)와 관련해서는 별도의 벌칙 규정을 두고 있다. 여기에서는 이와 관련한 세부내용에 대해 살펴보고자 한다.

제110조(해양환경측정기기 등의 형식승인 등)
제110조의2(성능인증)
제110조의3(형식승인 등을 받은 자의 지위 승계)
제111조(선박해체의 신고 등)
제112조(업무의 대행 등)
제113조(업무대행 등의 취소)
제114조(관계 행정기관의 협조)
제115조(출입검사·보고 등)
제116조(해양환경감시원)
제116조의2(명예해양환경감시원)
제117조(정선·검색·나포·입출항금지 등)
제118조(비밀누설금지 등)

제119조(국고보조 등)

제119조의2(신고포상금)

제120조(청문)

제121조(해양오염 방지 및 방제 교육·훈련)

제122조(수수료)

제123조(위임 및 위탁)

제124조(벌칙 적용에서의 공무원 의제)

제125조 삭제 〈2017. 3. 21.〉

제2절 해양환경측정기기 등의 형식승인 위반행위

I. 형식승인 면제대상 기기, 설비, 자재、약제의 판매행위 위반

제128조(벌칙) 다음 각 호의 어느 하나에 해당하는 자는 2년 이하의 징역 또는 2천만원 이하의 벌금에 처한다.

16의2. 제110조제1항 단서, 제3항 단서 및 제4항 단서에 따라 형식승인이 면제된 해양환경측정기기, 형식승인대상설비 또는 오염물질의 방제·방지에 사용하는 자재·약제를 판매한 자

「해양환경관리법」 제128조제16호의2에서는 i) 이 법 제110조제1항에 따라 해양환경상태의 측정·분석·검사에 필요한 장비·기기(이하 "해양환경측정기기[120]"라 한다)를 제작·수입하려는 자, ii) 이 법 제110조제3항에 따라 해양오

염방지 설비(유해액체물질오염방지 설비를 제외한다), 방오시스템 및 선박소각설비(이하 "형식승인대상설비"라 한다)를 제작・제조하거나 수입하려는 자는 해양수산부장관의 형식승인을 받도록 하고 있으며, iii) 이 법 제110조제4항에 따라 오염물질의 방제・방지에 사용하는 자재・약제를 제작・제조하거나 수입하려는 자는 해양경찰청장의 형식승인을 받아야 하는 것으로 규정하고 있다.

다만, 「해양환경관리법」 제110조제1항・제3항・제4항 단서에 따라 시험・연구 또는 개발을 목적으로 해양수산부장관의 확인을 받은 경우에는 i)의 해양환경측정기기와 ii)의 형식승인대상설비에 대한 형식승인을 면제하고 있으며, 그리고 시험・연구 또는 개발을 목적으로 해양경찰청장의 확인을 받은 경우에는 iii)의 자재・약제에 대한 형식승인을 면제하도록 하고 있다.

이 경우 형식승인을 면제받은 해양환경측정기기, 형식승인대상설비 및 오염물질의 방제・방지에 사용하는 자재・약제를 판매할시 처벌받도록 하고 있다. 이에 따라 여기에서는 해양환경측정기기, 형식승인대상설비 및 오염물질의 방제・방지에 사용하는 자재・약제에 대해 형식승인을 면제받으려는 자가 취하여야 하는 사항들은 다음과 같다.

1. 해양환경측정기기의 형식승인 면제 절차

「해양환경관리법」 제110조제1항 단서 및 같은 법 시행규칙 제62조제3항에 따라 해양환경측정기기의 형식승인을 면제받으려는 자는 별지 제55호서식의 해양환경측정기기 형식승인(변경・면제) 신청서에 다음의 서류를 첨부하여 해

120) 「해양환경관리법」 제12조(해양환경 측정・분석기관의 정도관리) ① 해양수산부장관은 「해양환경 보전 및 활용에 관한 법률」 제22조에 따른 해양환경정보 정도관리를 위하여 해양환경상태를 측정・분석하는 기관 중 대통령령이 정하는 기관(이하 "측정・분석기관"이라 한다)에 대하여 해양수산부령이 정하는 바에 따라 측정・분석능력의 평가, 관련 교육의 실시 및 측정・분석과 관련된 자료의 검증 등 필요한 조치를 할 수 있다.
② 해양수산부장관은 측정・분석기관에 대한 정도관리 결과 필요하다고 인정되는 경우에는 관련 장비 및 기기의 개선・보완 그 밖에 필요한 조치를 명할 수 있다.

양수산부장관에게 제출하여야 한다.

i) 주요 제원에 관한 서류(제62조제3항제1호)
ii) 작동원리 및 성능에 관한 설명서(제62조제3항제2호)
iii) 수입신고서 사본(수입하는 경우로 한정한다)(제62조제3항제3호)
iv) 시험 · 연구 또는 개발 계획서(제62조제3항제4호)

2. 형식승인대상설비의 형식승인 면제 절차

「해양환경관리법」 제110조제3항 단서 및 「선박오염방지규칙」 제55조제3항에 따라 형식승인대상설비의 형식승인을 면제받으려는 자는 별지 제32호서식의 형식승인면제 신청서에 다음의 서류를 첨부하여 지방해양수산청장에게 제출하여야 한다.

i) 주요 제원에 관한 서류(제55조제3항제1호)
ii) 설비의 작동원리 및 성능에 관한 설명서(제55조제3항제2호)
iii) 수입신고서 사본(수입하는 경우로 한정한다)(제55조제3항제3호)
iv) 시험 · 연구 또는 개발 계획서(제55조제3항제4호)

3. 자재 · 약제의 형식승인 면제 절차

「해양환경관리법」 제110조제4항 단서 및 같은 법 시행규칙 제66조제3항에 따라 자재 · 약제의 형식승인을 면제 받으려는 자는 별지 제58호서식의 해양오염방제 자재 · 약제 형식승인(변경 · 면제) 신청서에 다음 각 호의 서류를 첨부하여 해양경찰청장에게 제출하여야 한다.

i) 사용재료 및 사용방법에 관한 설명서(제66조제3항제1호)

ii) 시험·연구 또는 개발 계획서(제66조제3항제2호)

Ⅱ. 형식승인을 받은 자의 형식승인·검정 취소에 따른 업무행위 위반

제128조(벌칙) 다음 각 호의 어느 하나에 해당하는 자는 2년 이하의 징역 또는 2천만원 이하의 벌금에 처한다.

17. 제110조제9항의 규정에 따라 형식승인 또는 검정이 취소되거나 업무정지명령을 받은 자가 업무정지기간 중 업무를 한 자

「해양환경관리법」 제128조제17호에서는 이 법 제110조제9항의 규정에 따라 형식승인 또는 검정이 취소되거나 업무정지명령을 받은 자가 업무정지기간 중 업무를 할 경우 처벌하도록 하고 있다. 이에 따라 여기에서는 형식승인을 받은 자가 승인취소 및 업무정지가 되는 경우에 대해 살펴보면 다음과 같다.

이 법 제110조제9항에 따라 해양수산부장관 또는 해양경찰청장은 이 법 제110조제1항·제3항 및 제4항의 규정에 따라 형식승인을 받은 자가 다음의 어느 하나에 해당하는 때에는 그 승인을 취소하거나 6개월 이내의 기간을 정하여 업무정지를 다음과 같이 명할 수 있으며, 아래의 i) 또는 ii)에 해당하는 때에는 그 승인을 취소하도록 하고 있다.

i) 거짓 그 밖의 부정한 방법으로 형식승인을 얻은 경우(제110조제9항제1호)

ii) 거짓 그 밖의 부정한 방법으로 검정을 받은 경우(제110조제9항제2호)

iii) 기준에 미달하는 해양환경측정기기, 형식승인대상설비 또는 자재·약제를 판매한 때(제110조제9항제3호)

iv) 정당한 사유 없이 2년 이상 계속하여 사업실적이 없는 때(제110조제9항제4호)

이와 관련해서 「해양환경관리법 시행규칙」 제72조에서는 이 법 제110조제9항에 따른 형식승인의 취소와 그 업무정지처분의 기준(별표 26)은 다음과 같이 정하고 있으며, 이 경우 해양수산부장관 또는 해양경찰청장은 위반행위의 동기, 내용 및 횟수 등을 고려하여 업무정지의 기간을 가중 또는 경감할 수 있다. 다만, 가중하는 경우에도 업무정지의 총기간은 6개월을 초과할 수 없다.

또한 이에 따라 처분을 한 경우 해양수산부장관 또는 해양경찰청장은 이 규칙 제72조제3항에서와 같이 지체 없이 고시하도록 하고 있다.(〈표 6-1〉)

〈표 6-1〉 형식승인 취소 및 업무정지처분기준

형식승인 취소 및 업무정지처분기준(제72조제1항 관련)					
위반사항	근거법령	행정처분기준			
		1차	2차	3차	4차
1. 거짓 그 밖의 부정한 방법으로 형식승인을 얻은 경우	법 제110조 제9조제1호	형식 승인 취소			
2. 거짓 그 밖의 부정한 방법으로 검정을 받은 경우	법 제110조 제9조제2호	형식 승인 취소			
3. 기준에 미달하는 해양환경측정기기 또는 자재·약제를 판매한 경우	법 제110조 제9조제3호	형식 승인 취소			
4. 정당한 사유 없이 2년 이상 계속하여 사업실적이 없는 경우	법 제110조 제9조제4호	업무 정지 1개월	업무 정지 3개월	지정 취소	

다음으로 「선박오염방지규칙」 제60조제1항에서는 이 법 제110조제9항에 따른 형식승인대상설비의 형식승인취소와 업무정지 처분의 기준(별표 32)은 다음과 같이 정하고 있으며, 이 경우 지방해양수산청장은 위반행위의 동기, 내용 및 횟수 등을 참작하여 이 규칙 제60조제1항에 따른 업무정지의 기간을 가중

또는 경감할 수 있다. 다만, 가중하는 경우에도 업무정지의 총기간은 6개월을 초과할 수 없다.

또한 이에 따라 취소 및 업무정지 처분을 한 경우 지방해양수산청장은 이 규칙 제60조제3항에서와 같이 지체 없이 고시하도록 하고 있다.(〈표 6-2〉)

〈표 6-2〉 형식승인의 취소 등의 처분기준

형식승인의 취소 등의 처분기준(제60조제1항 관련)				
위반사항	근거법령	행정처분기준		
		1차	2차	3차
1. 거짓 그 밖의 부정한 방법으로 형식승인을 얻은 때	법 제110조제9항제1호	형식승인 취소		
2. 거짓 그 밖의 부정한 방법으로 검정을 받은 때	법 제110조제9항제2호	형식승인 취소		
3. 기준에 미달하는 형식승인대상 설비를 판매한 때	법 제110조제9항제3호	형식승인 취소		
4. 정당한 사유 없이 2년 이상 계속하여 사업실적이 없는 때	법 제110조제9항제4호	업무정지 1개월	업무정지 3개월	형식승인 취소

Ⅲ. 해양환경측정기기의 정도검사 불이행 위반

제129조(벌칙) ② 다음 각 호의 어느 하나에 해당하는 자는 1년 이하의 징역 또는 500만원 이하의 벌금에 처한다.

12. 제110조제2항의 규정을 위반하여 정도검사를 받지 아니하고 해양환경측정기기를 사용하거나 교정용품을 공급·사용한 자

「해양환경관리법」 제129조제2항제12호에서는 이 법 제110조제2항[121]의 규정에 따라 해양환경측정기기를 사용하거나 이에 사용되는 표준용액・표준가스 등 표준물질(이하 "교정용품"이라 한다)을 공급・사용하면서 정도검사(精度檢査)[122]를 받지 아니할 경우 처벌하도록 하고 있다. 이에 따라 여기에서는 정도검사를 받아야 하는 해양환경측정기기의 종류, 정도검사 신청시기, 정도검사 결과 조치

121) 「해양환경관리법」 제110조(해양환경측정기기 등의 형식승인 등) ② 해양환경측정기기를 사용하고자 하는 때에는 해양수산부령이 정하는 바에 따라 해양수산부장관의 정도검사를 받아야 하고, 이에 사용되는 표준용액・표준가스 등 표준물질(이하 "교정용품"이라 한다)을 공급・사용하고자 하는 때에는 해양수산부령이 정하는 바에 따라 해양수산부장관의 검정을 받아야 한다.

122) 참고로 정도검사와 관련해서는 「환경측정기기의 형식승인・정도검사 등에 관한 고시」 제2조제3호에서 「환경분야 시험・검사 등에 관한 법률 시행규칙」 제7조제2항과 제3항에 따라 받는 검사로 정의하고 있으며, 여기에서의 이 규칙 제7조는 다음과 같다.

「환경분야 시험・검사 등에 관한 법률 시행규칙」 제7조(정도검사의 기준과 주기) ① 법 제11조제4항에 따른 정도검사는 측정기기가 별표 2에 따른 구조와 성능을 유지하고 있는지를 검사하여야 한다.

② 법 제11조제4항에 따라 측정기기를 사용하는 자는 사용 전에 최초 정도검사를 받아야 하며, 최초 정도검사를 받은 날부터 국립환경과학원장이 정하여 고시하는 기간(이하 "정도검사주기"라 한다)마다 그 끝나는 날의 30일 전부터 끝나는 날의 30일 후까지의 기간(이하 "정도검사기간"이라 한다)에 검사기관에서 정도검사를 받아야 한다. 다만, 측정기기를 사용하는 자가 정도검사기간 전에 측정기기의 성능 등을 점검하기 위하여 정도검사를 받은 경우에는 정도검사를 받은 것으로 보며, 그 후의 정도검사주기는 해당 정도검사를 받은 날부터 산정한다.

③ 제2항에도 불구하고 국립환경과학원장은 다음 각 호의 어느 하나에 해당하는 경우에는 6개월의 범위에서 정도검사기간을 연장할 수 있다.

1. 천재지변 또는 이에 준하는 재난이 발생한 경우
2. 감염병의 확산으로 「재난 및 안전관리 기본법」 제38조제2항에 따른 경계 이상의 위기경보가 발령된 경우
3. 그 밖에 제1호 또는 제2호에 준하는 경우로서 측정기기를 사용하는 자가 제때 정도검사를 받는 것이 어렵다고 국립환경과학원장이 인정하는 경우

④ 제2항에도 불구하고 환경오염도를 측정하여 그 결과를 행정목적으로 사용하지 아니하거나 외부에 알리기 위한 목적으로 사용하지 아니하는 측정기기의 경우에는 정도검사를 받지 아니하고 사용할 수 있다.

⑤ 국립환경과학원장은 제2항에 따른 정도검사주기를 정하는 경우에는 측정기기의 정밀도, 정확도, 안정성, 사용목적, 사용환경 및 사용빈도 등을 고려하여 1년 이상의 기간으로 정하여야 한다.

방법, 교정용품의 검정 등과 관련한 세부내용에 대해 살펴보고자 한다.

1. 정도검사의 대상인 해양환경측정기기

「해양환경관리법」 제110조제2항 및 같은 법 시행규칙 제61조에 따라 정도검사를 받아야 하는 해양환경측정기기는 다음과 같다.

i) 용존산소 연속자동측정기 및 그 부속기기(시행규칙 제61조제1호)
ii) 화학적 산소 요구량 연속자동측정기 및 그 부속기기(시행규칙 제61조제2호)
iii) 총질소 연속자동측정기 및 그 부속기기(시행규칙 제61조제3호)
iv) 총인 연속자동측정기 및 그 부속기기(시행규칙 제61조제4호)
v) 총유기탄소 연속자동측정기 및 그 부속기기(시행규칙 제61조제5호)

2. 정도검사의 신청시기 및 고려사항 등

「해양환경관리법 시행규칙」 제64조제1항에 따라 이 시행규칙 제61조에서 정하고 있는 해양환경측정기기를 사용하는 자는 이 법 제110조제2항에 따른 해양환경측정기기를 취득한 날부터 해양수산부장관이 정하여 고시하는 기간이 끝나는 날이 속하는 달마다 해양수산부장관에게 별지 제56호서식의 해양환경측정기기 정도검사신청서를 제출하고 정도검사를 받아야 한다.

다만, 환경오염도를 측정하여 그 결과를 행정목적이나 외부에 알리기 위한 목적으로 사용하지 아니하는 측정기기는 정도검사를 면제하고 있다.

관련해서, 이 규칙 제64조제2항에서는 해양환경측정기기를 사용하는 자가 제64조제1항에 따른 정도검사기간이 만료되기 전에 미리 정도검사를 받은 경우에는 제64조제1항에 따른 정도검사를 받은 것으로 본다. 이 경우 그 후의 정도검사기간은 그 정도검사를 받은 날부터 산정한다.

이 규칙 제64조제1항에 따른 정도검사는 제64조제3항에 따라 형식승인을 받은 구조와 성능이 유지되는지에 관하여 실시하여야 하며, 구체적인 실시기준 등 필요한 사항은 해양수산부장관이 정하여 고시하도록 하고 있다. 그리고 해양수산부장관은 제64조제1항에 따라 정도검사기간을 정할 때에는 해양환경측정기기의 정밀도, 정확성, 안정성, 사용목적, 사용환경 및 사용빈도 등을 고려하도록 하고 있다.

이에 따라 실시한 정도검사가 적합하다고 판정하면 해양수산부장관은 이 규칙 제61조제5항과 관련한 별표 22의 정도검사 증명서를 발급하여야 하며, 신청자는 그 측정기기의 잘 보이는 곳에 붙여야 한다.(〈표 6-3〉)

〈표 6-3〉 해양환경측정기기 정도검사 증명서

해양환경측정기기 정도검사 증명서(제64조제5항 관련)	
해양환경측정기기 정도검사 증명서	
품명	
검사일자	. .
유효기간	. . 까지
형식승인번호	
제조사	
제조번호	
검사기관	
검사자	
「해양환경관리법」 제110조제2항 및 같은 법 시행규칙 제64조제5항에 따라 정도검사를 거친 해양환경측정기기임을 증명합니다. 국립수산과학원장 [인] ☏	
비고 1. 정도검사 증명서는 측정기기의 사용자가 보기 쉬운 곳에 부착하여야 한다. 2. 측정기기의 부착 면을 고려하여 정도검사 증명서의 규격은 적절히 조정한다.	

3. 교정용품의 검정

「해양환경관리법 시행규칙」 제65조제1항에서는 이 법 제110조제2항에 따라 검정을 받아야 하는 교정용품은 이 규칙 제61조에 따른 해양환경측정기기의 교정을 위한 기체형태, 액체형태 또는 고체형태의 표준물질로 하고 있다. 이 경우 이 법 제110조제2항에 따라 교정용품의 검정을 받으려는 자는 이 규칙 제65조제2항에 따른 별지 제57호서식의 교정용품 검정신청서를 해양수산부장관에게 제출하여야 한다.

그리고 이에 따른 교정용품의 검정은 이 규칙 제65조제3항・제4항에 따라 형식승인 및 정도검사 대상기기의 오차정도를 측정・판단하기에 적합한 구조와 정도를 유지하는지에 관하여 실시하여야 하며, 교정용품 중 「국가표준기본법」 제15조[123]에 따라 표준물질의 인증을 받은 교정용품은 이 법에 따른 검정을 받은 것으로 보고 있다.

이와 같은 내용에 따라 교정용품에 대한 검정을 실시하여 적합하다고 판정하면 해양수산부장관은 「해양환경관리법 시행규칙」 제65조제5항과 관련한 별표 23의 검정증명서를 발급하여야 하며, 신청자는 그 교정용품의 잘 보이는 곳에 붙여야 한다.(〈표 6-4〉)

〈표 6-4〉 검정증명서

검정증명서(제65조제5항 관련)	
검정증명서	
품명	
검사일자	. .

123) 「국가표준기본법」 제15조(표준물질의 인증 및 보급) ① 정부는 측정기기의 교정, 정밀측정, 물성평가에 필요한 표준물질의 개발과 생산을 장려하고 인증하여 이를 산업계, 과학기술계, 교육계 등에 보급하여야 한다.
② 표준물질의 인증과 보급에 필요한 사항은 대통령령으로 정한다.

유효기간	. .
「해양환경관리법」 제110조제2항 및 같은 법 시행규칙 제65조제5항에 따라 교정을 실시한 검정용품임을 증명합니다. 해양수산부장관 인 ☎	
비고 1. 검정증명서는 용기 또는 측정기기의 사용자가 보기 쉬운 곳에 부착하여야 한다. 2. 교정용품의 부착면을 고려하여 검정증명서의 규격을 적절히 조정한다.	

Ⅳ. 해양환경측정기기 등의 형식승인 등 불이행 위반

제129조(벌칙) ② 다음 각 호의 어느 하나에 해당하는 자는 1년 이하의 징역 또는 500만원 이하의 벌금에 처한다.

13. 제110조제1항 및 제3항부터 제7항까지의 규정에 따른 형식승인, 성능시험, 검정 또는 인정을 받지 아니하고 제작·제조하거나 수입한 자

「해양환경관리법」 제129조제2항제13호에서는 i) 이 법 제110조제1항에 따른 해양환경측정기기, ii) 제110조제3항에 따른 형식승인대상설비, iii) 제110조제4항에 따른 오염물질의 방제·방지에 사용하는 자재·약제에 대해 제110조제1항·제3항 및 제4항에서 규정하고 있는 형식승인, 제110조제5항에서 규정하고 있는 성능시험, 제110조제6항에서 규정하고 있는 검정, 제110조제7항에서 규정하고 있는 인정을 받지 아니하고, 해양환경측정기기, 형식승인대상설비 또는 자재·약제를 제작·제조하거나 수입한 자를 처벌하도록 하고 있다.

이에 따라 여기에서는 앞서 지금까지 해양환경측정기기, 형식승인대상설비

및 자재・약제와 관련해서 언급한 부분을 제외하고 나머지 주요 세부내용에 대해 살펴보고자 한다.

1. 형식승인 대상 해양환경측정기기의 종류 및 제출서류

「해양환경관리법」 제110조제1항 및 같은 법 시행규칙 제61조에 따라 형식승인을 받아야 하는 해양환경측정기기는 다음과 같으며, 이 해양환경측정기기는 이 규칙 제62조제2항에서 규정하고 있는 바와 같이 해양환경상태를 측정하기에 적합한 구조와 일정한 수준 이상의 정도를 유지할 수 있는 성능을 가질 것을 요구하고 있다.

i) 용존산소 연속자동측정기 및 그 부속기기(시행규칙 제61조제1호)
ii) 화학적 산소 요구량 연속자동측정기 및 그 부속기기(시행규칙 제61조제2호)
iii) 총질소 연속자동측정기 및 그 부속기기(시행규칙 제61조제3호)
iv) 총인 연속자동측정기 및 그 부속기기(시행규칙 제61조제4호)
v) 총유기탄소 연속자동측정기 및 그 부속기기(시행규칙 제61조제5호)

이와 관련해서 해양환경측정기기의 형식승인을 받으려는 자는 이 규칙 제62조제1항에 따른 별지 제55호서식의 해양환경측정기기 형식승인(변경・면제) 신청서에 다음의 서류를 첨부하여 해양수산부장관에게 제출하여야 한다.

i) 이 규칙 제69조제2항에 따른 성능시험성적서(시행규칙 제62조제1항제1호)
ii) 주요 제원에 관한 서류(시행규칙 제62조제1항제2호)
iii) 작동원리 및 성능에 관한 설명서(시행규칙 제62조제1항제3호)
iv) 수입신고서 사본(수입하는 경우로 한정한다)(시행규칙 제62조제1항제4호)

그 밖에 해양수산부장관 또는 해양경찰청장은 법 제110조제1항에 따라 해양환경측정기기의 형식승인을 한 경우에는 「해양환경관리법 시행규칙」 제67조제1항에 따른 별지 제59호서식의 해양환경측정기기 형식승인증서를 신청인에게 발급하고 있으며, 형식승인을 받은 자는 이 규칙 제68조(별표 24)에서 정하고 있는 다음과 같은 형식승인(수입신고)표(이 법 제67조제1항에 따른 형식승인증서 내용을 표시)를 붙이도록 하고 있다.(〈표 6-5〉)

〈표 6-5〉 형식승인(수입신고)표

형식승인(수입신고)표(제68조 관련)	
제작회사:	기기형식:
형식승인번호:	형식승인일:
기기고유번호:	수입신고일:
「해양환경관리법」 제110조제1항 및 같은 법 시행규칙 제68조에 따라 형식승인을 받은 제품임을 증명합니다.	
비고 1. 표지의 재질은 알미늄판 등으로 하며, 크기는 가로 90㎜ × 세로 40㎜로 한다. 2. 글자의 표기는 지워지지 아니하는 인쇄 또는 각인으로 한다.	

2. 형식승인 대상 형식승인대상설비의 종류 및 제출서류

「해양환경관리법」 제110조제3항 및 「선박오염방지규칙」 제55조제1항에 따라 형식승인을 받아야 하는 형식승인대상설비는 다음과 같다.

i) 기름여과장치(규칙 제55조제1항제1호)
ii) 선저폐수농도경보장치(규칙 제55조제1항제2호)
iii) 유분농도계(규칙 제55조제1항제3호)
iv) 기름배출감시제어장치(규칙 제55조제1항제4호)
v) 유수경계면검출기(규칙 제55조제1항제5호)

vi) 화물창세정기(규칙 제55조제1항제6호)

vii) 유량계(규칙 제55조제1항제7호)

viii) 생물분해식 · 전기분해식 또는 소각식 분뇨처리장치(규칙 제55조제1항제8호)

ix) 분뇨마쇄소독장치(규칙 제55조제1항제9호)

x) 선내 소각기(규칙 제55조제1항제10호)

xi) 유화기(Homogenizer)(규칙 제55조제1항제11호)

xii) 삭제 〈2017. 1. 2.〉(규칙 제55조제1항제12호)

xiii) 방오시스템(규칙 제55조제1항제13호)

이와 관련해서 형식승인대상설비의 형식승인을 받으려는 자는 이 규칙 제55조제2항에 따른 별지 제32호서식의 형식승인신청서에 다음의 서류를 첨부하여 지방해양수산청장에게 제출하도록 하고 있다.

i) 「선박오염방지규칙」 제56조제2항에 따른 성능시험합격증명서(규칙 제55조제2항제1호)

ii) 설비 제조시설의 제조명세서(규칙 제55조제2항제2호)

iii) 수입신고서 사본(수입하는 경우로 한정한다)(규칙 제55조제2항제3호)

그 밖에 지방해양수산청장은 법 제110조에 따라 형식승인대상설비의 형식승인을 한 때에는 「선박오염방지규칙」 제57조제1항에 따른 별지 제35호서식의 형식승인증서를 신청인에게 발급하고 있으며, 또한 지방해양수산청장은 이 규칙 제57조제1항에 따라 형식승인증서를 발급한 때에는 이 규칙 제57조제2항에서와 같이 그 형식승인대상설비의 명칭, 제작사, 형식, 형식승인번호 등을 관보에 게재하여야 한다. 형식승인을 한 내용을 변경승인하거나 취소한 때에도 같다. 참고로 형식승인 대상 자재 · 약제의 종류 및 제출서류 등과 관련해서는 앞서 언급한 '제4장 제1절 Ⅱ. 오염물질이 배출되는 경우의 방제조치 및 자재・약제 사용기준 위반 3. 자재 및 약제의 형식승인 등'에서 자세히 언급하고 있다.

3. 해양환경측정기기, 형식승인대상설비 또는 자재・약제의 성능시험 절차

「해양환경관리법」 제110조제5항 및 같은 법 시행규칙 제69조제1항에 따라 해양환경측정기기 또는 자재・약제의 성능시험을 받으려는 자는 ⅰ) 해양환경측정기기의 경우에는 별지 제61호서식의 해양환경측정기기 성능시험신청서에 사양서, 구조도면 및 작동설명서를 첨부하여 성능시험용 해양환경측정기기와 함께 해양수산부장관에게, ⅱ) 자재・약제의 경우에는 별지 제62호서식의 자재・약제 성능시험신청서에 사양서, 재질 및 성능에 관한 설명서를 첨부하여 성능시험용 자재・약제와 함께 해양경찰청장에게 각각 제출하도록 하고 있다.

그리고 해양수산부장관 또는 해양경찰청장은 이와 같은 신청이 있으면 해당 해양환경측정기기 또는 자재・약제가 해양수산부장관 또는 해양경찰청장이 정하여 고시(「해양오염방제 자재・약제의 성능시험기준 및 검정기준에 관한 규칙」)하는 성능시험기준에 적합한 경우에는 같은 법 시행규칙 제69조제2항에 따른 별지 제63호서식의 해양환경측정기기 성능시험성적서 또는 별지 제64호서식의 자재・약제 성능시험성적서를 신청인에게 발급하여야 한다.

다음으로 「해양환경관리법」 제110조제5항 및 「선박오염방지규칙」 제56조제1항에 따라 형식승인대상설비의 성능시험을 받으려는 자는 별지 제33호서식의 성능시험신청서에 설비의 제조명세서, 구조도면, 작동설명서를 첨부하여 지방해양수산청장에게 제출하도록 하고 있다.

그리고 지방해양수산청장은 이에 따른 신청이 있는 경우 해당 설비가 이 규칙에 따른 기술기준과 해양수산부장관이 정하여 고시(「해양오염방지 설비 형식승인을 위한 성능시험 및 검정기준」)하는 성능시험 및 검정기준에 적합하면 「선박오염방지규칙」 제56조제2항에 따른 별지 제34호서식의 성능시험합격증명서를 신청인에게 발급하여야 한다.

다만, 이 법 제110조제3항에 따라 형식승인을 받은 형식승인 대상설비가 다음에 해당하는 경우에는 해양수산부장관이 정하여 고시하는 성능시험 및 검정기준 상의 외관검사만으로 성능시험합격증명서를 발급할 수 있도록 하고 있다.

i) 제품의 주요구조물이 동등한 재료·부품을 사용하여 제작·제조된 것(규칙 제56조제2항제1호)
ii) 제품의 구조가 동등한 형식이거나 용량의 차이에 따라 크기 또는 무게가 다른 것(규칙 제56조제2항제2호)
iii) 동등한 오염방지처리방식을 채택한 것(규칙 제56조제2항제3호)
iv) 같은 사업장에서 제조된 것(규칙 제56조제2항제4호)

4. 해양환경측정기기, 형식승인대상설비 또는 자재·약제의 검정 절차

「해양환경관리법」 제110조제1항·제3항 및 제4항의 규정에 따른 형식승인을 얻은 자가 해양환경측정기기, 형식승인대상설비 또는 자재·약제를 제작·제조하거나 수입한 때에는 이 법 제110조제6항에 따라 해당 물품에 대하여 각각 해양수산부장관 또는 해양경찰청장의 검정을 받아야 한다. 이 경우 검정에 합격한 형식승인대상설비 또는 자재·약제에 대하여는 해양오염방지선박검사 중 최초로 실시하는 검사에 합격한 것으로 보고 있다.

이에 따라 해양환경측정기기 또는 자재·약제의 검정을 받으려는 자는 같은 법 시행규칙 제70조제1항에서 정하고 있는 별지 제65호서식의 검정신청서를 해양수산부장관 또는 해양경찰청장에게 제출하여야 하며, 이때 같은 법 시행규칙 제70조제1항에 따른 검정의 기준과 관련해서는 제70조제2항에서 규정하고 있는 「해양오염방제 자재·약제의 성능시험기준 및 검정기준」을 따르고 있다.

또한 해양수산부장관 또는 해양경찰청장은 해양환경측정기기 및 자재·약제를 검정한 결과가 같은 법 시행규칙 제70조제2항에 따른 검정기준에 적합하다고 인정하면 제70조제3항에 따른 별지 제66호서식의 검정합격증명서를 신청인에게 발급하고 해당 해양환경측정기기 또는 자재·약제에 「국가표준기본법」 제22조의4제1항[124] 본문에 따른 다음의 국가통합인증마크(별표 25)를 표시하여야 한다.(〈표 6-6〉)

〈표 6-6〉 해양환경측정기기(자재 · 약제)의 국가통합인증마크 표시

해양환경측정기기(자재 · 약제)의 국가통합인증마크 표시(제70조제3항 관련)

비고

위의 국가통합인증마크 외에 검정일자와 검정기관의 약호를 추가하여 표시할 수 있다.

다음으로 「해양환경관리법」 제110조제3항에 따라 형식승인대상설비의 형식승인을 얻은 자가 이 법 제110조제6항에 따라 검정을 받으려는 경우에는 「선박오염방지규칙」 제58조제1항에 따른 별지 제36호서식의 검정신청서를 지방해양수산청장에게 제출하여야 하며, 이에 따른 검정의 기준은 이 규칙 제58조제2항에서 규정하고 있는 「해양오염방지 설비 형식승인을 위한 성능시험 및 검정기준」을 따르고 있다.

124) 「국가표준기본법」 제22조의4(국가통합인증마크의 도입) ① 적합성평가를 받아야 하는 제품 등에 마크를 표시하도록 법령에 규정하는 경우 소관 중앙행정기관의 장은 국가통합인증마크를 도입하여야 한다. 다만, 국제협약(조약을 포함한다) 또는 국가 간 협정을 준수하거나 통상마찰을 방지하기 위하여 관련 중앙행정기관의 장이 국가통합인증마크의 도입을 제외하는 것이 필요하다고 인정하는 경우에는 그러하지 아니하다.

또한 지방해양수산청장은 형식승인대상설비를 검정한 결과 이 규칙 제58조 제2항에 따른 검정기준에 적합하다고 인정하면 별지 제37호서식의 검정합격증명서를 신청인에게 발급하고 해당 설비에는 다음의 검인표시(별표 31)를 하여야 한다.(〈표 6-7〉)

〈표 6-7〉 해양오염방지 설비의 검인표시

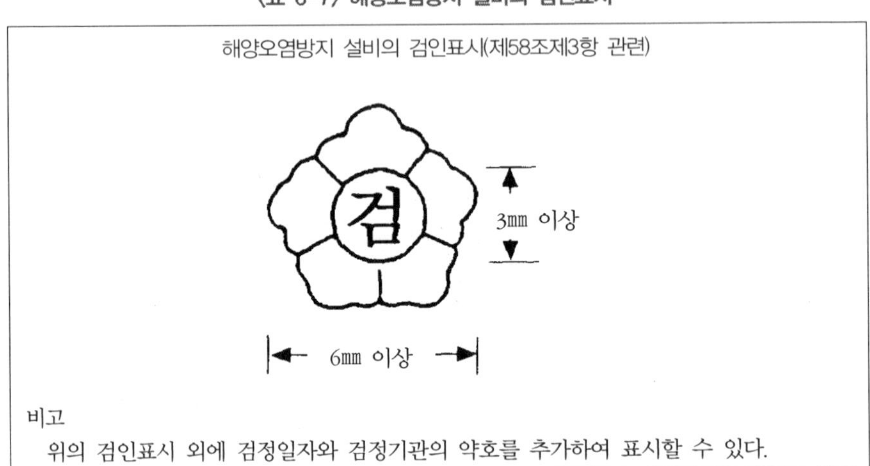

5. 외국에서 선박에 설치한 형식승인대상설비의 인정 범위

「해양환경관리법」 제110조제7항 및 「선박오염방지규칙」 제59조에 따라 다음의 어느 하나에 해당하는 형식승인대상설비에 대하여 형식승인, 성능시험 또는 검정을 받은 것으로 인정할 수 있다.

i) 협약당사국이 형식승인을 한 형식승인대상설비로서 외국에서 도입, 건조 또는 수리된 선박에 설치한 형식승인대상설비(규칙 제59조제1호)

ii) 선박에 설치한 형식승인대상설비로서 국내에서 생산되지 아니하지만 협약당사국이 형식승인을 한 것 중 해양수산부장관이 정하여 고시한 설비(규칙 제59조제2호)

제3절 선박해체 신고의무 위반행위

제129조(벌칙) ② 다음 각 호의 어느 하나에 해당하는 자는 1년 이하의 징역 또는 500만원 이하의 벌금에 처한다.

14. 제111조제1항의 규정에 따른 신고를 하지 아니하고 선박을 해체한 자

「해양환경관리법」 제129조제2항제14호에서는 이 법 제111조제1항에 따라 선박을 해체하고자 할 경우에는 관련 규정에 따른 신고를 하도록 하고 있으나 이를 위반할 경우 처벌하도록 하고 있다. 이에 따라 여기에서는 선박해체와 관련한 절차 등에 대해 살펴보고자 한다.

선박을 해체하고자 하는 자는 이 법 제111조제1항 및 같은 법 시행규칙 제73조제1항에 따라 별지 제69호서식의 선박해체 해양오염방지 작업계획신고서(선박의 해체작업과정에서 오염물질이 배출되지 아니하도록 하는 작업계획을 수립)에 다음의 서류를 첨부하여 작업개시 7일 전까지 선박을 해체하려는 장소를 관할하는 해양경찰서장에게 제출하여야 하며 작업계획을 변경하려는 때에도 또한 같이 적용하고 있다.

ⅰ) 다음 각 목의 사항이 기재된 작업계획서(규칙 제73조제1항제1호)

가. 해체하려는 선박의 해체 전 유창 청소와 오염물질의 처리에 관한 사항

나. 해체작업 중 발생할 수 있는 오염물질의 유출사고에 대비한 예방조치 사항

다. 오염물질의 유출사고 발생 시의 응급조치에 관한 사항

ii) 해체장소 사용허가서 또는 그 증명서류(규칙 제73조제1항제2호)

iii) 해체할 선박의 권리를 입증할 수 있는 서류(규칙 제73조제1항제3호)

iv) 오염물질의 처리실적서(규칙 제73조제1항제4호)

이에 따라 신고를 받은 해양경찰서장은 이 법 제111조제2항에 따라 그 내용을 검토하여 이 법에 적합하면 신고를 수리하여야 하며, 제111조제1항에 따라 신고된 작업계획이 미흡하거나 그 계획을 이행하지 아니하는 것으로 인정되는 경우에는 필요한 시정명령을 할 수 있다.

반면, 이 법 제111조제1항 단서 및 같은 법 시행규칙 제73조제2항에 따라 오염물질이 제거된 선박으로서 총톤수 100톤(군함과 경찰용 선박의 경우에는 경하배수톤수 200톤) 미만의 선박(유조선은 제외한다)을 육지에 올려놓고 해체하는 경우에는 신고를 하지 않아도 되도록 하고 있다.

제4절 출입검사보고요구 등의 대응 불이행 위반행위

제129조(벌칙) ② 다음 각 호의 어느 하나에 해당하는 자는 1년 이하의 징역 또는 500만원 이하의 벌금에 처한다.

15. 제115조제6항을 위반하여 출입검사·보고요구 등을 정당한 사유 없이 거부·방해 또는 기피한 자

「해양환경관리법」 제129조제2항제15호에서는 이 법 제115조제6항에 따라 선박의 소유자 등 관계인이 제115조제1항부터 제4항까지의 규정에 따른 공무원의 출입검사 및 자료제출·보고요구 등에 대하여 정당한 사유 없이 이를 거부·방해하거나 기피할 경우 처벌하도록 하고 있다.

이에 따라 여기에서는 해양수산부장관 또는 해양경찰청장이 소속 공무원으로 하여금 출입하여 확인·점검하게 하거나 관련 서류·시설·장비를 점검할 수 있게 하는 대상 등에 대해 살펴보면 다음과 같다.[125]

1. 해양수산부장관 또는 시·도지사 소속 공무원의 출입검사·보고 등

「해양환경관리법」 제115조제1항에 따라 해양수산부장관은 같은 법 시행령 제89조제1항에서 정하고 있는 다음의 어느 하나에 해당하는 경우에는 소속 공무원으로 하여금 선박에 대한 출입검사업무를 할 수 있도록 하고 있으며, 아래의 ⅰ)에 따른 선박에 대한 출입검사·보고는 같은 법 시행령 제89조제2항에 따라 선박사고 등 특별한 경우를 제외하고는 각 선박에 대하여 연 1회 시행할 수 있도록 하고 있다.

ⅰ) 선박의 오염방지를 위하여 필요한 경우(제1호)
ⅱ) 대행기관으로부터 보고받은 자료의 검토결과 선박 또는 선박 관련 사업장·사무소에 출입할 필요가 있다고 인정되는 경우(제2호)

125) 행정기관의 직원이 행정 법규의 집행을 확보하기 위해, 행정기관의 감독을 받는 사업장, 영업장, 사업소, 공장, 창고 그리고 경우에 따라서는 주거의 장소에 출입하여 장부·서류 등을 검사하거나 사무 등에 관하여 질문을 할 수 있도록 규정을 두고 있는 경우가 적지 않은데 이를 통상 '출입검사·질문 규정'이라고 한다. 공무원이 감독상 필요하여, 감독을 받는 사업장에 출입하여 검사하는 것은 행정기관의 권한이지만, 그 상대방은 이러한 권한 행사에 저항하지 아니하고 이를 받아들여야 하는 수인(受忍) 의무를 부담하게 되는 것이고 이에 따라 권리나 자유를 적지 않게 제한받거나 침해받는 것이므로 그 근거 규정은 법률에 두어야 한다. 또한 출입검사를 거부할 경우, 이에 대해 제재하거나 강제수단을 동원해야 하는데 이를 위해서도 법률의 근거가 있어야 한다(법제처, 앞의 책, 472면).

그리고 「해양환경관리법」 제115조제2항에서는 해양수산부장관 또는 시・도지사(이 법 제33조[126]에 따른 신고에 관한 경우만 해당한다)는 같은 법 시행령 제89조제3항에서 정하는 바에 따라 다음의 어느 하나에 해당하는 자에게 소속 공무원으로 하여금 필요한 자료를 제출하게 하거나 보고하게 할 수 있도록 하고 있으며, 그 시설(사업장 및 사무실을 포함한다. 이하 이 조에서 같다)에 출입하여 확인・점검하거나 관계 서류나 시설・장비를 검사하게 할 수 있도록 하고 있다.

i) 해양시설의 소유자(제34조부터 제36조까지, 제66조 및 제67조에 따른 업무는 제외한다)(법 제115조제2항제1호)
ii) 선박급유업자(법 제115조제2항제2호)
iii) 이 법 제47조제2항에 따라 유증기 배출제어장치를 설치한 해양시설의 소유자(법 제115조제2항제3호)
iv) 삭제(법 제115조제2항제4호 및 제5호)
v) 이 법 제110조제3항에 따른 형식승인을 받은 자(법 제115조제2항제6호)

관련해서 이 법 제115조제2항에 따라 해양수산부장관은 다음의 어느 하나에 해당하는 경우에는 같은 법 시행령 제89조제3항에서 정하는 것과 같이 소속 공

126) 「해양환경관리법」 제33조(해양시설의 신고 및 변경신고) ①해양시설의 소유자(설치・운영자를 포함하며, 그 시설을 임대하는 경우에는 시설임차인을 말한다. 이하 같다)는 다음 각 호의 구분에 따라 해양수산부장관 또는 시・도지사에게 그 시설을 신고하여야 한다. 이 경우 신고내용 중 해양수산부령으로 정하는 중요한 내용의 변경이 있는 경우에는 변경신고를 하여야 한다.
1. 「배타적 경제수역 및 대륙붕에 관한 법률」 제2조에 따른 배타적 경제수역, 「항만법」 제3조제2항제1호 및 제3항제1호에 따른 국가관리무역항 및 국가관리연안항의 해양시설: 해양수산부장관
2. 제1호 외의 해역의 해양시설: 시・도지사
② 제1항에 따른 해양시설의 신고내용, 변경신고 하여야 하는 중요한 내용 및 신고・변경신고 절차 등 필요한 사항은 해양수산부령으로 정한다.

무원으로 하여금 해양시설 등에 대한 출입검사업무를 하게 할 수 있다.

i) 이 법 제37조제1항제1호 및 법 제38조에 따른 오염물질 수거·처리 및 저장과 관련하여 위법한지를 확인하기 위한 경우(제1호)
ii) 이 법 제33조에 따라 신고된 해양시설이 잔류성오염물질을 환경관리해역 안에서 그 기준을 초과하여 배출하였다고 판단되는 경우(제2호)
iii) 이 법 제45조에 따라 선박연료 공급업자가 선박에 연료유를 공급하는 과정에서의 적법 여부를 확인하기 위한 경우(제3호)
iv) 이 법 제47조제2항에 따라 유증기 배출제어장치를 설치한 해양시설의 소유자가 유증기를 배출한 혐의가 있는 경우(제4호)
v) 삭제(제5호 및 제6호)
vi) 이 법 제110조제3항에 따른 형식승인을 받은 자가 형식승인대상설비를 제작·제조 또는 수입하는 과정에서의 적법 여부를 확인하기 위한 경우(제7호)

2. 해양경찰청 소속 공무원의 출입검사·보고 등

「해양환경관리법」 제115조제3항에 따라 해양경찰청장은 같은 법 시행령 제89조제4항에서 정하고 있는 다음의 어느 하나에 해당하는 자에게 소속 공무원(제116조에 따라 해양환경감시원으로 지정된 공무원만 해당한다. 이하 이 조에서 같다)으로 하여금 필요한 자료를 제출하게 하거나 보고하게 할 수 있도록 하고 있으며, 그 시설에 출입하여 확인·점검하거나 관계 서류나 시설·장비를 검사하게 할 수 있도록 하고 있다.

i) 해양시설의 소유자(제34조부터 제36조까지, 제66조 및 제67조에 따른 업무만 해당한다)(법 제115조제3항제1호)

ii) 이 법 제70조제1항제2호·제3호에 따른 해양오염방제업·유창청소업을 하는 자)(법 제115조제3항제2호)

관련해서 이 법 제115조제3항에 따라 해양경찰청장은 같은 법 시행령 제89조제4항에서 정하고 있는 다음의 어느 하나에 해당하는 경우에는 같은 법 시행규칙 제76조[127]에서 정하는 자료를 제출 또는 보고하게 하거나 그 시설에 출입

---

127) 「해양환경관리법 시행규칙」 제76조(출입검사·보고 등) ① 법 제115조제2항 및 제3항에 따른 자료 제출 또는 보고 사항은 다음 각 호와 같다.

1. 삭제 〈2010. 1. 12.〉
2. 삭제 〈2011. 9. 29.〉
3. 삭제 〈2010. 1. 12.〉
4. 삭제 〈2010. 1. 12.〉
5. 해양시설운영자의 오염물질 처리상황
6. 법 제111조제1항에 따라 선박해체의 신고를 한 자의 해체작업실적과 기름 등 폐기물의 처리상황
7. 삭제 〈2010. 1. 12.〉
8. 삭제 〈2010. 1. 12.〉

② 법 제115조제1항부터 제3항까지의 규정에 따른 확인·점검 및 검사 사항은 다음 각 호와 같다. 〈개정 2010. 1. 12.〉

1. 해양시설의 경우
   가. 해양시설오염비상계획의 작성 및 비치 여부(별표 1 제1호가목 중 합계 용량 300킬로리터 이상의 시설에 한정한다)
   나. 해저송유관, 호스, 저장탱크, 돌핀 또는 원유송유용 부이의 정기적인 점검 여부
   다. 해양오염 사고 시 응급조치용 방제선, 방제장비, 자재·약제의 비치 여부
   라. 파이프, 호스의 연결 상태 및 안전장치의 설치 여부
   마. 시설 안에서 발생하는 기름 등 폐기물의 처리 여부
   바. 해양오염방지관리인의 임명 여부 및 임무파악 여부(별표 1 제1호의 시설로 한정한다)
2. 삭제 〈2020. 12. 4.〉
3. 삭제 〈2020. 12. 4.〉
4. 방제·청소업 시설의 경우
   가. 폐유저장시설 및 수집 폐유량의 정기적인 점검 여부
   나. 해양 오염사고 시 응급조치용 방제선, 방제장비, 자재·약제의 비치 여부
   다. 파이프, 호스의 연결 상태 및 안전장치의 설치 여부
   라. 유출사고에 대비한 통신연락체제 및 긴급보고체제의 유지여부(해양오염방제업으로 한정 한다)

하여 확인·점검 및 검사를 할 수 있도록 하고 있다.

i) 이 법 제34조에 따른 해양시설오염물질기록부의 비치 및 기록의 유지 여부를 확인하기 위한 경우(시행령 제89조제4항제1호)

ii) 이 법 제35조에 따른 해양시설오염비상계획서의 이행 및 적정성 여부를 확인하기 위한 경우(시행령 제89조제4항제2호)

iii) 이 법 제36조에 따른 해양오염방지관리인의 임명, 교육이수 여부 및 업무관리실태를 확인하기 위한 경우(시행령 제89조제4항제3호)

iv) 이 법 제66조 및 법 제67조에 따른 자재·약제의 비치와 방제선 등의 배치·설치 여부를 확인하기 위한 경우(시행령 제89조제4항제4호)

v) 이 법 제70조제1항제2호 또는 제3호에 따른 해양오염방제업 또는 유창청소업을 하는 자의 법 제72조에 따른 의무사항 이행 여부를 확인하기 위한 경우(시행령 제89조제4항제5호)

마. 유출사고에 대비한 긴급대응태세 유지 여부(해양오염방제업으로 한정한다)

5. 삭제 〈2020. 12. 4.〉

6. 오염물질저장시설의 경우

가. 폐유저장탱크·폐유처리시설의 배관·호스의 연결 상태 및 안전장치의 설치 여부

나. 시설 및 시설을 이용하는 선박의 작업과정에서 발생한 오염물질의 처리상황 및 인계·인수사항

제5절 정선·검색·나포·입출항금지 등 위반행위

제128조(벌칙) 다음 각 호의 어느 하나에 해당하는 자는 2년 이하의 징역 또는 2천만원 이하의 벌금에 처한다.

18. 제117조의 규정에 따른 정선・검색・나포・입출항금지 그 밖에 필요한 명령이나 조치를 거부・방해 또는 기피한 자

「해양환경관리법」 제128조제18호에서는 이 법 제117조에 따라 선박이 이 법의 규정을 위반한 혐의가 있다고 인정되는 경우 해역관리청 또는 해양경찰청장은 그 해당 선박에 대하여 정선・검색・나포・입출항금지 그 밖에 필요한 명령이나 조치를 할 수 있으며, 선박이 이에 대한 명령이나 조치를 거부・방해 또는 기피할 경우 처벌하도록 하고 있다.

제6절 비밀누설금지 위반행위

제129조(벌칙) ① 다음 각 호의 어느 하나에 해당하는 자는 1년 이하의 징역 또는 1천만원 이하의 벌금에 처한다.

13. 제118조제1항의 규정을 위반하여 비밀을 누설하거나 도용한 자

「해양환경관리법」 제129조제1항제13호에서는 이 법 제118조제1항에 따라 평가대행자 및 해역이용영향검토기관의 임원이나 직원 또는 그 직에 있었던 자가 해역이용협의서등의 작성 및 해역이용영향검토업무와 관련하여 직무상 알게 된 비밀을 누설하거나 도용할 경우 처벌하도록 하고 있다.

참고문헌

【Ⅰ】참고문헌

박영선,『선박안전법해설』, 재단법인 한국해사문제연구소, 2008.

손영태,『선박안전범죄론』, 지식인, 2016.

______, 『해양경찰법체계』, 지식인, 2014.

신효진,『형법요론』, 한국서원, 2002.

______,『형사소송법요론』, 한국서원, 1999.

법제처,『법령 입안 · 심사 기준』, 2022.

해양경찰청,『해양경찰백서』, 2020.

中尾 巧 · 城祐一郎 · 竹中ゆかり · 谷口俊男『海事犯罪』, 立,花書房, 2010.

http://www.google.co.kr(구글검색사이트)

http://www.naver.com(네이버검색사이트)

http://www.law.go.kr(법제처)

【Ⅱ】참고법규

구 분		집필일자 당시(현행, 예정) 참고 법규(' 23년 4월 기준)
해양환경관리법 관련 법규	법(예정)	[시행 2023.4.19.] [법률 제19013호, 2022.10.18.]
	법(현행)	[시행 2022.11.1.] [법률 제19013호, 2022.10.18.]
	시행령 (예정)	[시행 2023.5.16.] [대통령령 제32997호, 2022.11.15.]
	시행령 (현행)	[시행 2023.3.7.] [대통령령 제33321호, 2023.3.7.]
	시행규칙	[시행 2023.3.10.] [해양수산부령 제592호, 2023.3.10.]
	선박오염방지규칙	[시행 2021.12.23.] [해양수산부령 제519호, 2021.12.23.]